我
思

敢於運用你的理智

法舫法師
(1904—1951)

　　河北省石家莊井陘縣人，1921年剃度出家，1922年入學太虛大師創辦的武昌佛學院，成為第一期學員。此後全力協助太虛大師的佛教革新和佛學教育事業，多次主編《海潮音》，主持"世界佛學苑圖書館"，教學於"漢藏教理院"。1941年后，主要在南亞各地從事佛學研究，通達梵、巴、英三種外語。

唯識史觀及其哲學

法舫 著

唯識學叢書

長江出版傳媒 ｜ 崇文書局

圖書在版編目（CIP）數據

唯識史觀及其哲學 / 法舫著.
—武漢：崇文書局，2018.9（2019.6 重印）
（唯識學叢書）
ISBN 978-7-5403-5114-4

Ⅰ. ①唯…
Ⅱ. ①法…
Ⅲ. ①唯識宗－研究
Ⅳ. ① B946.3

中國版本圖書館 CIP 數據核字（2018）第 164416 號

我思
敢於運用你的理智

唯識史觀及其哲學

出　　品	崇文書局人文學術出版中心·唯識學小組
策 劃 人	梅文輝 (mwh902@163.com)
責任編輯	梅文輝
裝幀設計	甘淑媛
出版發行	長江出版傳媒　崇文書局
地　　址	武漢市雄楚大街 268 號 C 座 11 層
電　　話	（027）87293001　郵政編碼　430070
印　　刷	湖北恒泰印務有限公司
開　　本	880mm×1230mm　　1/32
印　　張	8.75
字　　數	200 千
版　　次	2018 年 9 月第 1 版
印　　次	2019 年 6 月第 2 次印刷
定　　價	68.00 元

（讀者服務电話：027－87679738）

　　本作品之出版權（含電子版權）、發行權、改編權、翻譯權等著作權以及本作品裝幀設計的著作權均受我國著作權法及有關國際版權公約保護。任何非經我社許可的仿製、改編、轉載、印刷、銷售、傳播之行為，我社將追究其法律責任。

目 录

序 ·· 1

第一編 ·· 5

第一章　今日研究佛學之現狀 ·· 6

第二章　從現代思潮看唯識學 ·· 12

第一節　時代思潮與佛學 ·· 12
第二節　科學與佛學 ·· 14
第三節　哲學與唯識學 ·· 20

第三章　從中國佛學史看唯識學 ·· 24

第一節　中國佛學史的概觀 ·· 24
第二節　唯識學與各宗 ·· 28

第四章　從印度佛教史看唯識學 ·· 54

第一節　根本佛教與唯識學 ·· 54
第二節　唯識學與印度大乘佛學者 ·· 62

第五章　唯識學之歷史概觀……………………66
　　第一節　唯識學之發源……………………………66
　　第二節　唯識學之萌芽……………………………68
　　第三節　唯識學之長成期…………………………70
　　第四節　唯識學之建立與弘傳……………………71
　　第五節　中國之唯識學派…………………………75

第二編……………………………………………79

第一章　緒論……………………………………80
　　第一節　哲學的名義………………………………80
　　第二節　哲學的方法………………………………81
　　第三節　哲學的性質與唯識之有…………………82
　　第四節　哲學與唯識學的範圍……………………84
　　第五節　唯識哲學之意趣…………………………85

第二章　論題之建立……………………………94
　　第一節　釋論題——《唯識三十論》……………94
　　第二節　論文之組織………………………………97
　　第三節　作者與譯者………………………………99

第三章　唯識大意………………………………104
　　第一節　宇宙人生之假說…………………………104
　　第二節　唯識略義…………………………………108
　　第三節　略釋識能變義……………………………110
　　第四節　能變的次第………………………………114

目　录

第四章　了境能變識（知識論） …………………… 119

- 第一節　敘言 ……………………………………… 119
- 第二節　本頌與大綱 ……………………………… 127
- 第三節　根境識與感覺（知識的所依） ………… 129
- 第四節　六識的三方面 …………………………… 133
- 第五節　六識的心理與感受 ……………………… 133
- 第六節　泛論情感情緒與心所法 ………………… 147
- 第七節　前五識的產生 …………………………… 148
- 第八節　意識的生起 ……………………………… 149

第五章　思量能變識（人生論） …………………… 151

- 第一節　敘言 ……………………………………… 151
- 第二節　舉頌釋名 ………………………………… 153
- 第三節　所依與所緣 ……………………………… 155
- 第四節　體性、行相、相應 ……………………… 158
- 第五節　末那之界繫與伏斷 ……………………… 160

第六章　阿賴耶識（本體論） ……………………… 162

- 第一節　敘言 ……………………………………… 162
- 第二節　阿賴耶識之三相 ………………………… 171
- 第三節　阿賴耶識之種子 ………………………… 174
- 第四節　阿賴耶識之功用 ………………………… 181
- 第五節　阿賴耶識之感受 ………………………… 185
- 第六節　阿賴耶識之因果 ………………………… 187
- 第七節　阿賴耶識之捨位 ………………………… 188

第七章　理性的唯識論 ……………………………… 190

- 第一節　唯識的中道義 …………………………… 190

第二節　唯識的辯證法 195
第三節　唯識的因果律 196
第四節　唯識的業果緣起論 197
第五節　唯識的三性三無性 205
第六節　唯識的真如性（明唯識性） 215

第八章　實證的唯識論 216

第一節　總說 216
第二節　資糧位 219
第三節　加行位 222
第四節　通達位 226
第五節　修習位 229
第六節　究竟位——佛果 236

附錄：阿賴耶緣起與如來藏緣起之研究 237

一　云何緣起 237
二　阿賴耶緣起 240
三　如來藏緣起 255
四　阿賴耶緣起與如來藏緣起之比較 267
五　結論 274

序

去年夏天，我從印度經南洋回到闊別了八年的祖國，本想在國內隨緣做些佛教文化事業，可是到了十月間，內戰由東北華北而漫延到長江流域。我因為不大習慣過戰亂的生活，又不會應變，所以在本年二月間，就離開武昌佛學院和我心愛的世界佛學苑圖書館，去到長沙。本來還想在四、五月間再回到武昌。那曉得時勢不允許，於是我就打算決定過一過行雲流水的生活。在長沙先是住在龍王宮華嚴精舍，後來我又移住在湖南船山學社，朝夕與社長周逸(木崖)、社友向愷然、劉約真、譚雲山、王仲厚、柳敏泉、朱長松諸先生，悟性、大定、自智諸法師，論道講學，那時的情景，是其樂融融，其喜洋洋，不知人間尚有火藥味！

時間如石火電光般地過去了！四月杪我便到了羊城，在六榕寺掛搭十餘日。曾遊光孝、海幢、大佛諸寺古跡，昔時道場莊嚴，今日公園馬廐，殊可悲歎！一日想去朝禮虛大師駐錫過的白雲寺，行到郊外，聞道已是古寺無蹤跡，白雲渺然去！掃興而歸。

五月初抵香港，學友巫紀文君相迎，住寶蓮下院，為眾結緣，說《大乘理趣六波羅蜜經‧皈依三寶品》。其後，數月遍遊香港所屬名山教區，私心所愛者為大嶼山。

六月間大埔墟慈祥、果圓二法師請講《唯識三十論》。七月，東蓮覺苑王學仁、林楞真二居士亦請講此論。前後由黃本真與儀模筆記，聽眾多以印行筆記為請，遂再為修正而成斯冊。

　　近十年來，我很少閱讀中國文的佛書，尤其是大乘佛學的經論。這次講演本論的目的，原為啟示初學，一結法緣，並沒有想作學術的講解，所以講時也沒有去多翻參考書，祇憑記憶，稱興而談，故在正題之外，大談中國和印度過去的佛法大勢，以及現代思潮和佛學的關係。這樣講法也可以說是新玄談——好像那古今大法師講經，高登法座，先來一回談玄說妙一樣。起初恐聽講者不感興趣，因為我自己聽經是最不喜歡聽談玄說妙的。不過，這兩次講演，因為有點歷史性和學術比較研究性，所以聽眾還不感到疲厭。

　　在講解的時候，為了初學者易於了解起見，故對專門術語，在不違反原意之下，多用現代術語說明。第二編中，第一章緒論，第三章第四節的能變識的次第，和第四、五、六三章的敘言，是我加寫的。其餘的部分是就原筆記稍為改定而已。

　　凡是一種學說思想都有其歷史的背景和發展，佛學亦如是，佛學的唯識學派也是如此。又，我們想要知道一種學說對人類思想生活有什麼影響，或者說一種學說對人生有無價值，就必須從歷史去研究，因為歷史是反映人類生活思想的。我們看一種學說在過去歷史上發生了多大的影響，就可以知道這學說有多大的價值。唯識學派，從三世紀至七世紀的五百年內，在印度學術思想界裡，是很有勢力的，它給印度哲學史上劃了一個新的時代，換言之，世親建立了新的思想；真諦、玄奘、窺基，將這學派傳來中國，在六、七二世紀中的中國佛學史上也發生過極大的影響，這些是毫無可懷疑的史實。

言唯識學或曰瑜伽唯識學派，應包括說一切有部的思想，因為唯識學是從有部學說中產生出來的學說，彌勒、無著的思想也是基於有部思想的。探求唯識學中重要思想，如阿賴耶識和末那識、圓成實性、法性身土、自性涅槃、業果流轉等思想，又應該探究印度六派哲學中共同的業與解脫的學說，以及吠檀多派哲學中的梵我思想，然後纔可以知道唯識思想的源源本本。

唯識哲學是"有"的哲學，因為唯識學主張一切法通過"識"的關係，皆是存在的。真理是圓成實有，事相是如幻假有。唯識哲學又是"變"的哲學，因為主張一切有為諸法——宇宙萬有，皆識所變。變是轉變義、活動義、非常義，但要知道不動就不會"轉"，也不會"變"，故變必要動。又一切有為諸法，在唯識學上也名為"行"，行就是變的意思，謂五蘊有為諸法，剎那生滅，變動不停。由此義故，說有為非常，非常故無自性，無自性故空，空故我無。由悟入無我，證得二空真如，獲得二轉依果。

瑜伽唯識學上說無分別智所行境界——"勝義離言自性，假說自性，平等平等，所謂如是境為最第一，真如無上所知邊際。齊此一切正法思擇，皆悉退還，不能越度"。此中所說的離言境界，就是中觀學派所說的無所得正觀、性空真如，天台的般若實相，賢首的事事無礙法界，禪宗的見自本性。由此，應該了解佛法上各宗各派所說的所證的，那種絕對性的真理境界是相同的，沒有你高我低的，不同的只是說明的方法而已。在說明理性與殊事上，唯識學派是條理井然；中觀與禪是直接簡明。除了這絕對性的真理之外，還有相對的殊事。唯識是特別偏重說明相對性諸法的存在，中觀與禪是特別偏重說明絕對性的性空真如。至於修證上所用的方法，除了因個性的關係，或有不同，其所證悟的境界又是相同的。因此，佛法中不論說理說行，都是殊途同歸的。

　　本書得香港王學仁、林楞真、慈祥、果圓諸道友之助，纔能迅速出版；又承老友大醒法師題封面；付印後由儀模負責校對，演培、續明二法師從旁佐助，私心甚感，統此志謝。

佛曆二四九三年（公元一九五〇年）一月
敘於香江荃灣鹿野苑之明常樓

第一編

第一章　今日研究佛學之現狀

佛學在公元前五百年時產生於印度，到公元前一世紀末❶約在秦漢間，纔開始陸續傳入中國，迄今已有二千年的悠久歷史。在這期間,時有興衰。總因中國民族文化的寬厚，能容納外來文化,所以佛教能成為中國文化的一部分，並且在中國文學史上綻放著燦爛的光明，這種光明一直繼續到今天。今講《唯識三十論》，對唯論以外的各宗，學者亦應知道一個大概的情況。因此先將今日中國的佛教情況略為一說。從研究佛學方面說：要以近四十年來研究情形為基點（寺院僧眾制度與生活方式，此處不去敘述）。對於研究教理方面，在各宗派中，可說有些興盛的氣象。這些情形又都是與中國整個社會轉變、文化思想，有連帶關係的。在清末民初時，民族革命論士，如章太炎；變法運動者，如康有為、梁啟超、譚嗣同等，對於佛教都有深刻的研究和提倡。同時留學日本的學生和亡命在日本的志士們，亦都作佛學之研究，這對於新近中國佛學的發展，不能說不是一個主因。因為當時的社會在變，在革命，佛教界裡也含蓄著應變和革命生機。因此，就有了近四十年

---

❶ 見印度 or Pagchi（師覺月）的《中印文化二千年》。

來佛學新運動❶。中國佛學在過去興盛時期，有十幾家宗派的建立，而現在流行的是大乘八宗；但依中國佛教歷史研究，不外十宗，這裡我要依十宗來說明今日研究佛學的現狀：

一、俱舍宗：唐朝以後可以說就沒有人研究了。在民國九年至十年間，有一位希聲居士，開始研究《阿毗達磨俱舍論光記》，作《觀俱舍論記》，刊在《海潮音月刊》，此後《海潮音》常載張化聲等研究《俱舍論》的文章。民國十一年武昌佛學院的學科中訂有俱舍一科，並由史一如教授翻譯日人所著之《俱舍論頌釋》作為講義，學者頗感興趣。後來，繼史一如講《俱舍》的為張化聲居士，對研究生，嘗提《俱舍》中之要義，作學術講演。千年絕學，自此走上復興之路。當時佛學院的學僧，皆喜攻《成唯識論》等科，研究《俱舍》者少。專心治此學者，法舫等二三人，法舫力攻《光記》，兼讀《寶疏》，頗有心得。此時南京內學院校勘《光記》，歐陽漸作敘，大有功於治斯學者。法舫於民國十八年在武昌講俱舍頌一遍；十九、二十年間在北平世界佛學苑教理院（柏林寺）與女子佛學院講一遍，且有頌釋之編輯，其稿失於抗戰；二十七年在重慶漢藏教理院以兩年之時間講《俱舍論》，頗有發揮，編有《俱舍論科判》四卷。此後各地佛學院漸有講俱舍頌者，並有作論文者，於是研究這一宗的人就漸漸地多起來了。

二、成實宗：民國以來，研究此論的人，可以說沒有。唯虛大師曾作《成實論綱要》，刊《海潮音》，此外迄今未見有人研讀。甚覺可惜！

---

❶ 太虛大師這時受新學的影響，倡佛教革命論，主張教理革命、教製革命、教產革命。

三、禪宗：此宗在清世末季尚有生氣，如鎮江金山有大定上座等，揚州高旻寺有月朗等，天童有寄禪八指頭陀、淨心和尚，天寧之冶開禪師，揚州之文希（西髡）和尚，學行俱深，皆一時禪宗名匠。民國十年前漢陽歸源寺有修首座與昌洪和尚，於宗門一事，頗有機悟，為江夏的名德。北伐以來，此宗極衰，寂寂無聞。今日主持南華與雲門的虛雲禪師，是今日禪宗的碩果僅存，嘗聞禪師自修深邃，說者與禪師不培養後學大振宗風為病。此外負禪宗盛名，目為全國模範禪林之高旻寺住持來果上座，自己功夫亦深，但北伐之後，抗戰以前，亦忙於募化木石，自無暇於"向上一著"了。由此看來，宗風之衰，大有一蹶不振的趨勢。

四、淨土宗：淨土在現在算是最興盛的一個宗派了。因為學理簡單，修習甚易，故各地佛教徒眾，十之九都為修淨土的人。民國十年以前，全國專弘此宗者是北京的紅螺山。北伐以後，印光法師力弘淨土兼重儒禮。民國二十年後，他纔有了蘇州的靈巖山，這是印光法師所倡導的新的淨土道場。印師雖有《文鈔》行世，皆勸人做人唸佛，重在實行，對於淨土之學理發揮，未及明清之高賢❶。印師以度人心切，所以一味勸人唸佛，不教人學教理，這是很可惜的事！以印師之學德，倘提倡研究淨土教學，其助於佛教的發展，當更有宏效。又印師專倡西方淨土，太虛大師倡兜率淨土與人間淨土❷，多有發揚。

五、天台宗：在清末民初，頗為興盛。如寧波觀宗講寺之諦閑

---

❶ 明朝之蓮池、藕益、袁中郎，清之截流、省庵、彭際清。

❷ 參看大師之《慈宗三要敘》《建設人間淨土論》《佛法之淨化主義》等書。

法師，提倡最力，並設學社，作育後學。湖南南嶽山有默庵法師、空也法師，北平法源寺道階法師，都是天台法將。今日諦閑門人，則有天台山靜權法師與廣東顯慈、海仁諸師，及上海法藏寺興慈法師，金山仁山法師，華北倓虛法師等，也都專弘天台教觀。武昌佛學院芝峰、談玄對於天台學說，研究甚深，均有著述行世。

六、賢首宗：民初有月霞法師，在上海曾設華嚴大學，弘揚賢首教義，其門人一時遍天下。特出者為持松、常惺、慈舟及焦山智光等為研究此宗最有心得之學者，各人並有著述行世。諸人中又以持松、常惺二人，為最有成就。

七、三論宗：唐宋迄今，幾無人研究。民初劉玉子居士作《三論宗略說》，湖南張化聲居士傾心斯學，曾在武昌佛學院講三論，頗多精論。近年印順法師力治龍樹中觀之學，作《中觀今論》，對於此宗作有價值有系統之研究，且有英俊後學，從他探討；同時，法尊法師譯出西藏所傳的中觀派各書，如《菩提道次第廣論》《辨了義不了義》，都偏說中觀見者。又譯月稱之《入中論》，並於成都、重慶等地講之，大有助於斯學之復興，所以三論宗纔有重興的曙光和光輝的境界。

八、律宗：有清一代，問津者少，全國僧眾，都是茫然授受戒法，徒具形色。民國十年以後，弘一律師與河南淨嚴律師，於律學研究極精，且力行之。弘師未出家前為有名文學家、音樂家及美術戲劇家，故出家後頗能接引一般文人志士之歸向佛法。此外尚有慈舟法師，也力倡戒律。可是全國最有名的南京寶華山律寺，每年春秋兩季開傳大戒，只是念誦科文而已，對律學，無人問津，殊覺可惜了！

九、密宗：唐宋以後，世稱絕學，現在則很盛行。民國九年，《海潮音》刊密宗專號。後有大勇、持松、顯蔭等赴日留學，歸國提倡此宗，學者之盛，風靡一時。廣東復有曼殊揭諦和王弘願居士，亦弘傳東密，譯著頗多，這是東密的復興。在民國二十年前，可說是風行一時的宗派，民國十四、十五年後西藏密宗漸漸東傳，大勇、法尊等赴藏學法，法尊譯西藏密宗《道次第》等書；又有班禪等各大喇嘛，以政治地位，大力弘揚。所以從藏密盛行之後，東密寂然無聞，這也可以說是西藏喇嘛戰勝了日本闍梨。

十、唯識宗：民國以來最初提倡唯識宗的是楊文會（仁山）居士。他是近年復興中國佛學有力人物。他與日本名學者南條文雄為好友，楊先生受南條的影響很大。唯識宗的唐人註疏多流傳於日本，他從日本取回古典，校印流通，功德無量。其後有梅光曦、歐陽竟無、劉珠源、張克誠、韓清淨、唐大圓、呂澂、景昌極、王恩洋、邱希運、持松、常惺、會覺、法舫、法尊、芝峰、印順、默禪、談玄等，都是精研唯識學的人。這些人中，有的是述古的，有的是考據的，有的是發揚新論的，有的是探究歷史的，都各有所長，各有著述行世。在佛學的研究方面，這一宗算是最盛行了。

十一、太虛大師與今日佛學：此外太虛大師是四十年來復興中國佛教的領袖，他平等提倡八大宗學，對整個佛學有其特見。他不是特別提倡一宗一派的人，對八宗都隨緣弘揚，齊為發揮。他對每一宗的學說，都有著述講說，而他對於整個佛學整理融貫，如三乘共法、五乘共法、大乘不共法之分，印度佛教之三時三系及三宗之融判，都是發前人之所未發的思想，所以沒有把他放在某一宗派之下。

總觀十宗在今日，禪、律、成實三宗是極衰微，原因是研究的人很少了。俱舍、三論、台、賢四宗是半衰微的，研究台、賢的雖多,但方法是陳舊的。淨土、密、唯識三宗,可說是最興盛的宗派了。

十二、研究的新趨勢:這裡所謂新趨勢者,就是指今日研究藏文、巴利文與英、日文的趨勢。藏文佛學之研究先有呂澂、湯住心。民國十三年太虛大師命其弟子大勇,在北京設佛教藏文學校,十四年組赴藏學法團之後,佛學界對西藏文之研究甚有興趣。十年後法尊、嚴定、湯住心、呂澂等譯藏文經論數十種,漢藏佛學之研究始行溝通。此外墨禪、談玄、芝峰、呂澂等對日文佛學之研究,芝峰且主持翻譯日譯之《南傳大藏經》(即日譯之巴利文三藏)。梵文、巴利文、英文佛學之研究,有法舫、巴宙(法周)、白慧等。法舫、巴宙且從事巴利文佛學之翻譯。從這方面看,中國佛學界之努力,已趨向於世界佛學之研究。

第二章　從現代思潮看唯識學

第一節　時代思潮與佛學

為什麼要從現代思潮看唯識學呢？因為佛教在世間是不能離開世間法的。佛教必須與世間發生關係，合乎世間的要求，纔能立足世界上。譬如在世間建立寺廟，有人出家，有人弘法，這些都是與世間有關係的，都象徵著佛教是合乎世間人生需求的，在社會上有地位、有作用。如果佛教對人類沒有利益，那世間人類就不需要佛教。若是世間不需要它，或是佛教於人世毫無利益，就應該早已消滅了。然而，事實並不是這樣的。它——佛教之所以在不同的區域、種族間流傳下來，且擁有廣大的信眾，這證明佛教的確是有其存在的價值的。既是有價值，故佛法可以弘揚於世間，但佛教學說在現代社會的思潮的地位怎樣？是值得注意的。唯識學是大乘佛教的一大學派，對近三十年來的思想界，發生了很大的作用，更需要注意去研究去觀察。

這裡所說的現代思潮，是指十九世紀以來，西洋的文藝復興時代到二十世紀的科學時代的運動。一個時代的思想，能成為一種有力的運動者，就名之曰時代思潮。歐洲在文藝復興之前，是

第二章 從現代思潮看唯識學

宗教特權時代,也可說是黑暗時代。因為人人迷信宗教,神權高於一切,人類是處於一種暗無天日的境遇。文藝復興是科學昌明,由科學的研究,打破了神權乃至上帝萬能的迷惑,遂產生了光明的近代科學文明。現在因科學有原子能的發明,故有人說今日是原子能時代,這可以說是科學最發達的時代了。在印度是先有婆羅門教的思潮,次有六派哲學的思潮,後有佛學的思潮。在佛教又有小乘和大乘、顯教密教等思潮,最後又復原到印度教的思潮。

就中國文化發達史說:我們先有先秦諸子之學,漢朝的經學,隋唐的佛學,宋明的理學,清代的考據學❶,和今日的科學。這些,都可以代表每一個時代的思潮。清末民初以來,我國思想運動成為潮流者,即所謂五四運動。這個運動包括多方面:在政治方面是爭取獨立、平等、自由;在社會方面,要脫離一切不合理的封建制度,禮教約束;在文學思想方面,是爭取白話大眾語,爭取科學知識,打倒文言文和"孔家店",以及一切迷信的封建思想。因此運動的策勵而有了北伐的成功、抗日的精神。現在中國思想,又有一種洪流大潮,正在澎湃地激盪著整個的中國和亞洲,這就是唯物的、社會的、新民主主義運動。這些思想,都是先有它接受西洋科學和哲學的背景,方能發揚成這樣成果的。

總之,現代的思潮,可分說兩點:一種是科學的,另一種是哲學的。先從科學說:

---

❶ 見梁任公《清代學術概論》(商務版二頁)。

第二節　科學與佛學

一、科學的性質與佛學：科學是什麼？或者說科學的性質是什麼？這是很難說明的，因為科學家對此問題，各有各的說法，人人不同，絕不一致。今略舉數說：

（一）數與量說：有人說"科學乃在量的範疇下想像世界之試圖。……當吾等言科學觀察準確，吾人不過謂其依數量標準而進行思想也"。有人說科學不過是一種分析的方法而已，是研究或觀察宇宙萬有的方法，這種方法所用工具，不外乎是數與量，用這些方法去分類析別萬有的每一個總體。因此有人說科學就是數與量及類與測度等，科學這一名稱，就是指這些概念的，離了這些，就沒有科學可言。

（二）關係說：張東蓀教授在他的《思想與社會》一書中指出這些（量與數等）概念，都是零碎的狹義的解釋科學。他說："因此我主張在這些（量與數及類與測度等）之根底上，實更潛伏有一個根本原始的概念，我名之曰'關係'，或'關係的秩序'，因為我這樣主張，可以把物理學、天文學等都能包括在內。不然只把數學當著科學的代表，這是不十分妥當的……"

（三）全體與部分：張君又說："至於關係這個概念，就是在一個複合體之中，如其可以分析，則其所得的結果無論有多少的項目，而這些項目是有關係的，所以一說到關係，勢必連及到'全體'與'部分'等概念。我們可以大膽的說：凡是可以分析的必是其中有關係的，即普通所謂因果關係。總之，倘使不預先設有關係這個觀念，則一切皆無由進行了。"

第二章　從現代思潮看唯識學

（四）關係是本有的，"而關係這個概念卻是最先有的，不是規定的，此外其他概念如秩序、結構、相續等等，無一不是與關係這個概念相結合在一起的。至於空間時間在科學上，只是系列的秩序而已。必須由測量而定，亦是離不了關係這個概念在暗中支配"❶。以上是科學的定義。

我們再來看佛學：

（一）從上面所引述的，很明白地可以看出科學定義；或者說科學的性質就是關係，關係可以包括一切科學。這關係二字在唯識學上說，就是因緣或緣。佛說一切法皆因緣生，皆由緣起，同時也由緣滅，也就是說一切法皆由關係而生、而住、而滅。關係包括一切科學，等於因緣包括一切法。如在唯識原則上說：眼識這一概念，要由九種緣（關係）生，耳識由八種緣生……佛學上說"緣"略有四種，廣有二十四種。（參看我譯之《阿毗達磨攝義論》）

（二）其次，言關係是一個複合體者，因緣這一個概念，也就是總合體；佛學上也說是"因緣總相"（複合體），總相之中有別相，就是說關係的複合體中包括很多的項目。說到因緣，必定有總相與別相，因此佛學上說：隨拈一法攝一切法，一法之中有一切法，一切法中有此一法，這是"事事無礙"，和關係有全體與部分，完全是一樣的；不過只是代表這些概念的符號（名詞）不同而已。所以在科學上說"關係"，和唯識學上說"因緣"，是全無差別的。那麼，唯識學（或者說佛學）是極合乎科學的了。

（三）更可注意的是"可分析的，必是其中含有關係的，普通說是因果"。這幾句話，在因緣所生法上說：凡是一法的生起，必

---

❶ 張東蓀之《思想與社會》第二章第二十八至三十頁。

是有多種的因緣,這些因緣當然可以分析的。這中間就是因果性,佛陀最初覺悟的就是這種關係,這種含有因果性的因緣法。佛說"此有故彼有,此生故彼生,無明緣行,行緣識,識緣名色……"等萬法生起的法則,這就是說明因果關係的因緣法則,也就是佛學的基本法則。

復次,張君說:"若不先有關係這概念,則一切皆無法進行了。"在佛學上則說:一切皆由因緣生,離因緣外諸法不生。佛說:若言"若有一法超因緣者,是外道說",一切法不但由因緣生,而且是由因緣滅,若無因緣則一切法不可得。你若問什麼是因緣?一切法就是因緣,恰如一切概念都是從"關係"這一概念來的是一樣。那末,我們也可以說,關係這概念是什麼?關係就是一切概念。

(四)復次,契經言:"如來出世,若不出世,如是緣起法性常住。"這就是說"關係這概念,卻是最先有的,不是規定;但是應該知這關係不是離萬物而別有"。此緣起性,也是本來如是而有的,佛雖證之、說之,而卻不是佛陀所規定的,不是"有別法體,名為緣起,湛然常住"❶。故《增一阿含》(卷二十六)云:"欲使空為地,復使地為空;本緣之所繫,此緣不腐敗。"

現在我們說一說緣起的緣吧:緣起性的緣在小乘有部諸經論中說有四種緣:即因緣、所緣緣、等無間緣、增上緣。大乘唯識宗諸

---

❶ 《俱舍論》卷九,十七頁云:"有說:緣起是無為法,以契經言:'如來出世若不出世,如是緣起,法性常住。'由如是意理則可然,若由別意理則不然!云何如是意?云何為別意?而說可然及不可然。謂若意說,如來出世若不出世,行者常緣無明等生,非緣餘法,或復無緣,故言常住,如是意說,理則可然。若謂意說有別法體,名為緣起,湛然常住,此別意說,理則不然。所以者何?生起俱是有為相故,非別常住為無常相,可應正理。"

經論中也詳說此四緣；在《成唯識論》中又依四緣及十五依處而建立十種因（《成唯識論》第七、八卷），其所說因，也就是緣義；南傳上座部的諸論中說二十四種緣（南傳《阿毗達磨攝義論》第九品），都是這因緣的別名別相。就等於關係以外其他的概念，如秩序、結構、相續等諸概念，是無二無別的。因此，我們應該知道，在古時代說因緣，今時說關係，名字不同而已。

從上所說，也可以說科學是什麼？科學是關係學；佛學是什麼？佛學是因緣學，是因果學，就是不研究佛學的人，誰也知道佛學是談因果的。從上面所引述的，我們知道科學也講因果，佛學中不論大小乘，任何學派都講因緣和因果的道理，其中講得最精詳而透徹的，就是法相唯識學了。

二、科學的分析與佛學之分別：分析法就是講條理的，在科學也叫做演繹法。學過科學的人，都知道科學是著重在分析的，就是前面說過數、量、類、測度、系列等概念，也就是科學的本體；或說科學的方法，這些部門都有一個共同的目標作用，就是分析。在科學家不論研究一件什麼事體，或化驗一種什麼物體，或測量一種什麼地形或物體，都要確實的依那事體物體的本身，用一種儀器去分析它。或者以數學的各種方法去分析，或去測量，或用分類法，或用測度法，用記錄法記錄下來，然後一計算，就可以得到結論——物體或事體的真象。從此得到一種結果的概念，就是所謂科學知識。

法相唯識學也是最重分析的，分析研究的方法，也是如此的。譬如說色法，英譯曰 Form，等於物質——唯識學上先下一個定義曰：色者，是對礙義，凡是有對礙的都是色（物質）。那麼，唯識學上先分為二類：一是有對色，二是無對色。第一類中分二：一是五根色，二是五塵色等，無對色中又有五種。今特列表以明之：

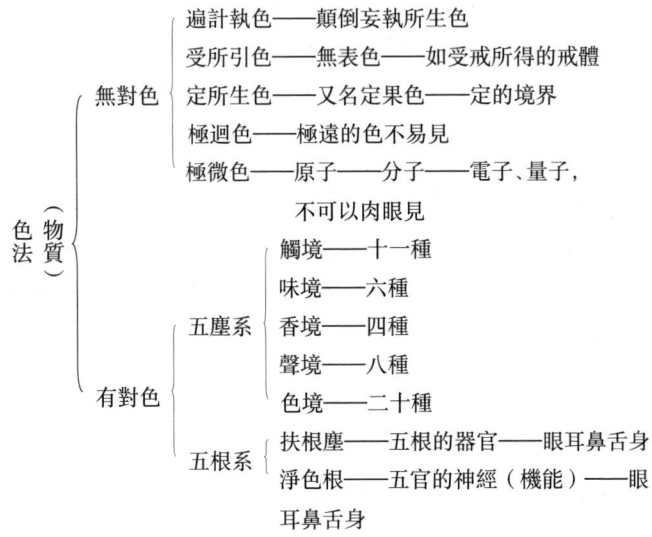

如再分析，就是在色境上把它分析成幾多極微，再把極微一分析等於空了。因此佛學說析空觀。

看了這個表，就可以知道唯識學對法相（事物）分析法是多麼精細，系列是多麼有條理，類別與數量是多麼分明清楚，任何一個科學家都不能不佩服，都不能說這是不合科學的。唯識學上的法相分析法是很重要的，凡是研究唯識的人不可不注意。我們對於解釋每一法的時候，總有"諸門分別"一科，所謂諸門分別者，就是科學的分析方法。這些分析法，在《俱舍論》最詳細最精密了，比科學分析得還細密。因此使胡適之博士讀來覺得大費腦筋，於是他說佛教法相唯識學"是一部煩瑣的哲學"。我想胡先生是個哲學家，不是科學家。

三、經驗與性境現境：科學有社會科學與自然科學，其自然科學的研究：（一）特別注重現實的對象，（二）經驗的方法。由此纔可以得到科學的真實知識。這種現實的對象就是唯識三種境界中的性境（現實的境界）。科學所研究的各種對象，都是我們眼見的、耳聞的、鼻嗅的、舌嚐的、手所觸摸的，有現實性的實在物體，這就是唯識學上說的。五識所觀察的性境，性即實在的意思。科學方法得來的真的標準的知識，即是唯識學上的知識，名曰"量"，就是真的標準之義。三量智中的現量智，量即知識，現實的知識曰現量智，決不是幻想的，也不是猜度，更不是想象的。此外科學家的態度注重假設，因為對某一事物的真相，沒有現實的真智，沒有分明了了的時候，不敢妄下斷語（科學家最怕武斷），與妄作定論。因為不敢自信，故對不能確實決定之境，常常以假設的態度，留作進一步研究與考驗；或者他們以此而推及其他，這也很合乎唯識學上的比量智，比量智是推度比較之義，即是因明學。

四、邏輯與因明學：邏輯就是科學中的論理學。有人說，某種事物，或某種理論，若是合乎邏輯的，就算是真實的、正確的；不合邏輯的，就是不真實的、不正確的。邏輯本來是討論命題的，一個命題只有兩個概念，其中二者有了關係，就成命題。因明叫做"立宗"，所以有人說，邏輯只管形式的關係，邏輯用的推理方法是三段論法，因明是三支比量。有人說：邏輯不能算是一種獨立的科學，而只是科學的一種方法。佛學中的因明學，就等於科學的邏輯。因明在印度很發達，不只是佛教專有品，其他學派也都應用它。佛教的唯識學，處處以因明量式來組成，《成唯識論》及其他唯識宗經論，全是用因明法式寫成的。因此，凡研究唯識者，必須先研究因明學，因為因明是研究唯識最不可少的工具。讀《成唯識論》等，若不通因明方式，則雖精通亦難了解其奧義。其他中觀學派的書，如清辨之《掌珍論》等，也都用因明論式。

在印度空有大乘學派盛行時，常集學者在一堂，共同辯論。其辯論的方式，都用因明論式。此種方式，今日蒙藏各寺院中，仍然進行。由此，我們知道佛學，特別是唯識學，是最合邏輯的學說。

第三節　哲學與唯識學

其次從哲學說，哲學這一詞，它的意思是求知，或求智慧。求智慧是追求認識真理。凡追求宇宙人生真理的學說，都叫做哲學。哲學又叫做形而上學，因為他所探求的，不是客觀的現象，而是事實的本體。因此哲學上有本體論和知識論。

西洋哲學，有唯心論或云觀念論、唯物論、心物二元論等派別。唯心論也有很多派別，不能一一討論，今則只說唯心與唯物。所謂心，就是我們的認識，或者是一種觀念。觀念就是等"相"，或是一種意象，也可以說是理性。現在略說一二。

一、素樸實在論：在中國哲學中有無極太極之說，其主張與此相似。此派以為耳目所見聞即能得事物是實在，故吾人知覺所得是符合事物之實體——如輕重、厚薄、大小、方圓，皆事物之實在性，此種實在性是事物原有的，不是外來的。此實在性的事物不離心的範圍。吾人心識去認識它或不認識它，它都是如此存在的，心識不過是依事物之形式去了知事物而已。依此種實在論的見解，就有一元多元的分別。謂事物體是一元的，或是多元的。這合乎唯識理論中的世間極成真實。在一切法唯識變現的原則上，此派學說是被否定的。

二、主觀唯心論：此派主張唯有知覺的主觀心，而無一切外物，但是我們認識的觀念是在意識之內，而不在意識之外。故此派否定一切外物的存在。一切外物的存在，都是主觀自心所現的影子。如世間諸法，科、哲學等，人倫道德等，人格習性等，都被否定了。此派所說與唯識說的外境非有好像相同，其實不同；唯識不否定外物的存在，說外境非有者，是說外物不離心識的關係而已，說外境物沒有實體性而已，外境仍有那因緣所成的假相。

三、客觀唯心論：以為宇宙萬有都是世間人類的共同心的客觀存在。諸法雖千差萬別不同，可是皆是人類共同心理之表現。這種共同的意識，赫格爾學派稱為觀念論。認為吾人意識上底物的觀念，就是物的本身，此共同心在個人是有一分而非吾人心理之全體。又此共同心是無可證明的，與這"一神"之無可證明是一樣的。意謂此不可證明的共同意識，就是萬能的。換句話說，赫格爾用辯證法把"一神"論改為觀念論罷了！而以心神為萬有之造物主❶，此與佛教唯識學正是相反。

四、機械唯物論：此派與前說之唯心是相對的。因為物與心是相對的，物是有形體有限量的，心是無形體無限量的。物是佔空間的，自然界的一切東西，自然科學的對象，統稱曰物。一切世間的現象差別，都是物的互相創造，故謂宇宙本體是物質，並不是唯心，更不是上帝；人生的歷史演變也是唯物論的演變，因此而有唯物史觀的哲學產生。因為人類歷史變遷，是以經濟作背景的。經濟是什麼？經濟本身就是物質，或曰生活物質。這就是馬克思的《資本論》的出發點。故人類自古迄今一切歷史演變是唯物論的。近代唯物學者更說人類之意識也是由物的反映而產生

---

❶ 《法相唯識學概論》。

的。意識的活動，就是腦的活動，離了大腦的反映活動就沒有意識了，所以說存在決定意識。此能活動的腦就是物質，故主張一切唯物，即心不過是物的條件。這種唯物有一個缺點，就是會演變成定命論，因為物物相生的因果律是確定的。若成了定命論，在唯識學上是講不通的。還有一點，唯物論否定善惡業的因果律，也是講不通的。

五、心物二元論：這裡的心便是吾人的認識，物就是自然的一切東西。這派是說一切外境，都是我們意識的對象。外境是物，我們的意識是心，我們看見一朵花，在意識上起了一個花的觀念（或是概念），這就是心。但是這花的觀念，是根據外面的花這東西而生起的。而我們的認識，知道這東西是花，卻又是從觀念有的，所以說外物與內心是互相不離的。所以說心物二元是萬法的本源、宇宙的本體。這理論，好似小乘經量部的色心互熏之說、色心互為因的種子論。但是根據自然科學和生理學，我們認識一個外物，如一朵花，是由於這花的本身，由於光線等關係，將花的影子，射到眼珠上，經過眼膜到於眼神經，即將此花影印在眼上，而起了花的認識（觀念），再由此眼神經將此認識傳到（或報告給）大腦神經，於此，花的認識程式完成，而意識造出或傳出這是屬於心的"一個花的觀念"來。由眼神經傳入大腦，毫無疑問是機械性的。可是這花的作用，到了大腦中樞之後，怎樣可以引出一個意識上的概念呢？科學家和二元論學者，至今還沒有解釋。❶唯識變現一切萬法，並非如此。

六、佛教唯識緣起論：佛教的唯識學，和以上所說的哲學，是

---

❶ 王季同之《佛法省要》。

不盡相同的。所有唯識的理論體系，以後將次第詳述，這裡略說一說。經云："諸法唯識，三界唯心，一切皆心所作。"因此說唯識無外境。但是唯識對於外境界物，並不否定其存在。說唯識者因為在萬有諸法的生起上，心識的影響力最大，不是說萬法都由此唯一無二的識所創造，說識不過是生起諸事物的重要因緣之一環——有力的一環而已。若是從識的產生上說，吾人之心識，是依靠根、境、光明、物質等眾多關係（緣）而生起的。這是三元論和多元論。然而識和境是不相離的，故說識外無境，以識最勝，名曰唯識。這是著重緣生的道理，不是絕對說只有識的存在，否定一切客觀存在。可說是心境合一論。

　　從上面各種說法看來，佛學，特別是唯識，是理智的，也可以說不是宗教的。若說是宗教，是理智的，決不是迷信的。唯識學與哲學、科學都合得上，而且可以糾正其錯誤思想，改正那些歪曲的理論。故研究唯識學，不但使佛學得以發揚，更可以增進科、哲學的昌明。這就是近四十年來佛教唯識學很為學術界所注意的原因。

第三章　從中國佛學史看唯識學

第一節　中國佛學史的概觀

唯識學在中國大乘佛學方面，是一個很重要的宗派，最重學理的學派，與各宗學理都有關係。為此，我們必須從中國佛學的史實上，即發展的過程上略加以研究。

一、唐以前的佛史概觀：佛教傳入中國的年代，近代的學者，頗有異說，但是一般的說，是東漢永平十年。佛教是由印度經西域而傳來的，是一種外來的文化，當然是要靠翻譯的。佛教的翻譯，自漢末安世高、支婁迦讖（公元一六七年來洛陽）開始，到三國時，有支謙、康僧會、維祇難等，譯《六度集經》《法句經》等。翻譯的事業，漸漸地展開，國家雖在戰亂，人民對新來的佛教，逐漸樂為接受。

西晉時國家較為安定，佛教承三國時的學風，國朝與民間之信仰已立，西域的高僧，接踵而至，繼續地介紹新的精神食糧，故譯經事業，比前更盛。如西晉竺法護，由西域隨帶梵本到長安洛陽（公元三六六年），譯《光讚》《無量壽》《十地》《大哀》《般泥洹》等經。竺法蘭之譯《般若》等經。東晉時，佛法大弘，西域大德來長安者，有講禪之佛圖澄，說般若之鳩摩羅什，譯毗曇之僧伽提婆。東晉之高僧，有高瞻遠矚的彌天釋道安，淨土創始者慧遠法師，羅什門下的四哲——道生、僧肇、道融、僧叡。這時期的佛教翻譯，小乘有阿含與律部的譯出，小乘三藏得其全貌。至大乘佛法，有禪學與法華、金剛、般若、三論、成實等大乘經論之譯出，使大乘三藏亦備。大小經論，洋洋大觀，真是空前未有。其時律行禪學，以道安之提倡，奉行者眾。三論、般若、成實，以羅什及其門下的弘講，為中國中觀學派建宗之始。羅什之《法華》又為慧文、慧思、智者尊以開宗。這些學風，大行於江北京洛間。在江南的有慧遠，宗在般若，行在淨土，及僧伽提婆之弘譯毗曇。所以這時的佛學研究的盛況，真是空前未有。還有一人，特別值得提出一說的，就是中國的第一位留學生法顯。他以留學印度成功歸國，不但對中印佛教有絕大的貢獻，就是對近世西洋探險工作，也給予莫大的鼓勵。

其次是南北朝的佛教，南朝時西域僧東來者更多，罽賓的曇摩密多、畺良耶舍、求那跋摩、僧伽跋摩、菩提達摩、真諦三藏等。此中以菩提達磨之傳建禪宗，真諦三藏之傳譯俱舍、唯識，為最有功名。這時，南朝的名僧有慧文、慧思、智者等之建立止觀，成立天台宗。慧可等承傳禪宗。真諦學人立攝論宗（為後來唯識宗之開始）。慧觀、謝靈運之涅槃宗。義學之盛，不減兩晉。北朝有曇無讖（公元四一二年）之譯《大涅槃》《金光明》《楞伽經》等。菩提流支（公元五〇八年）、佛陀扇多（公元五二五年）、勒那跋提（公元五〇八年），共譯《十地經論》，無著、世親之唯識，遂傳於北土。慧光之研究《四分律》，而開立律宗（黃史、湯史，《宗派源流》）。

佛教從初傳入到南北朝止，有六百年的歷史，這個時期可以說是接受佛教時；隋唐時代是融化時；宋明時代的佛教就真正成了中國文化的一種分不開的血液了。

唯識學在佛學傳入的初五百年中，即真諦之前，可以說沒有這個學派，因為建立法相唯識學的典籍還沒有傳來。佛教到了隋唐，大小顯密，八宗十派，同時發揚，光華燦爛，未足喻其盛也，可以留待後面說吧！

二、唐以後的佛史概觀：中國佛學自唐以後，可以"禪、淨、教、律"四派，或"禪、淨、教、律、密"五派來包括。唐以後大多數寺院的僧眾，不是參禪便是唸佛，不是唸佛就是參禪，其他宗派就不在他們的興趣範圍之內了。唐時的"教下"，包括天台、賢首、三論、唯識四宗。小乘俱舍、成實，也有碩德與時爭妍。自宋以後（宋元明清四朝），中國講"教下"的，都以天台、賢首兩家為主，而三論、唯識、俱舍等無人問津了❶。原因是三論與唯識二宗典籍的註疏，在唐武宗會昌法難之際已毀滅了。既無真籍又無傳承之人才起而興之，以致於一蹶不振。而天台、賢首因為重在教觀，就是寓教理於觀行。三論、唯識重在教理。觀行無書尚可傳承，教法無典則妙理難知。同時天台與賢首兩宗的學說，很接近老莊的思想，是根據中國人的思想發展成立的，是中印思想融合的產物，所以中國人易於接受。在宗派成立地域上說，天台、賢首兩宗創建中土；三論、唯識兩宗，則由印度原原本本的搬來，並未受中國人思想的融化。故在會昌法難之後，典籍一失，傳承乏人，遂成絕學。台、賢兩宗與此情勢不同。所以趙宋以後，"教下"則唯天台、賢首，傳

---

❶ 明清之際，雖有講唯識者，如明之靈峰蕅益，著《成唯識論心要》，清之紹覺、智素等，著《成唯識論音響補遺》等，但畢竟寥寥，且錯誤時出。

承不絕。

天台宗以講《法華經》為主，賢首宗以講《華嚴經》為主。宋以後至清末民初，中國人研究佛學的除了淨土、禪宗以外，學習教義的，十之九是研究天台宗和賢首宗。除了這兩宗的主經外，《涅槃經》《楞嚴經》《維摩經》《圓覺經》《金剛經》《梵網經》《彌陀經》《四分律》等，也都講解；並且講述他們的《四教儀》和《五教儀》等宗要典籍。除了這些以外，便再也沒有什麼可講的了，而且所講都是刻板式的文章。"教下"的寺院，因為講說經教，所以寺名講寺，以示別於禪寺與律寺。

至於三論、唯識兩宗的註疏，直到民初纔由日本取回，學者纔群起而研究之。所以這兩宗的復興，不過是近三四十年的事呢！唯識學的根本經有六種，最重要的是《解深密經》。此經以五法三自性，八識二無我為宗要。三論宗有《中論》《百論》《十二門論》等，加上《大智度論》，故稱為四論宗。此宗是以《般若經》所談的甚深空義為宗要的。

除禪、淨、律及"教下"的四宗外，還有密宗，是研究秘密教的，以《大日經》《蘇悉地經》《金剛頂經》為所宗。有教相和事相的兩大部門：教相是研究其事相所根據的教理；事相則是建立壇場，修持三密的一切儀軌，這一切儀軌都是象徵教相所詮的真理。這一宗在唐宋時最盛，以後也就絕傳。唐人的一切註疏，儀軌秘本，都失傳於日本，因此，元明清以來，密宗也成為絕學❶。所留下來的只是應赴僧所唱演的瑜伽焰口和蒙山施食等。這一宗可

---

❶ 元、明、清三朝，雖有西藏喇嘛教傳來，但是，都在宮庭和統治者的蒙人、滿人間流傳，對廣大漢人是沒有影響的。

以屬於"教下",因為密宗首重教相的通達,教相不明,事相不能傳授的。而且事相修持的傳承,尤其重師承,口授指教。但也可以攝在行門中,因為是以修證為旨歸的。

以上所說禪、淨、律、密、台、賢、三論、唯識,為中國佛學的大乘八宗外,尚有兩個學派。自唐以後中國佛教平常是沒有人談及的,那就是俱舍和成實的兩個學派❶。這兩宗也是屬於"教下"的。唐以後無人研究的原因,是因為中國佛學界,自古迄今偏重大乘,卑視小乘的觀念所使然。這是錯誤的,今後應該轉換這種錯誤的觀念。因為小乘佛教是根本的佛教,是原始的佛教,是釋迦牟尼佛親口所說的教義。此二宗義,下面再詳加敘述。

這兩個小乘宗派及大乘八宗合起來,是中國佛學的十宗學派。各宗與唯識有什麼關係呢?一定是有關係的,因為佛法是互相融攝的,決不是互相水火的,或互相對立的;況且這些宗派的學說思想泉源,又都是原本於佛說的。研究佛學的人,特別應注意這個見解。不可分門別戶,故步自封,尤不可互相排斥,分河飲水。應該知道江河雖殊而同歸大海。能明了這點,則知中國佛學各宗派之間,都可互相助成,互相發明的,平等平等的,無有高下的。(所以,我不贊成判教的作風。)唯識學派在一切佛法中,自然也是如此的。

第二節 唯識學與各宗

這裡先說唯識與兩個小乘學派的關係,然後說到大乘各宗。

---

❶ 歐陽漸在他的《俱舍光記·敘》中說:"俱舍稱學不稱宗。"

第三章　從中國佛學史看唯識學

一、唯識學與俱舍學：《俱舍》是論名，原名《阿毗達磨俱舍論》，譯曰《對法藏論》。內容是以明人空法有為宗旨的，此書在研究佛學上是很重要的。研究佛學應先學習《俱舍論》，對於全部教理纔有頭緒和基礎，纔能明白信解行證的程式和入門的方法。這在平常說為學佛修行，了生死斷煩惱。《俱舍論》中根據阿含經和律及有部諸論，說得最有條理。學習佛學，若不研究此論，而開始便研究大乘，就是沒有基礎，因為大乘教理是根據小乘而建立的。凡在小乘經論中詳說者，大乘經論中多略而不說。小乘三藏的精義，又都含攝於此論。這部論不但說明了佛法，並且說明了印度一般的宗教哲學，故此論在印度稱為聰明論。中國自梁陳時，真諦在公元五四八年來華❶，譯《俱舍論》，研究毗曇者，得一指南。迄唐時玄奘譯新論，研究者極盛一時，著作亦多。有名者為《普光記》《法寶疏》《圓暉頌疏》等。後因崇尚大乘及註疏失傳，也就無人研究了。

這裡應該知道，唯識學與俱舍學的關係，如血肉與骨骼。今略談兩點：一、俱舍法相是唯識所依：唯識學中所說明的一切法相，均在俱舍中詳說，如七十五法和修證斷行位等一切法相名數，《俱舍論》作了肯定的解釋之後，唯識論均從略。《唯識二十論》和《三十論》的作者是世親；《俱舍論》的作者也是世親。他先學小乘三藏而作《俱舍論》，後來知小乘的學理不究竟，遂進一步研究大乘佛法，造唯識論。《俱舍》是五位七十五法，唯識說五位百法。是於小乘法相之外多加了二十五法，組織的大綱還是一樣的，只是彰顯此唯識法相的真理罷了。所以研究佛學的人，應先

---

❶ 參湯史第二分第二十八章八五五頁，真諦之年曆。

研究俱舍，後研究唯識。二、俱舍學理唯識所破：《俱舍論》中所說學理，多是一切有部和經部的學理、見解。如說三世實有，法有我無，三科皆實，中有身等，都為唯識批評。《成唯識論》初卷批評小乘者，就是批評其不圓滿不究竟之處。蓋根據唯識理論，《俱舍》所說實有錯誤。故不研究《俱舍論》，則不知唯識所破為何？俗云："知己知彼，百戰百勝。"此亦如是，故研究唯識學者，必先探究俱舍論義。

二、唯識學與成實學：《成實》也是論名，作者為中印度之訶梨跋摩。內容是談空的，但與三論說緣起性空不同。相傳這是經部的論著，所明空理是小乘的偏空義。此論在姚秦時由羅什譯出後，講習者甚眾❶。所以一時頗為學者所宗尚，遂成了一學派，註疏見於經錄者有二十四種之多，可知其盛❷。故在佛學上可見其重要性。此論自羅什譯出後，有人判為大乘，有人判為小乘，史傳之中，爭論頗多。在"智顗、吉藏以前的學者，皆以《成實論》為大乘論，至少亦自僧柔、慧次至梁三大法師，無以之為小乘者。故三論學者，目此等《成實》學者為成論大乘師。然至吉藏（三論學者）於《三論玄義》中，以十義證《成實》為小乘，智顗、慧遠亦以之為小乘。自是遂判定為小乘論"❸。因為三論學者所批評，既無著述又屬小乘，所以後世就無人研究了。

《成實論》的空，在《成唯識論》的觀點，也是偏空，非究竟空，非中道。此宗與唯識關係較少，但《成實論》中所說二諦的有

---

❶ 吉藏《三論玄義》云："昔羅什翻《成實論》竟，命僧敘講之。"

❷ 見湯用彤《佛史》第十八章七二一頁。

❸ 見黃懺華《佛史》第十一節一二〇頁。

無、生滅、一異等中道理趣,也可與唯識論的三性二諦等教義,互相發明。如智藏《成實論疏》云:"二諦中道,云何談物耶?以諸法起者,未契法性也。既未契故有有,則此有是妄有,以其空故是俗也。"(見黃史)這與唯識依他起性"虛妄分別有"的思想很相近。虛妄體即無相,即是徧計執性。"無相即真也",亦即是唯識的圓成實性。又云:"真俗一中道也。真諦無相,故非有非無,真諦中道也,俗諦是因假,即因非即果,故非有;非不作果,故非無。此非有非無,俗諦中道也。"這真諦中道與唯識三性中道,理上無別。

　　三、唯識學與禪宗:禪宗是中國佛學的骨髓,所以虛大師說:"中國佛學之特質在禪。"❶中國之禪學,始於漢之安世高,到了晉宋間,羅什與菩提流支譯禪要等書,此法漸盛。蓋佛法本是重視行證,不是偏取學理的,修證之中,當以禪法為第一工夫。禪法就是三增上學中的增上心學,居三學之中,握其修證之心核,故西域僧來,無不授禪法者。在劉宋時(約公元四七〇——四七五年),南印度菩提達摩來中國。自他來傳授禪學以後,中國禪學上發生了一個變化❷。在達摩以前,禪宗沒有正統的傳承建立,自他以後,纔有傳承的歷史建立,同時在用功的方法上也有了規定。他在中原少林寺,住了九年,一方面獨自修證,一方面傳授學徒,所以達摩為中國禪宗的初祖。我們更要知道,達摩以前的禪法,是有經教的;在六祖以後的禪宗,大都不據經教,不立文字;單單

---

❶ 見《太虛大師全書》,《中國佛學》第二章第一節第十一頁。

❷ 同前書第二節:依教修心禪分安般禪、五門禪、唸佛禪、實相禪,第二節悟心成佛禪,這即是達摩以後的禪。

去參一個話頭或一個公案，直指自心，自悟本性，稱為見性成佛的教外別傳；或說超教頓悟禪，或說是祖師禪。蓋文學是葛藤，經教是濫草鞋，都是直悟本性的障礙物。到了六祖第二代弟子（馬祖）以後，禪學又成了超佛越祖的佛，也就是中國禪學的精神，到達登峰造極的境界。

以經教為據的達摩，他所帶來的是一部四卷的《楞伽》。(《楞伽經》有四譯：一北涼時曇無讖譯四卷；二劉宋時求那跋陀羅譯四卷；三北魏時菩提流支譯十卷；四唐實叉難陀譯七卷。達摩所傳，蓋是第二譯。）此經是禪宗所宗的第一部經，是禪宗印心的典據，行者參悟的見地正確與否，要看與此經的教理相合與否為定準。所以從初祖達摩，一直到五祖弘忍，都是傳承《楞伽經》的。當時此經在北方（長江以北）極為盛行，有楞伽宗的建立。如《僧傳》云："初祖達摩禪師，以四卷《楞伽》授可曰：我觀漢地，唯有此經，仁者依行，自得度也。"又可每說法竟，曰："此經四世之後，變成名相，一何可悲！"又在《法沖傳》中可以見到《楞伽》傳承的師資。因為法沖禪師在北方弘法，是專以《楞伽》命家的。楞伽宗又名南天一乘宗。如傳中云："沖以《楞伽》奧典，沈淪日久，所在追訪，無憚險夷，會可師後裔，盛習此經（沖）即依師學，屢擊大師（其師）便捨徒眾，任沖轉教，即相續講三十餘遍。又遇可師親教授者，依南天竺一乘宗，講之又得百遍。"❶所以稱為南天一乘宗者，一以此經來自南印度，佛在南印度楞伽山說此經。如經云："我為彼眾生，破壞諸煩惱，知其根優劣，為彼說度門。非煩惱根異，而有種種法，唯說一乘法，是則為大乘。"在唐淨覺禪

---

❶ 均見胡適之《楞伽宗考》（胡適論近著，第一集上一九八頁）。

師的《楞伽師資記》和《法沖傳》裡有講到這些話的。《楞伽》的傳法直傳到五祖，五祖傳神秀，還是傳的《楞伽經》。但他傳法惠能時，卻不傳《楞伽》而改傳《金剛經》了。為什麼五祖不傳《楞伽》而改傳《金剛》呢？這是中間有個顯著的理由，便是六祖未到東山學法之前，一日聽人誦《金剛經》有所契悟。到了黃梅，他自己用的功夫，還是以《金剛經》為本，弘忍並未教授他《楞伽》心要。故五祖即以其所悟而心傳法，這是隨機說教吧！在五祖以下與六祖同時學法的那位神秀首座，資格本高於惠能，但其所悟是漸非頓，是《楞伽》的境界。並非他不及六祖頓悟深刻，他當然了知那頓悟的理，也許他是已經頓悟過了，爾時（當其與惠能共住時）他是重在事修。如此就比六祖的功夫又進一層了。後來神秀弘化北方，以《楞伽經》為心要，成了"兩京法王，三帝國師"。他的門下，普濟、義福、玄賾等，又"繼續領眾，受宮庭與全國的尊崇"。就因為這個緣故，天下禪人就紛紛地自附"東山法門"了[1]，尊神秀為第六祖，普寂為第七祖。而南方的惠能，以《金剛》無相為頓悟之門，闡揚心要，大江以南，無不歸宗。弟子神會，到北方大事弘揚，在某一個無遮大會中，神會大肆攻擊普濟所傳的法統，說他們是非法的，不是正宗，而堅稱衣法在韶州。當時神秀已死，門徒普濟垂老，楞伽宗匠不若神會之勢力浩大，楞伽心宗終於漸漸地隱沒了。而《金剛經》之弘揚，就漸漸地遍及全國。故此時的禪宗經教，《楞伽》為《金剛》代替了。惠能得神會之力，也就正式成為第六代祖師了。《楞伽》的法統就變為《金剛經》法統，以迄於今。依宗《楞伽》的禪人看來，惠能的法統是篡位的法統。

---

[1] 見胡適之《楞伽宗考》（胡適論近著，第一集上一九八頁）。

為什麼有這種變化呢？這是佛學上思想的轉變，很值得研究。因為《楞伽》與《金剛》含義不同，此不同點可以在某一個時期尋到根據的。茲就兩經的內容說：《楞伽經》偏講法相唯識，《金剛經》偏說無相性空，這和禪宗講明心見性的宗義相契合。《楞伽》的全部大意，雖然也明法性真如，離四句絕百非，可是偏重在講明"五法三自性，八識二無我"。這一點就顯示了《楞伽經》是重在於法相方面，由法相而進入法性，是漸非頓，為楞枷的宗旨❶。講到法性的《金剛經》，正是禪宗的目標。法相重在分析，一樣一樣的從繁瑣中得到條理，中國有名的學者胡適之說："中國唯識學是一部繁瑣的哲學。"唯其盡分析的能事，纔能明心見性。由此，《金剛經》從緣起性空以明法性（真如），和從緣生的法相上著手以明心相是不同的。法性是非言說，也非思議所及的。故祖師禪，宗在修證，一心參究，將來總有開悟的一天，所以當時的禪客們，不樂意學那繁瑣的《楞伽》法相，而喜愛簡單直接的《金剛》法性。理之參究，識取本心，方可證得本性。這就是《金剛經》代替《楞伽經》的主因。

　　前面是禪宗的歷史發展與變化。從一般說來，惠能以後，禪宗是不立文字，不必研究三藏教理的，只需作禪觀看話頭便了。可是實際上不是如此簡單。這裡再依兩方面說：

　　（一）依理：禪宗最重視的即是"明心見性，見性成佛"。其明心者，心即是唯識所說的八識心、心所法，及其所變的一切法相。明心要了解這一切心法和心所變現的境界。見性的性，即是唯識實性，也就是真如。在禪宗是見性成佛，在唯識則悟入唯識

---

❶《楞伽經》有"宗通說通"之義，宗通即見法性，說通即是明法相。

實性,即可成佛。佛學上若不明心,則不能見性,故欲見性,必先明心。所謂"若識自本心,見自本性,即名丈夫、天人師、佛"❶。唯識上若不見圓成實性,則不能了知依他如幻,是一個邏輯。故唯識是以明唯識相、證唯識性而為目的,所以不明唯識相,則不能悟入唯識性,不悟唯識性則不能成佛。其理是一致,唯其修學的方法則有不同了。

(二)依教:(1)達摩的教義,依《續高僧傳》,記達摩教義的總綱云:"如是安心,謂壁觀也。如是發行,謂四法也。如是順物,教護譏嫌。如是方便,教令不著。然則入道多途,要唯二種,謂理行也。"理就是明理,行就是起行。如云:"藉教悟宗,深信含生同一真性,客塵障故。令捨偽歸真,凝住壁觀,無自無他,凡聖等一,堅住不移,不隨他教。與道冥符,寂然無為,名理入也。行入,四行萬行同攝:初報怨行……二隨緣行……三名無所求行……四名稱法行,即性淨之理也。"❷這與唯識五重觀中的遣相證性是一樣的。(2)《楞伽經》的"五法三自性,八識二無我"是唯識學上有系統的幾個原理。且《楞伽經》既是禪宗最初的經教,亦是唯識所依六經之一。故唯識與此經的關係至為密切(如天台宗之《法華》,賢首宗之《華嚴》)。(3)自惠能以後,以《金剛經》印心,《金剛》所明的只是法性,是五法中的如如,三性中的圓成實性,和二無我性。所說應無所住,就是實無所得,蓋與法性是相同的。(4)六祖說的《壇經》,為後來禪宗的根本教典。不過後來呵佛罵祖的禪人,把《壇經》也拋棄了。說禪宗不講教理,不立文字,在證悟的

---

❶ 見《壇經》。

❷ 見《楞伽宗考》及《續高僧傳》。

境界上原是如此的。可是此一說,就瞎盡了千年來天下禪客們的眼睛!《壇經》云:"大圓鏡智性清淨,平等性智心無病,妙觀察智性非功,成所作智同圓鏡。五八六七果因轉,但用名言無實性,若於轉處不留情,繁興永處那伽定。"這頌中前六句正說八識轉智,後兩句是禪語。又云:"如上轉八識為智也。"教中云:"轉前五識為成所作智,轉第六識為妙觀察智,轉第七識為平等性智,轉第八識為大圓鏡智。雖六七因中轉,五八果上轉,但轉其名,不轉其體也。"(見《六祖壇經》)此中轉識成智,就是明心見性的功夫。此外又說三身的道理,不必具引。如此,誰說禪宗不立文字?不重教義?由此可知唯識學與禪宗的一般關係。

四、唯識學與淨土宗:這一宗在中國民間信仰上有著很大的勢力,自始迄今弘傳不息。遠在晉朝時已形成宗派,最明顯的例子,慧遠(公元三三四至四一六年)在廬山開結蓮社,這可說是中國淨土宗的起點。遠公因世亂由襄陽別道安,帶徒眾避居廬山,遂為南朝佛學的重鎮。遠公不僅在佛教中有地位,他的道德文章在當時的學術界裡也是享著盛名的。在廬山一面自己研究經教,特別提倡毗曇之學❶,通達小乘三藏與般若。另一方面他提倡唸佛,和當時的高賢隱士劉遺民等,出家者普濟法師等十八人結社唸佛,即是所謂廬山十八賢,專門闡揚唸佛禪。淨土宗成立了以後,又由羅什法師譯《阿彌陀經》。淨土之行,更為興盛。

淨宗與禪宗在趙宋時,互相排斥,水火不容,參禪的不許唸佛,唸佛的也不許參禪。如禪宗有"若念一句佛,罰挑水洗禪堂"和"唸佛一句,漱口三日"的禪規。可見禪淨不相融和的嚴重情形

---

❶ 見湯史第十一章,三六五頁。

了。當時永明壽禪師提倡"禪淨雙修",纔把淨土打入禪宗的門庭,他主張唸佛的人要參禪,參禪的人也要唸佛。因為永明壽是那時最有聲望的,所以他一提倡,門人信徒從者極眾❶。他自己是個禪者,也懇切的實行唸佛。並作禪淨雙修的四料簡,其中最有名的二句是"有禪有淨土,猶如戴角虎"❷。修行者能禪淨雙修,就如老虎頭上有雙角,更可增強自己的解脫信念。因他這一提倡,一直到今天,禪淨是雙修的;也就是說從他起,中國的禪宗又起了一種變化(參看本頁腳註①)。

學唸佛的人依彌陀淨土說:應讀淨土三經,及閱讀關於淨土宗的各種論著。淨土宗以信願行為本,以持名唸佛為簡易行的要訣。友人吳延環嘗問曰:"信仰在此娑婆世界以外,有個極樂世界存在,那裡有阿彌陀佛。這樣豈不是心外有法,與唯識相反嗎?"又曰:"唸佛的人,決定信仰有個我在唸佛,我能生西方,豈不是有我執嗎?"答曰:"此宗有唯心淨土義。"古人說:"生則決定生,去則實不去。"彌陀即自性彌陀,極樂國土也不離心。又《無量壽佛經》說:極樂國土是阿彌陀佛的四十八願所造成的。此中的願心即是心,由願所成,即是唯心所造。西方淨土是西方淨土中的人們

---

❶ 《中國佛學》一九四頁云:"在永明壽以前,中國佛教的禪宗,以演進到五家宗派的興起為頂點;法眼為五家中最後創立的宗派,而永明壽為第三傳,亦為法眼宗最後一人。因為從他透禪融教律而攝禪淨歸於修行,其門徒都歸宗淨土,致法眼宗失傳。"

❷ 永明壽禪淨四料簡偈云:"有禪無淨土,十人九蹉跎。陰境忽現前,瞥爾隨他墮。無禪有淨土,萬修萬人去,但得見彌陀,何愁不開悟?有禪有淨土,猶如戴角虎。現世為人師,將來作佛祖。無禪無淨土,鐵床並銅柱,萬劫與千生,沒個人依怙。"

所共造的，不離於心，故不相反。又唸佛人須知，阿彌陀佛發四十八願，依願修行而成極樂淨土。那末西方淨土即是佛與菩薩等之清淨八識所變現。唸佛求生的人，必須有信願行，就是說也須有與四十八願相契合的信願行之心力，纔能往生享受彌陀淨土的快樂，不能單靠彌陀力而自己去享受現成的。唸佛人亦必須通達大小乘一切教義，如《華嚴》之普賢，《楞嚴》之大勢至等大菩薩眾，都迴向淨土。中國各大宗師，發願往生者，都是深明教義，了悟無我，遠離執障纔往生的。其說有我者，乃是隨情假說，非執著實我，所以無不合之處。又《觀無量壽經》（《十六觀經》），行者須修十六觀，觀成功時，極樂世界，現在目前，命終往生。十六觀的觀想，也就是心的力量呀！因此，說一切唯心義，唯心即是唯識。故淨土彌陀非心有法，唯識義成。又往生淨土，淨土不一定指西方極樂淨土，十方佛土皆曰淨土。唯識學中說佛有三身三土，亦是淨土。又如東方之藥師佛淨土與兜率之彌勒淨土都是。古今學唯識教發大乘心的人，都發願上生內院，而再隨彌勒下生。故淨土之義，亦唯識所宗。

五、唯識學與律宗：照佛法看，戒律不應另立宗派，因為不論學禪學淨學教，不論僧俗，凡是皈依佛法的信徒，都應了解戒律，守持戒律，戒律是做人及做超人的道路，是建立佛法的根本大典，決不應偏廢，應該普徧遵行。但在唐朝時，終南山道宣律師以持律著稱，道德文章，可動天地，感鬼神者❶他精究律學——《四分律》藏，纔正式建立律宗，這可以說是中國佛教史上的一大成就。其實，弘揚《四分律》者，始於智首律師。與道宣同時的弘揚者，還

---

❶ 傳說道宣感天人送供（見《天人感通錄》）。

有相部法勵與東塔懷素二師,故稱唐律三家。三家中惟南山律弘傳不息,蓋有他的特別因由❶。道宣著作律宗的典籍,有五大部❷,研究非常精細,且有特別之點,"一因此師建立化制二教故(又名化行二教)。謂化教者,經論所詮定慧法門,四阿含等大小乘經論是也。制教者,律教所詮戒學法門,《四分律》等大小乘律教是也。今此宗部即律藏教,以戒為宗,戒行清白,定慧自立,故先持戒,禁制業非,然後定慧,伏斷煩惱。為道制戒,本非世福,三乘聖道,唯戒為基,能判攝如來一代遺教故也。二因此師融通大小乘故。四分一律,慧光云是大乘;法勵、玄惲云是小乘;南山律師獨云義通大乘。《業疏》中立五義分通……"(參看第三十七頁腳註①)又如他在疏中說:受戒時要得戒體,得了戒體,纔能增長善法,修習定慧。但此戒體非耳聞目睹,究竟這戒體是什麼呢?依小乘《成實論》說:戒體是非色非心法。依有部論說:此戒體屬無表色,即是唯識論所說十一色中的受所引色,因為它是無可表示的,是受戒所引發的,不是眼所見耳所聞的。只是受戒時,經大德僧眾白四羯磨以後。心中所得的一種深刻的印象。有了此印象,對自己有一種思量,能持戒不犯,這就是戒體。犯則戒體破壞,有此可破壞義,故成色法,不可見聞,無表示故,曰無表色戒體。道宣律師依大乘唯識學上阿賴耶識有受熏持種之義,謂此受所引色的戒體,即是第八阿賴耶識中所攝藏之真淨種子。由此漸次熏習,去惡行善,就能引生無漏種現。這戒體義就是唯識的種子義,其義

---

❶ 見《佛教各宗派源流》(見《太虛大師全書》八○五頁)。

❷ 五大部:㈠《行事鈔》三卷,㈡《戒疏》四卷,㈢《業疏》四卷,㈣《釋尼義鈔》三卷,㈤《比丘尼鈔》三卷。

甚深。所以此宗與唯識學有如此的關係，同時也因此而成為一個大乘宗派了。

六、唯識學與天台宗：天台是山名，因隋智者大師住天台山，弘揚慧思禪師的教義，並建教觀，遂立學派，因住天台山故，名曰天台宗；以此宗明性具三千之理，又名性具宗。此宗北齊慧文與隋南嶽慧思開其端。智者，慧思弟子，是此宗集大成的人，他的教法，根據《法華》《涅槃》二經及《大智度論》。宋伊人大師說："一家教門所用義旨，以《法華》為宗骨，以《智論》為指南，以《大經》(《大涅槃》)為扶疏，以《大品》(《大品般若經》)為觀法，引諸家以增信，引諸論以助成，觀心為經，諸法為緯，織成部軼，不與他同外。"❶這幾句話說明了天台宗的總綱，與其他宗派的不同點，而卻有著共依性的存在。《法華經》只是做了一宗的骨幹。

（一）判教中的唯識地位：此宗以五時八教批判整個佛法。今就其關係者略為一談，首談化法四教。化法四教者，謂藏、通、別、圓。一藏教：又名三藏教，藏教的行果建立，是根據《俱舍論·賢聖品》，因為藏教講小乘法，如《阿含經》說聲聞、緣覺果；又《俱舍·賢聖品》所講的行果斷證位次，法相唯識之五位，雖行果不同，可是取其名位；又見道中緣安立諦十六心等境相，亦依此建立，所謂四向四果等法門。二通教："通者同也，三乘同稟故，此教明因緣即空，無生四真諦理，是摩訶衍之初門。正為菩薩，旁通二乘。"❷因此通教是通於三乘的共教。或通益三乘人等，如阿含、般若菩薩行，皆在通教中攝。三別教：為不共二乘的教，如

---

❶ 見《佛教各宗派源流》。
❷ 見《天台四教儀》與《華嚴教義章》卷二。

云："別即不共，不共三乘人說故。""此教正明因緣假名，無量四真諦理。"只就菩薩乘言，在修行的位次上，明十信、十住、十行、十迴向、十地、等覺、妙覺的五十二位。聲聞在座，如聾若盲。這些位次根據唯識所依的《華嚴經》而來。四圓教：圓以不偏為義，為天台宗的最高教理，"正明不思議因緣，二諦中道，事理具足，不偏不別，但化最上利根之人。"❶如經說："一切眾生皆有佛性，生佛不二，染淨圓融。"就是性具圓融的道理。唯識教依《深密》三時判與此宗通教相當，以通攝三乘之說。《解深密經》云：此經普為發趣一切乘者說故。禪宗也是別教所收。《華嚴》兼別明圓，《法華》則系純圓教攝。

（二）三觀三諦與唯識三性二諦：天台特有之學理，為一心三觀，謂隨動一念，或隨心緣一法，都不離當念之心。一心即具三觀。三觀者，謂空假中三是。在每一法上都可運用這三觀來觀察。只要起一念心，即具此三觀，《中論》云："因緣所生法，我說即是空，亦為是假名，亦是中道義。"❷這是天台一心三觀的思想淵源。三觀普通說來，就是三種認識，在每一法上都有空假中的三種認識的。從所觀的法上說，每一法具有三諦——"俗""真""中"。因觀空故即是真諦，觀假故即是俗諦，觀空假不二，真俗雙圓的諸法實相，即是中諦。這些都重在客觀的立場，方能顯出中道真義來的。

上面的三觀與三諦，若與唯識配合起來，是可以相通的。以表表之：

---

❶ 見《天台四教儀》與《華嚴疏鈔》卷三，七十七頁。

❷ 見《中論》頌。

```
        ┌ 遍計執性 ── 空觀 ── 真諦 ┐
    三性 │ 依他起性 ── 假觀 ── 俗諦 │ 三諦
        └ 圓成實性 ── 中觀 ── 中諦 ┘
```

在真諦一面說：徧計所執是空無的，應觀其空。在俗諦一面說：依他起性是緣生法，應觀其假有。在真假不二的立場上說：是諸法實相的圓成實性，應觀其中道。能看通此理，即能圓融無礙。

（三）一念三千與萬法唯識：一念就是一念之心，或吾人所起之一種意識。台宗謂在一念心中，可以具有三千諸法，三千諸法不離此一心。三千者，即十法界（四聖六凡）中，每一法界具有其他的九界，就成為"百界"。又每界各有十如是，就是：如是相、如是性、如是體、如是力、如是作、如是因、如是緣、如是果、如是報、如是本末究竟等。這樣就成為"千如"了。這千如又分正報、依報、五蘊各一千，是為三千。此三千百界諸法即俱在一念心中有。這種道理，與萬法唯識的道理就是同唱一調。《華嚴經》云："若人欲了知，三世一切佛，應觀法界性，一切唯心造。"蓋天台、唯識兩家之心唯一心耳。

（四）性具與賴耶緣起：天台講性具法門，一念三千、一心三觀、一法三諦，都不離性。性即體性，一切諸法性體本具，曰性具。此與唯識說一切法種子本有，義似相近。如性具釋為如來藏緣起，則與唯識賴耶緣起頗相近。種子攝在阿賴耶識之中，故與諸法性具之理，可以溝通。真如如來藏為迷悟依，迷則為生死，悟則證涅槃。阿賴耶識亦為流轉與還滅的熏習點，無始以來，即藏有諸法的染淨種子故。染熏則成為煩惱生死的流轉，淨熏則成為菩提涅槃的還滅。天台以性具說，唯識以種子說。天台之真如即唯識實性，相去並無毫髮之差。

（五）六即與唯識位：天台宗除了四教的行位之系統外，別說六即，就是從凡夫至佛果的階位，是都約修證的階位說的。此與唯識行果的五位是相同的。一"理即"位，與二"名字即"位，即唯識之自性涅槃，亦即本具種性之凡夫。三"觀行即"位，就是資糧位。四"相似即"位，即是加行位。五"分證即"，就是通達位：和修習位，十地分證故。六"究竟即"，就是究竟位，證二轉依果，一切圓滿故。

七、唯識學與賢首宗：賢首宗又名華嚴宗。前者以人得名，後者以經得名。賢首大師原名法藏，與玄奘為同時人。此宗由杜順、智儼開創之，賢首完成之。故世人稱曰賢首宗，以宗紀念之。後有澄觀清涼大師，發揚賢首的思想，並作《華嚴疏鈔》，所以也名清涼宗。

此宗以五教判一代佛教，謂小、始、終、頓、圓。一小教，是講小乘阿含的，等於天台的藏教。二始教，又名分教，攝唯識般若。"以《深密》第二、第三時教，同許定性二乘，俱不成佛，故今合之總為一分教。此即未盡大乘之理，故立為初。有不成佛，故名為分"。此有空始，就是般若教，相始就是法相教。三終教，也名實教，攝《楞伽》《密嚴》等經。"定性二乘，無性闡提，悉當成佛，方盡大乘至極之說，故立為終。以稱實理，故名為實"。四頓教，"一念不生，即名為佛"，言說頓絕，理性頓顯，不依位次，故名曰頓，可攝禪宗。五圓教，"明一位即一切位，一切位即一位"，攝《華嚴》，"依普賢法界，帝網重重，主伴具足，故名圓教"❶。

這裡應該知道，賢首大師所立的十宗，即取材於唯識教義。

---

❶ 此中談五教所引諸文，為《華嚴疏鈔》卷四。

（一）賢首十宗唯識八宗：八宗十宗的建立，是批判佛學的又一方法。就各所宗尚一特點立論者。十宗之義，不暇詮釋。

賢首大師因為與玄奘、窺基同時，先本參於玄奘譯場為證義，因意見不合而退出，遂專弘《華嚴》。他不但對《華嚴》教義，遠承杜順、智儼之說，光大發揮，對於唯識也很有認識。本來唯識家判印度一代佛教唯八宗，賢首依之把唯識第八宗演化而成三宗，遂成十宗。其義理之解釋，可閱《華嚴一乘教義章》。

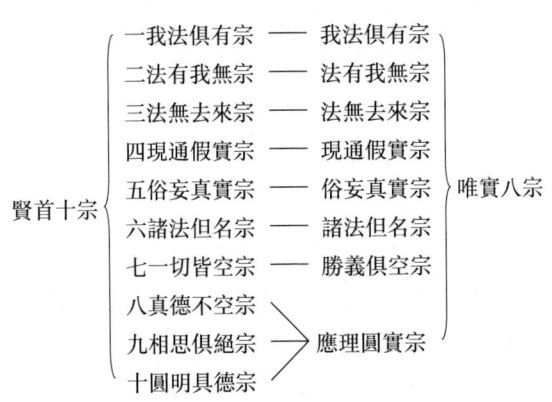

（二）賢首學者多習唯識：賢首宗的《五教儀》與《天台四教儀》，皆為中國佛學之精華。天台家歷代學者，多憑藉教義，依據《法華》《智論》《般若》，所以很少談法相名類。賢首宗之學者，自法藏以下而迄近代，無不探究法相唯識。我們試讀賢首以下各祖各大德之著述，都廣談法相之理，并而有條。因此，天台是近於法性般若，賢首學近於法相唯識了。

此外《華嚴經》，亦即唯識所宗六經之一。此經說："三界唯心所作。"又說："心如工畫師，畫種種世間。"這些都是唯識要義。又唯識之菩薩行，是依《華嚴·十地品》（或《十地論》）而建立。又天台有性具法門，賢首依《華嚴·性起品》，"唯一法界性起心，亦具十德"之義，立性起法門（十玄緣起或法界緣起），此皆與唯識緣起法相之理相通。《清涼疏抄》說："大哉真界，萬法資始。"真界即是法界，在這法界的諸法類中，只有從內心上去認識體會。

（三）賢首之唯識學：賢首在他的著述中，依據《瑜伽》《雜集》《深密》、梁《攝論》等大談唯識。如他在《一乘教義章》第九明諸教所詮差別的十門中：一所依的心識，依《解深密經》等，說八識及賴耶熏習義；二種姓差別義，依《顯揚》《瑜伽》、梁《攝論》等，談本有，談習所成種，談五種種姓；三行位差別，依梁《攝論》《瑜伽》等，而為抉擇……六斷惑分齊義，依《俱舍》《瑜伽》《雜集》，而為論證……總之十門之義，所有論義，都是引據瑜伽、唯識諸論。不能廣述，學者可以自去探究，真是妙義重重。

八、唯識學與三論宗：三論宗亦名四論宗；又名破相宗，相即法相，破相就是破除對於法相上之執著；又破相就是對法相唯識教的不了義處加以批判的意思。三論是依諸部般若經中的"無所得""緣起性空"而立宗的，不立一法，有無俱破，直顯緣起中道。因為此宗明緣起即性空，性空即中道，中道即般若之義。般若者無分別慧，也名無所得智。觀行者要以無分別慧，現觀無分法性，故虛大師名法性空慧宗。此宗所說教理，與唯識所說，因立場不同，觀點各異，所以各有其異處。如二諦中道之說，以立場不同，各是其是，各非其非。然亦有其相通之處，以緣起即性空之中道義，與唯識所顯遠離二邊之中道義，亦有差別。俟下述之，今先說本宗教義。

三論宗義：

（一）判攝佛法，可分三點：一根本法輪，宗尚《華嚴》；二枝末法輪，講《阿含》《般若》；三攝末歸本法輪，說《法華經》❶。唯識、般若同攝在枝末法輪中，而發揮《深密》《楞伽》與《般若》的深義。

（二）破邪顯正：本宗宗旨，在"破邪顯正"。在破邪的一面說：一破外道執實我實法，如《百論》即是正破外道執有天神等，傍破小乘；二破小乘所執的實有我法，特別對有部與唯識大乘所執的實法，如《中論》就是正破小乘，傍破外道；三破《成實論》的偏空執，《成實》之空，不若三論之空偏圓，故曰偏空。由破邪即是顯正，這是三論宗的要旨。所以在顯正的一面說，也分三點：

（1）無所得義：全部般若經的義理，歸納起來，就是無所得義。"無所得"即不立一法，在佛學上特別在法性空慧學上，若有所得，即是不究竟。因此，《般若經》說：無得正觀。觀就是觀察或認識。因以般若智，觀法空無自性可得，纔是正確的知識，故曰無得正觀。以無得的正觀，對佛教非佛教的執見，纔可加以批評和判斷。又無得正觀，就是根本智，親證二空真如，能所雙亡的境界。又以無得的正觀故，可以證得菩提，可以現觀真如實相。故《心經》云："以無所得故，菩提薩埵，依般若波羅蜜多故，心無罣礙。無罣礙故，無有恐怖，遠離顛倒夢想，究竟涅槃。三世諸佛依般若波羅蜜多故，得阿耨多羅三藐三菩提。"廣如《大般若經》中說。

（2）緣起性空義：《般若經》特別說明"無所得"義，為什麼無所得呢？緣起性空故。所以這緣起性空是無所得的一個註腳。龍樹的三論大意，是特別明性空，故用緣起性空來解釋這般若中的

---

❶ 《佛教各宗派源流》。

"無所得"義。如《中論》的頌云"因緣所生法，我說即是無"，"無"就是無所得。因緣即條件或關係，在某種關係之下，纔可以產生某種物品。宇宙萬有，眾生法佛法，皆由因緣而生，故緣生也就是現象界。既是緣生，就無自性，無自性謂之空，空即無所得。無所得即緣生，緣起即是性空，性空即是中道，中道即是般若正觀，般若正觀即是無自性的緣起。這就是般若三論的甚深空義❶。亦是說明三論的特點。

（3）俗有真空義：就二諦說：從俗諦上說有，從勝義諦上說空，世俗與勝義是相依而顯的。如《中論》云："諸佛依二諦，為眾生說法：一以世俗諦，二第一義諦。若人不能知，分別於二諦，則於深佛法，不知真實義。"又說："若不依俗諦，不得第一義，不得第一義，則不得涅槃。"三論宗說空，對世間的有並不否定。有人說：佛教說空，便什麼都空掉的。其實，這是錯誤的。須知世間的一切在常識上的看法，都是存在的，存在就是事實；三論般若也不否定事實。若是在超常識的道理上，或實證的真如理上（第一真諦）推求，就不能說不是空了。依哲學說：世俗為形而下的有，勝義是形而上的空，這完全是兩個觀點的不同。若就事物的本身說：緣起性空是活動義，是轉變義，不是死板的空。所以《中論》頌說："以有空義故，一切法得成。若是無空義者，則一切法不成。又說："因緣所生法，我說即是空；亦為是假名，亦是中道義。未曾有一法，不從因緣生，是故一切法，無不是空者。"此中空、中道，都是第一義諦，是理性。因緣所生法、假名，都是世俗諦，是現實。二者是一法的兩面，不可分離，故云"色即是空，空

---

❶ 《十二門論・敘》云："大分深義，所謂空也。"

即是色,色不異空,空不異色",萬不能偏執一面。三論的空義,建立在有的因緣法上,離開了因緣的有,則空義無從說起。這在上面的幾個頌中,說得很明白的。

三論與唯識:

依般若的無所得理上來談唯識,在唯識與三論的兩個立場上,是共通的。唯識所破的對象,是能所二取的無所得,沒有主觀的我(能取),也沒有客觀的法(所取);而三論也是破此二取,顯無所得的空理;他們所破的目標是一個。不過兩宗的差別點是:唯識破後有物可指的,謂二取所依的虛妄分別識體(依他起性)是有;三論破後無物存在,即依他起性也是空的。這是二家的爭論點。又"正智與如如":正智即無分別智,此智在唯識方面是有的(親證真如時,此智即現前);真如即如如(又真如是無分別,能證智亦無分別,平等無二,故曰如如)。這二者是離言第一義諦,在唯識說是妙有是實有;三論則說空。三論雖然說第一義諦是空,但畢竟建立第一義諦,也可以說他不礙緣起有。我們由前面的理論,得到如下的幾個概念:

(一)在相反的關係說:性與相,空與有,都是對立的。唯識三論因此而成對立。

(二)在相成的關係說:三論所破的,也是唯識所破的;三論所顯的真諦性空,就是唯識的無分別智所證的,二空所顯的。

(三)在般若經中廣說法相,以顯法性;又彌勒系的法相學者,也釋般若。因此,可以二派是相成的,不過觀點不同而已。

我們從相反相成的道理上看出:三論的宗旨在破執,故注意方法論;唯識也是如此的,故多用因明。如《唯識》頌曰:"以有所得故,非實住唯識。"論曰:"若執實有唯識性者,亦是法執。"假若心中存著有所得，那是一種執著。能以無分別心證真如，雖有唯識實性可得，這個唯識實性，也是假名，也等於三論第一義諦。依他起自性，等於三論的世俗有。故唯識之二空，即三論之性空。雖說是二空所顯的真如是有（與性空不同），但畢竟是理性。

依緣起性空的道理說：《金剛經》說："不取於相，如如不動。何以故？一切有為法，如夢幻泡影，如露亦如電，應作如是觀。"菩薩修般若行時，要"不取法相，不取非法相"，就是現觀真諦。在緣生境界上，是如幻而有，"應作如是觀"，是說明不可觀世俗（依他起）也是空。法相非法相，也可以二諦釋之，不取著二諦，纔能徹底證真俗不二之境，兩宗相同。由俗證真，這又是各宗修行的共通點。

《成唯識論》說："無分別智證真如已，後得智中，方能了達依他起性，如幻事等⋯⋯若不如實知眾緣所引，自心心所虛妄變現，猶如幻事、陽焰、夢境、鏡像、光影、谷響、水月，變化所成，非有似有。"此與前面所引《金剛經》說"一切有為法，如夢幻泡影"是相同的。真諦是一面，俗諦是一面"不取於相，如如不動"，就是無分別智證真如的境界。在俗諦上二宗觀有為緣生法如幻，是相同的；在真諦上所證，還是相同的。所不同的是後來各論師釋義相去太遠了。再從兩宗的兩位論師的理論看：

清辨的《掌珍論》說："真性有為空，緣生故如幻，無為無有實，不起似空華。"❶

護法《大乘廣百論釋》云："諸有為法，從緣生故，猶如幻事，非

---

❶ 《掌珍論》卷一，一頁。

實有體。諸無為法，亦非實有，以無生故，譬如龜毛。"❶

　　這兩段文字，除清辨以空的立場，用"真性"簡別外，他們的理論是一樣。又三論也明唯心唯識之理：因般若之思想，最後明一心，即自性清淨心，後來法華、華嚴等大乘思想，多明此意。《大智度論》第二十九卷云："三界皆心所作。"《大乘二十論》頌云："如世間畫師，畫作夜叉像，自畫已自怖。"此與《華嚴》心如工畫師之喻，同明唯識之理。

　　九、唯識學與密宗：密宗又名真言宗，真言即真實之語，現在則以咒語相傳。此宗重心在秘密中修行，曰密宗。前說諸宗曰顯教，此曰密教。依密宗學理看來，是包括顯教的。密教傳來雖久，但建立宗派，卻在唐開元時。其時印度有善無畏、一行、金剛智、不空四人前後來中國，弘揚密宗。善無畏傳慧果大師。當時金剛智、善無畏、不空，稱為開元三大士。對本宗經典與儀軌之翻譯和著述，前人莫及，可是在唐以後，也就絕傳了。唐人的註疏儀軌秘本，都失傳於日本；宋時雖亦傳譯，於宗義上沒有什麼建立。本宗要典有《大日經》《金剛頂經》《蘇悉地經》三部。

　　密宗的要義，有數點可述：

　　（一）教相與事相：教相者即教理，學密宗首先學教理，所以日本密宗之傳授，先教學者習唯識三論的教理，然後傳授密宗事相。這和西藏學密宗者先考格西後入密乘院❷是一樣的。事相者即儀軌，也可說是象徵的佛法。密宗一切作法事相，都是象徵的。即是代表另一東西，如金剛杵、曼陀羅（代表眾生界或佛界），這都

---

❶ 《廣百論釋》。

❷ 法尊《現代西藏》。

是象徵物，另含有一種密意存在於內，所以密宗需要上師親口傳授。有人說密宗高於顯教，其實是一樣的，總須修證。密宗與唯識有什麼關係呢？事相唯心變：事相完全屬於唯心的，一切事相的表法，可說都是心識所變的。譬如曼陀羅就是靠著心力的作用，將一個小小的圓銅盤，觀成一個世界，將一個小三角杯，觀作三士道。又蒙山文開頭就說："若人欲了知，三世一切佛，應觀法界性，一切唯心造。"若不知此意，則蒙山的七粒米有什麼用處！所以密宗一切作法，都是如此。

（二）六大緣起與色心：《楞嚴經》講七大緣起，此宗講六大緣起，謂地、水、火、風、空、識。佛法眾生法，一切的事相，通以六大為緣起，六大中前五屬色法，後一屬心法，故六大緣起，亦即是色心緣起。唯識講賴耶緣起，以一心體，起見相二分。就其轉變的作用說：色由識心而變，色能生心，所以互為緣起。

（三）三密觀與三業：三密謂身、口、意三，這就是主義。身密重在結手印，如修阿彌陀佛為本尊，結彌陀印，是象徵著我的本身即是阿彌陀佛，毫不含糊。這和世俗作官一樣，有何種印，自己就是何種官。口密就是念真言，象徵著不是凡夫之言，乃是彌陀之語。意密是現種子字，如阿字代表阿彌陀佛的種子或佛性，象徵著我的心就是阿彌陀佛之心。由這象徵的方法，行者自己的三業即由這三種秘密象徵，能與本尊的三業結合為一，而成就大法，這完全是一種假想觀，是一種心力，都與唯識有密切的關係。

（四）兩部曼陀羅：由日本傳來的密宗，有兩部曼陀羅（曼陀羅即圓的壇場。印度古來的寺廟，都叫作曼陀羅。一金剛界曼陀羅：事相代表理相的佛智，在唯識上即代表四智菩提，也即是佛智，以金剛形容其堅固，能破障斷煩惱，所以金剛界曼陀羅代表佛智。佛智以破執空故，可曰空如來藏，藏即界義。二胎藏界曼陀羅：此非代表佛而是象徵著眾生本有的性德，在眾生位所攝持的如來一切功德聚，因未顯現，猶如胎藏，曰胎藏界。以此義故，為空如來藏。若不明白唯識和般若的道理，怎樣也不知道密宗說些什麼，玩弄什麼。由此說來可得兩個結論：一金剛界的教相，以三論般若為根本；二胎藏界的教相，以唯識法相為根本。關於密宗的判教方法，有十住心，不能詳釋，茲列一表，以示大意：

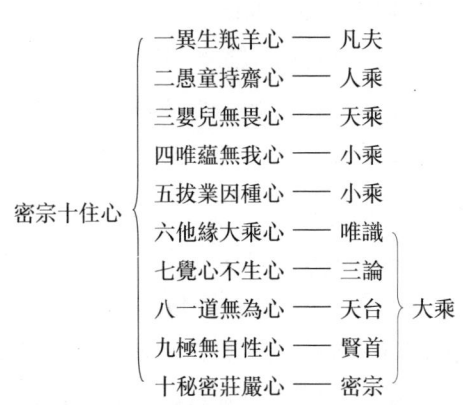

在弘法大師《十住心論》中，以第十秘密莊嚴心為最高尚，天台、華嚴次之，餘宗更次之。此不多述。

十、結論：以上略說各宗與唯識之關係。十宗之中，禪、淨、律、密，是特重行持的，三論（包括成實）與唯識（包括俱舍）又是特重理論的，所餘台、賢是行與理雙重的。又十宗中淨土、密宗，是全仗他力加持的，禪、律、三論、唯識是憑自力向上的，台、賢是仗自他力的。如表：

第三章　從中國佛學史看唯識學

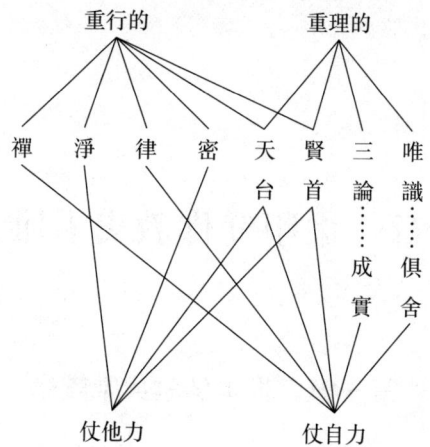

第四章　從印度佛教史看唯識學

第一節　根本佛教與唯識學

一、敘言：在佛學上誰都知道有"小乘"這個名稱，這名稱大約到佛滅三百年以後，大乘佛教興起之時纔出現的，不然，在巴利文三藏和漢譯阿含經，及有部論中，何以沒有這個名稱，更沒有大乘的名稱。大約在公元一世紀前後，大乘教學者，把原始的根本的佛教，稱之曰小乘佛教，而自稱大乘。這些大乘學者，歷史上是"無名氏"，後來可以代表的是馬鳴與龍樹、無著，他們都是反聲聞的。把阿含經教貶值，無論如何，並非佛意，就是三乘、五乘、一乘的名稱，也是大乘教徒後來分別出來的。佛陀在世時，及他滅後三百年至四百年間，是沒有什麼"乘"的。雖然部派佛教時期分為二十部，也還是"飲水思源""萬法歸一"，沒有大、小、一、三等的高低的分割與批判。所以這許多的分判，全是大乘學者有意的作為。

用"乘"——大乘、小乘、一乘、三乘等，來譬喻佛教，並批判佛教思想，算是印度佛教史上最初的判教法，次有六宗八宗之判，後來就更多了。佛法到了中國，判教的學風來得更盛行。在唐時就有人說"古人古賢,所立教門,差別非一"❶。有的從思想上批判的,如"乘""宗"等;有的從時間上批判的,如"三時""五時"等。五時八教等說,我們不能相信是合乎歷史的,同樣的大、小乘與一乘、三乘之說,也都是後來大乘學者的創作。印度是不講歷史的國家,尤其是上古時代——佛陀以前,可說一點歷史資料都沒有,到佛陀立教以後,印度歷史算是有了一線光明,但是仍不可得其詳。今從喬達摩世尊起,以探討印度佛教思想,略述如下:

二、根本佛教:中國佛教學者,自古以來都承認經典,無論大乘經或小乘經,都是佛說的。所以佛陀又稱為法王,因為他是一切法說明的依止處,這是說以佛為法之主故,曰根本佛教。再廣而言之,後世弟子所造的論,都是依佛法為根據的,亦可說根本佛教。這裡所說的根本佛教,是以創教者釋迦佛陀及其第一代弟子,所說之言教而定名的。後起的大乘經律論一切教法,都是依止喬達摩世尊的言教思想而建立的,如《華嚴經》《大日經》等,故曰根本佛教。

佛陀釋迦牟尼喬達摩,在未成佛前,名曰悉達多,在公元前四六六年降生在北印度的迦毗羅衛城(今為尼泊爾國的南部邊境)釋迦族中。於公元前四三七年(二十九歲)出家,公元前四三一年(三十五歲)時悟道,徹悟宇宙真理而成為一大覺悟之哲人。成道以後名曰釋迦牟尼佛。公元前三八六年,八十歲時入滅。佛陀滅後三十年內的佛教,稱為根本佛教的時期。❷此時期中,佛陀

---

❶ 《華嚴一乘教義章》與《探玄記》同云:"古今諸賢,所立教門,差別非一,且略十家,以為龜鏡。"十家之說,參看該書卷二十第三頁。

❷ 本章所說之年代皆依宇井伯壽之《印度哲學史》(第九章八十一頁)。

所說的法,是以當時的社會思想為對象的。他反對吠陀思想,反對婆羅門教士與其社會制度。當時的印度思想頗為複雜,這裡可以歸納兩點說:

(一)哲學方面:是講二元論的。一肉體與靈魂:當時的哲學思想,即六派論師的學說,偏重在求靈魂上苦惱的解脫,至於社會一般民眾,即婆羅門教士等,是盡情享受。為了滿足這個解脫的志願,他們發現二自性與神我的學說,生天的理論。神我是創造之主,只要他(神我)享受,自性就應其所需而起變化,產生萬物。人類若是達到與神我合一,就不生不滅,故名解脫。在諸法上說,宇宙萬有都是自性與神我的組合。前者的肉體與靈魂,屬於現象論的;後者自性與神我,是屬於本體論的。

(二)在宗教方面:修定與苦行❶。印度屬熱帶地區,大陸的河流區域,物產豐饒,人民不煩生計,易生出世之想,所以印度的宗教信仰非常發達,教派也多。但是無論那一個教派裡的人,都不離禪定與行苦行的兩種實踐行為;特別是六師學派,和各沙門集團,更加注重這兩種行為。佛陀在未出家前,就學習婆羅門教的禪法,先去修習禪定,後來他又行苦行,數年之內,參學多少名德。最後他感覺到修苦行一法,徒使身體與精神痛苦疲勞,絕無成正果的可能,不是究竟的法門。遂轉修禪定,於是他從兩位有名的修養極高的仙人,學習修定,但是他覺得他們的禪法也不究竟,不能啟示智慧,不能徹悟真理,遂捨了仙人的禪法,先行身體恢復健康,就自求悟道之法,所謂坐菩提座而作思惟。

佛陀成道後,所說的教法,依他所證悟的境界而說的,這不

---

❶ 苦行一法,如絕食等,至今印度仍流行。

外乎三法印。三法印即"諸行無常，諸法無我，有漏皆苦"。這三種真理，就是喬達摩佛陀在菩提樹下，所覺悟的緣起理性，後來成為修觀的法門。如修無常觀、無我觀、修苦觀，就是吾人內心上的智慧覺照。"諸行""諸法""有漏"是所觀所修的對象，即是吾人之現象世界。行者要在這三方面去修習，從這三方面去修觀行，即是去經驗，纔能達到"涅槃寂靜"之樂果——一種心安理得的境界。前三是因，後一是果。若三法印中，加上涅槃寂靜，又名四法印。如表：

三觀	諸行無常觀 諸法無我觀 有漏皆苦觀	涅槃寂靜

　　阿含聖典的要義雖多，重要者不外這三法印。但是究竟根本佛教的三法印，與唯識有什麼關係呢？這裡我們要知道，諸行無常，就是唯識上所講的虛妄分別有的心、心所法，及其所變現諸法。諸法無我，就是唯識所談的二無我。因為普通研究佛學，都道小乘談人無我，不談法無我；小乘證生空真如，不證法空真如。大乘談人無我，也談法無我，證二空真如。人無我狹，法無我寬，這二種無我之分，也是大乘興起後，纔分別出的。今此言"諸法無我"就是顯二無我義。阿含經中唯說諸法無我，不說人無我也。有漏皆苦，涅槃寂靜，大乘佛學同是發揮這種思想。不過這種思想在阿含經中表現得濃厚些。

　　（三）原始佛教：原始與根本的不同，是時間不同，思想是無多大差別的，可說是一致的，有差別的是在僧團戒律上。根本佛教時期，以佛陀和佛陀直接弟子入滅時為止。原始是從佛陀的再傳弟子起，約在公元前三五〇年至二七〇年中的一百二十年，為原始佛教的時代。所謂原始者，因為這百幾十年中，思想行為，大體是依佛世遺規的。在這原始佛教時期，當時佛弟子，特別是僧團，他們特別注意兩項事情：一維持法統的傳承；二保持教權的存在，這在律典裡是常見到僧團的行動。在維持教法的傳承方面：不是維持像中國所傳的祖師制度，如佛傳給迦葉，迦葉傳阿難乃至二十八祖等規式。是要維持大眾結集的口傳的要典，使一代傳一代的繼續傳下來。在教權方面：就是維持戒律保守，特別是羯摩（會議）制度。這種制度特別是南傳佛教表現得最堅強，至今仍有他的規模。後來的祖師制度和中國的衣缽傳法制度，都是形式的表演。因此，在形式上講究保守，在理論和思想上是得不到進步。

在這時期內，我們可以得到一個結論，前期根本佛教的重心在佛陀，是依人不依法的；到了原始佛教時代，佛教的重心在律（僧團），是依僧團與戒律，而不依人也不依法的。後來部派佛教時期，佛教重心則在法，依法不依人，也不依律和僧團了，故產生了大乘法，其重心仍在法理與思想。原始佛教思想重在戒律的保持，對於教法還是重三法印。後來人要研究，為什麼"諸行無常，諸法無我，有漏皆苦"？在解釋上就有五蘊的思想。如五蘊前一色蘊屬於物質方面（肉體），後面的受想行識四蘊屬於精神方面（心理），故五蘊就是諸行。佛何以要如此說？是為了迷心執我者說五蘊，把心理分析得詳細些，以示所謂心者，亦無我體存在。又佛為迷執色法為我者說十二處，把色法再詳細的分析，以示物質上的無我。所以佛陀的思想是進步的，而唯識法相的道理，就建立在這五蘊、十二處、十八界上，根本說來，仍不離三法印的理論。因此原始佛教的阿含經，都是唯識思想的淵源所在。待後詳說。

四《阿含經》許多地方說到唯心的道理：如生死輪迴說，業感緣起說，都是以心為造作之主體的；又如《雜阿含經》說蘊、處、界、緣起、食、住等諸法相，所說的都是法相。唯識法相入門之書曰《百法明門論》，但此論是解釋阿含經中的"一切法無我"義，以明諸法唯識❶；又《五蘊論》是解釋阿含經中之五蘊，以明緣生法相❷。原始佛經與唯識的差別，只是唯識中說八識，阿含經中說六識。大乘唯識說眾生的輪迴，因煩惱業種而有，入母胎識，是第八阿賴耶識。阿含經裡說，入母胎時，是第六意識。其他五蘊、百法等名相分別，皆系後起之說。

原始佛教除阿含經外，依有部有阿毗達磨論藏，有《六足》《發智》等七論，上座部有《法聚論》等七論。有部七論是佛弟子大阿羅漢所造，但出世是很晚的。《阿毗達磨論》譯曰《對法論》。其體裁有的是契經式的，內容是解釋阿含經的各種教理的❸。這些論與唯識學關係較多，同時對於當時佛學思想和法相名詞的組織，也相當有系統了。唯識學不過採其說，而加以嚴密的組織而已。如唯識五蘊百法，就是根據《法蘊足論》《五事毗婆沙論》《俱舍論》

---

❶ 參考《印度哲學史》第二期第一章。

❷ 歐陽漸之《五蘊論・敘》云："約緣起理建立之唯識宗……以緣生理建立法相宗……《瑜伽》十七地攝二門盡。建立為一本，抉擇於《攝論》，根據於《分別瑜伽》，張大於《二十唯識》《三十唯識》，而胚胎於《百法明門》，是唯識宗。建立以為五支，抉擇於《集論》，根據於《辨中邊》，張大於《雜集》……而亦胚胎於《五蘊》，是法相宗。"

❸ 參考木村泰賢之《阿毗達磨研究》及椎尾《辯六足論之發達》(《海潮音文庫》第三編論釋下)。

等之組織而建立的。

（四）部派佛教：部派佛教的時代，從佛滅後一百二十年（公元前二六七年）起，僧團開始分裂。在中印度的毗舍離國有跋耆子比丘，因行十種非佛教律法所許之事，引起大眾的反對，於是而有第二次的結集。但開會的結果，因意見不一而分二部：一上座部，二大眾部。前者是保守的正統派；後者為前進的革新派。後來兩派又各自演化出若干派來，而成有名的佛教二十部派。上座部發展到錫蘭、緬甸等地，今仍盛行；大眾部發展為大乘，而流行於中、日、蒙、藏等地。這裡所講的唯識是屬於大乘的。錫蘭等地上座部至今雖不信大乘佛學，而研究者頗不乏人。因為他們有一個共通之點——都是佛教，都說因緣法❶。

部派佛教是以阿育王時代的佛教為中心，阿育王曾以佛教為國教。他在公元前二七一年正登王位，此後第七年即大弘教法。在他的保護下，上座部的學者目犍連子帝須，曾召集了第三次結集。這次結集中，據說只是結集了論藏，並確定上座部為正統純潔的佛教，同時，批判其他宗派之學說❷。在他們的論典中，也講心法、心所法、色法、涅槃❸。在心的方面：有"有分心"，後來唯識學者就把它當成阿賴耶識。大體上看來，上座部的哲學，不甚有條理，也沒有進步發展，因為他注重保守，他們以為凡是巴利文寫的教典，纔是真正佛教。所以對於這些教典，只能"信受奉行"，而

---

❶ 這是依南洋開明的學者而說，死硬派教徒，仍說"大乘為外道"。

❷ 見《辨宗義論》。

❸ 見《法聚論》與《阿毗達磨攝義論》。如云："說此對法義，真實有四種，心及心所法，色涅槃一切。"初品一頁。

不能參加自己的意見，對佛音等解釋，也只能奉為龜鏡，而不加研討和批判。

再看大眾部：大眾部無經論傳來中國，只有一部《摩訶僧祇律》。在印度也沒有什麼經教遺留下來，但在有部的《大毗婆沙論》中，及其他典籍中或可探見這派的教義。此部謂有根本識；這根本識在唯識學者看來，就是阿賴耶識。

說一切有部從上座部分出，有七論全部傳來中國。其中《發智》一論，內容是講法相的。其他《六足論》，都與《發智論》有關。故《發智》為"身"，《六論》為"足"。這些論都講法相，如《法蘊足論》《界身足論》中，說色等五位七十五法。由色法而心所法，而心不相應行法，而無為法，這好像是主張色本心末諸法唯物論，後來發展而成為大乘法相緣生說；有主張由心法而心所法，而色法，而心不相應行，而無為法，這就是心本色末諸法唯心論，後來發展成為大乘唯識轉變說❶。有部之學說，其蒐集材料和組織，大有進步成為小乘學派的革新論派，遙遙與根本上座相對。五位之分，法體實有等，三世實有，有為無為之分，可謂二元論者；又主張極微（原子）生萬法說，又可說是唯物的實在論。

其他如經部的色心互熏、細意識、種子說；犢子部的非即蘊非離蘊我；正量部的不失法；化地部的窮生死蘊。這些思想，都在這時期內產生。這些都與唯識學有著密切關係。總之，大家都認為有一個結續生死的心靈識體，它的名稱儘管不同，其實體只是一個東西。這不僅佛教認定有此一法，即印度各教派也都承認有此一物，作為輪轉之體。如《八識頌》云："去後來先作主翁。"由

---

❶ 見《印度哲學史》第十二章二一九頁。

此看來，在整個佛教學派中，只要以佛陀的智慧為立足點，不同的見解是可以會通的，儘管各宗派有其特勝點。

第二節　唯識學與印度大乘佛學者

大乘佛學的產生，在佛滅四百年後，就是公元前一世紀時，大乘佛教在南印度和西北印纔漸漸地發展起來。根據傳記：第一位提倡大乘的學者，是馬鳴菩薩，說他是提倡大乘的先驅者，也可說他是大乘教的初祖。在他以前，當然已發現了大乘佛教經典，提倡的人當然也有，而馬鳴是最負盛名的大乘學者。以他見重於國王，具有文學天才，故易為人所注意。他生於公元一世紀末，正當迦膩色迦王執政時，他的名作《大乘起信論》，有人說是偽造的，這是值得研究的問題。❶論中雖說唯識理，但以"眾生心"攝一切法，明如來藏緣起為主要，顯大乘不共之體。如論中說一心二門——心真如門、心生滅門。心真如是不生不滅的無為法（理）；心生滅門是有為法（事）。此一心二門為一法界大總相法門體，總包一切法相，一切佛法。❷但是根據印度史和他遺留下的梵文著作看，他是一位有名的佛教詩人，他的梵文詩在古典文學史上，是佔著首屈一指的地位呢！❸

第二位是龍樹菩薩，稍後於馬鳴，有說是同時，南印度人（今曼德拉斯北吉祥山），約生於公元一五〇年至二五〇年時。傳說他

---

❶ 見《印度哲學史》第一章第一期之大乘經典，二六九頁。

❷ 參看《大乘起信論研究》。

❸ 參看梵文《佛所行讚經》與《孫陀羅難陀》及藏文譯本之"鏡"是最喜寫愛情的詩。

第四章 從印度佛教史看唯識學

從龍宮取出《華嚴經》，從南天鐵塔取出《大日經》等，如果這不是神話，他就是一個考古學家。在公元前一世紀時，大乘般若經等，即在西北印度出現，而與有部之思想對立。南印度為大眾部的根據地，般若空的思想極為發達。公元一世紀時南印度與中央亞細亞，已有般若經之存在。所以龍樹的思想是代表第一期的大乘佛學，成為劃時代的學者❶，如果以馬鳴與他比較，馬鳴的學說是性相兼融，空有俱顯的。龍樹是偏於法性空理方面；後起無著等是偏於法相的實事方面的；馬鳴則雙具二者思想的先河。從他（龍樹）起大乘很發達，可以說他是印度大乘的第二組，是佛陀以後的第一聖者。他是大乘佛學的火炬，大乘教由他提倡，光芒萬丈。他的學說大有超乎釋迦牟尼佛的氣概，所以古人尊他為八宗祖師❷。他是印度哲學上最偉大的哲學家、思想家和批評家。他提倡般若學，專門發揚佛陀的緣起性空義，以性空為中道了義之教。佛學在印度，從龍樹之後，走上了極端的形而上學的道路。為什麼他要說空？據說佛滅度後，小乘人都執著一切法有，執著實在的我實在的法，故龍樹依般若等經破其有執。他說：佛說諸法因緣生，緣生者即是性空。他對十二因緣發揮得很詳盡，以這緣起性空的中道義，很靈活地批評一切學說。馬鳴雖提倡大乘在先，但他畢竟是詩人而不是哲學家，更不是批評家，故在佛學上不及龍樹之聲望宏大。龍樹所作論藏中約分五類：（一）《中論》

---

❶ 《龍樹之教學》（日本佐佐木月樵著，張我軍譯，刊《海潮音》第十一卷第十二期）云："尤其是他被稱為八宗之祖師……古來也被推崇為八宗祖師的龍樹的佛學。"

❷ 同上

《百論》《十二門論》《七十空論》，這是解釋般若系的經典發揚空的思想。(二)《回諍論》《六十如理論》，為批判教外之學說以明空義。(三)《大智度論》，是《大品般若》的註解。(四)《十住毗婆沙論》《大乘二十論》，前者是註《十地經》的，後者是明唯識正理的。(五)《資糧論》《王正法論》《勸王頌》等是明菩薩修行法門的，所以龍樹之學，不可以"空"來範圍他。他對於外道小乘之說，雖說是破而不立，其實並不是不立，他所說的緣起性空、八不中道(學理)、菩薩行等都是他所建立的。傳承他的學說的人很多，如提婆、青目、清辨、月稱等，都是龍樹派的佼佼角色。

　　第三是無著、世親兩兄弟。他們生於約公元三百一十年至四百年間。前面第一期興起的大乘經，是龍樹學系的淵源。在龍樹之後所發現的大乘經典，卻是無著、世親等瑜伽學系的根據。這一期的大乘經典，大約是從公元二百至四百年之間，而大乘經典則有《深密》《勝鬘》等經。無著、世親，及其以後的弟子，都是力揚這一系的經典。無著、世親都是先從小乘有部出家，後弘大乘佛學的，他們提倡法相唯識，是根據彌勒瑜伽之學，說一切法皆"有"(存在妙有)，和龍樹之學遙遙相對，一空一有，各有妙理，成為大乘教的兩大學派。古人說是如車之兩輪。無著之師有說是與他同時的彌勒菩薩，佛教舊史傳說：他每天入定上兜率天向未來佛彌勒請問法益，彌勒對他說了，出定之後再寫下來，即成了一百卷的《瑜伽師地論》。這是唯識學的根本論，說妙有而不說性空。因為這時的人受龍樹之學的影響，大都執著空了，有些連因果也空了，成了惡趣空，無所畏懼成大邪見。一般研究佛學者，既然有了這惡趣空見，即成了思想上的病根，必須加以改正和醫治，要改正這種思想，就要破除空的邪執邪見，破空必須說有，因此就有瑜伽唯識學的產生。這是龍樹之學，給予無著、世親之學的直接因緣，也是應時而產生的學說。

第五章 唯識學之歷史概觀

唯識學派在佛學上佔著重要的地位，成為最大的學派，是有其歷史的背景的。所謂唯識學史，近年梅擷雲居士，嘗輯唯識學史傳（其書名已忘）；墨禪法師曾譯日人結城令聞之《唯識思想史》，未見出版，不知稿失何處，真是可惜的事；抗戰期中印順法師作《唯識學探源》。這幾種書，都是專論唯識學史的。此外太虛大師之《整理僧伽制度論》《佛教各宗派源流》，及黃懺華居士之《佛教各宗大意》《中國佛教史》，呂澂先生之《印度佛史》，武昌佛學院出版之《各國佛教史》《印度佛教史》《中華佛教史》等書中，都有講到唯識學史，可以作為研究這一學派歷史的參考書。現在只能大概的敘述。

第一節　唯識學之發源

（公元前四三一年至前三五〇年）

約佛陀時代之經教說：一切佛學思想皆發源於釋迦牟尼佛悟道後，雖然佛陀的思想是以固有的吠陀和各派哲學宗教的思想為背景的，可是喬達摩佛陀，對於當時思潮是有他的特見的——自己的悟境。唯識學的思想理論的成立，雖然是受了印度六派哲學，特別是吠檀多派的思想的影響，而實在還是本源於喬達摩佛陀的阿含經教的。我們可以說《成唯識論》裡，批判小乘部派思想的地方，只是掃除偏固地執著，而顯示解釋阿含經中佛陀本意的。這如唯識的《百法論》《五蘊論》《大乘集論》《瑜伽師地論》的《本地分》《攝抉擇分》後二卷與《攝異門分》及《攝事分》等二十卷，大都是解釋《雜阿含》等經意的。所以說唯識學發源於原始的根本的佛教。根本佛教的時代，是從佛陀證正覺（公元前四三一年）起，直至第一代諸弟子末年（約公元前三五〇年）止。

一、佛經：包括佛滅度後的第一次所結集的佛經，即四阿含經，如《雜阿含經》所說的法相。

（一）五蘊誦：五蘊就是色（物質）、受、想、行（心所）、識（心王），這是法相唯識所根據的基本思想。唯識學中有《五蘊論》《百法論》《集論》等釋發揮之。

（二）緣起誦：四阿含經中所說的十二因緣諸經，唯識據此有《最勝緣起法門經》，而建立阿賴耶識緣起。《成唯識論》第八卷中，廣明惑業苦之十二有支之緣起道理，就是抉擇這阿含義的。

（三）四諦誦：四諦也是唯識思想的根據。唯識說的異熟果，即是苦諦；煩惱及業，即是集諦；修五重唯識觀，轉八識成四智，即是道諦；證得二轉依果，為滅諦。所以唯識學也不離四諦的道理。《瑜伽師地論》聲聞地，及《集論》等中廣明四諦。《成唯識論》第九卷中，明通達位的見道現觀，其相見道所觀之安立諦十六心，就是觀此四諦的。

（四）處界誦：十二處、十八界等義，如《五蘊論》《大乘集論》等，廣為解釋。所以這也是唯識中的法相。故唯識思想都是根據佛陀時代之阿含經的；又一切佛經都偏重在說因果。唯識學中說的種子生現行、現行熏種子發揮因果之理最詳。如有頌云："諸法於識藏，識於法亦爾，更互為果性，亦常為因性。"這是明阿賴耶緣起的因果道理。

二、弟子論：是指北方所傳有部的《六足》《發智》等論，因為這些論典據有部傳說，是佛陀的第一代弟子，或第二代弟子所造的，這些都是解釋阿含經的，所以它發揮理論與佛陀的思想相去不遠。其中較早的《六足論》是經典式的體裁；遲一點的《發智論》《大毗婆沙論》等，內容與組織都很有系統，這些都是唯識學思想的根據。佛學在後來部派分裂時代，北方所傳的"法有我無"的思想極為發達，這與唯識所明依他有的思想是同一宗的。

第二節　唯識學之萌芽

（公元前三五一年至一〇〇年）

約部派佛教時代說：即佛滅二百年後的佛教學派。這時比丘弟子競相分宗立派，依南方的《辨宗義論》❶，北方的《異部宗輪論》《文殊問經》等所說，部派有十八部之多。現在把十八派中與唯識有關係的方面來說一說。

一、南傳上座部：現今緬甸、錫蘭、暹羅等國所傳之佛教，他們自稱為純粹的佛教——正統的佛教。此派論藏含有唯識思想者，如

---

❶ 此論原名為 Katha Vathu，可直譯曰《說事》，或《論事》。因 Katha 普通譯"說"，但亦可以譯辨。Vathu，譯事；但亦可以譯宗旨、主義。因此吾譯曰《辨宗義論》。因此論的內容是說明各宗派所宗的見解的。

《法聚論》所明的心、色二法，其實偏說心與心法；又說九心輪義，九心輪義是佛學上的知識論，知識產生的過程論。一有分心，即平靜無念的心；二能引發心，就是平靜的心，忽然遇了境界的率爾墮心；三見心，就是五官直覺；四等尋求心，就是繼續去追求那個對象；五等貫徹心，就是再三去求了解；六安立心，了知了那個對象後，而能給他安立名稱；七勢用心，是考察是不是真善美，生起愛與非愛的心念；八反緣心，得到了深的印象，或能記憶回憶；九有分心，仍然墮入平靜的有分心位。這在大乘唯識說，心識生起過程，只有率爾、尋求、分別、染淨、等流等五個程式，是詳密多了。吾人認識外物，都是從最初動念，至認識止，都要經過九心輪。這有分心在《成唯識論》中，即是阿賴耶識。

二、大眾部：此部初與上座部對立，不是正統派。這派的思想，說每個眾生，都有根本識，也即是阿賴耶。

三、說一切有部：原是從上座部分出的，在西北印度與中央亞細亞地帶，在迦膩色迦王時代，曾盛行了四五百年，此部對唯識思想影響很大，唯識採取了有部一切法相組織，如前已說。如果沒有有部的教理和思想，我想，也不會有唯識學產生。

四、經量部：據近代學者的考證，說《成實論》是屬於經部的一論，這派思想與唯識學也有很大的關係。略說幾點：一熏習說，他說色心互熏習，習是習氣，即習慣性，也即是種子。此習慣性是慢慢熏成的。中國人常說："近朱者赤，近墨者黑。"就是一種熏習的意思，此與唯識根本識與轉識熏習義有關。二種子說，善法有善法的種子，惡法有惡法的種子，色法、心法各有種子。此種子經部說是色心互相熏成的，但唯識雖不說色心互相熏習，然實際上是不能離了色法的。唯識取熏習說與種子說，則所受的影響就很深了；三經部說有細意識和粗意識，細意識即阿賴耶識。

　　以上這四部的教典，世親在少年時都有研究，故其學說不能離了這些部派的思想。

第三節　唯識學之長成期

（公元後一世紀至三世紀）

　　一、大乘經的時代：大乘佛教起於佛滅後第五百年頃，即公元一世紀前後，這有兩個時期：（一）大乘經的發現；（二）大乘論的創造。以經為主的時代，那些經就是唯識學所依據的大乘六經：一《華嚴經》、二《解深密經》、三《楞伽經》、四《如來出現功德經》、五《密嚴經》、六《大乘阿毗達磨經》。其中第四、第六兩部並未譯成漢文。以上六經，《華嚴經》尚有殘缺梵本存在，《楞伽經》有梵本流行。此六種經的主要思想，在說明一切唯識的道理，都說到第八阿賴耶識，依此六經建立阿賴耶緣起論，說一切法都由阿賴耶種子而變現，及大乘行論。這是唯識的重要思想。

　　二、大乘論的時代：這就是彌勒、無著的時代。彌勒是何時人，歷史上沒有考定，一般的信仰是當來成佛的彌勒菩薩，有說他是無著之師。彌勒著的有《瑜伽師地論》❶《大乘莊嚴論頌》《分別瑜伽論》《辨法法性論》《辯中邊論頌》。這些論是唯識學的根本論，世稱瑜伽彌勒學系，應以彌勒為盟主。無著生於北印度犍馱羅國，約為公元三一〇年至三九〇年時人，先從有部出家，修小乘教觀，後學大乘，修大乘觀行，造諸大乘論，說阿賴耶緣起；併

---

❶ 此論中國玄奘所傳，為彌勒菩薩說。西藏及現存梵本題為無著造。

入定上兜率天請問彌勒唯識教理，彌勒為之說《瑜伽師地論》。為一切所知境界依止的第八阿賴耶識與第七染污意，無著在《攝大乘論》中，已善安立。無著著有《顯揚聖教論》《攝大乘論》《大乘阿毗達磨論》《辯中邊論》《大乘莊嚴經論》《金剛般若經論》等。《顯揚聖教論》可說是《瑜伽師地論》的略本；《攝大乘論》是建立唯識的核心；《集論》是建立法相的根本，這些論都是世親以前的著述。世親就是依據了這些經論，纔寫成他那不朽之作——《唯識二十論》與《唯識三十論》。所以這一個大乘時代，是唯識學成長的時代。

第四節　唯識學之建立與弘傳

（公元三二〇至四〇〇年）

建立唯識學是世親菩薩，到這時期唯識學的思想與組織系統纔算完成。世親是無著的親兄弟，是公元三百二十年到四百年時的人。慧愷《俱舍·序》云：佛滅後千一百年天親出世；窺基云九百年中，較為確實。他也是先於有部出家，修學小乘的佛教，後來研究大乘法相唯識學❶，造《唯識二十論》。《二十論》是批評外道和小乘的心外有境的思想；並解釋唯識上的許多困難問題。《三十論》唯識學思想系統的真正建立，雖說是一百二十句的短文，可是以唯識相性位建立境行果的嚴密組織，真是"理韜淵海，泛浮境於榮河，義鬱煙飆，麗虹章於玄圃。言含萬象，字包千訓，妙

---

❶ 參看第二編第二章第二節。

旨天逸，遼彩星華，幽緒未宣，冥神絕境，孤明歛暎，秘思潛律"❶了。二論合為五十頌，文句雖不多，而其思想卻非常豐富。唯識學所依據的經和論的一切思想，都集在其中了。

唯識學理世親完成之後，當時的名流學者，無不鑽究著述，成了一種新學說（四世紀至七世紀）。四世紀以後此學在印度，不但在佛學方面成一種有力的學派，就是在印度哲學方面，也是很有地位的。這時龍樹的中觀學派仍然盛行，故唯識學派與中觀成了對立的形勢，是佛教的兩大堡壘，和兩大火炬。唯識學派後來稱為瑜伽派，因為唯識學者都修瑜伽行的原故。瑜伽梵語，譯曰相應。故中觀派的學者，如提婆等，都稱此派曰相應派，修學唯識的人曰瑜伽師。世親以後有許多學者研究《三十論》，真是風靡一時。現在略為述說：

一、陳那，生於南印度，約為公元四〇〇年至四八〇年人，是世親的弟子，他除研究唯識外，特別注重因明，造《集量論》《因明正理門論》《觀所緣緣論》《掌中論》等。在《觀所緣緣論》裡，他成立根塵唯識義。在《集量論》中，立心體三分義。不過他的成功是在因明上的改革，他的代表作是《集量論》❷，不但在佛教有無上的價值，就是在印度哲學上，也有不可磨滅的成就。和陳那同時而且是一個同學就是：

二、德慧，梵云婁拏末底（公元四二〇至五〇〇年），也是世親的弟子。窺基云："業冠前英，道光時彥，芳聲流於四主，雅韻

---

❶ 唐沈玄明《成唯識論·後序》。

❷ 此論中國無譯，《內學》刊某期，有呂澂據藏文譯《量論抄》。梵文有本文及法稱之《集量論釋》等。

第五章　唯識學之歷史概觀

驥於五天，聖得神奇，未易詳舉。"後有無性（公元四五〇至五三〇年），他曾造《攝大乘論釋》，主張有本性住種與習所成種性，即種子的本有與新熏合一論。護法的論說，當然根據他的思想。

三、安慧，梵云悉恥羅末底，也是南印度羅羅國人（公元四七〇至五五〇年），約與護法同時，也是德慧的弟子，即世親的再傳弟子，曾作《俱舍論釋》《五蘊論釋》，作《唯識三十論釋》❶，又作《大乘莊嚴經》及《中邊分別論》世親釋廣疏，二論不傳中國。又作《大乘阿毗達磨雜集論》《大寶積經論》《大乘中觀釋論》等。《唯識述記》云："妙解因明，善窮內論。扇徽猷於小運，飛蘭蕙於大乘。神彩至高，固難提議。"安慧之思想與護法異，此可於《成唯識論》及《述記》中見之。

四、護法，梵云達摩波羅。造《成唯識論》，釋《唯識三十論》，是唯識學派中心學者。南印度達羅毗荼國建至城人（公元五三〇至五六〇年），為帝王子，極其聰明，"學乃泉於海濬，解又朗於曦明，內教窮於大小，聲論光於真俗"。成名很早，曾為印度那爛陀寺的住持，這寺院後來稱為佛教大學。在二十九歲時他退居在佛陀成道的菩提場附近，三十歲（《述記》云：三十二）時，死在大菩提寺，真是不幸短命死矣！據德國學者的考據，他也許就是曾在錫蘭作小乘三藏著述的護法❷。他對於唯識學理，闡發極為精詳。他以道理世俗諦的立場宣說唯識"真有俗空"，這恰與中觀派的"真空俗有"的思想相對立。不過，他在《大乘廣百論釋》中所

---

❶ 此論現有梵本，為法國巴黎烈維博士校本。

❷ 此護法論師即是南傳上座部著疏家說，見於德國克格博士所作之《巴利文學史》中。

說的，與清辨在《掌珍論》中所說的關於二諦的見解，大體是相同的。護法在唯識正統派的學理上貢獻最大。他的弟子是戒賢，玄奘是他的再傳弟子❶。

五、難陀（約公元四五〇至五三〇年），與勝軍論師，他們在唯識學派中，算是又一學系。

六、淨月，梵云戍陀戰達羅，和安慧、護法同時代。造《勝義七十釋》及《集論釋》。

七、親勝，梵云畔徒室利，"世親同時人也"。

八、火辨，梵云質呾羅婆挐，亦世親同時人。是一位居家隱士。《述記》云："尤善文詞，深閑注述，形雖隱俗，而道高真侶。"

九、勝友，梵云毗世沙密多羅。

十、最勝子，梵云辰那弗多羅。

十一、智月，梵云若那戰達羅。

這後三人皆是護法的弟子，大都生於公元五六一年至六三四年間。各造《三十論》註釋，他們的思想，在《唯識述記》等書中，很少見到有獨到之處，大概只能傳其師說而已。唯識學在十一論師時代，可說發達到最盛的時代了。

依據歷史和《慈恩傳》《高僧傳》等，玄奘之唯識學是親承戒賢的傳承。稍後於玄奘的有法稱論師，他是後起之秀，他的代表作，是關於因明的《集量論釋》，他是俊期大乘佛學的重鎮。在義淨時代，研究唯識的尚有些學者，大約在公元六五〇年至七五〇年的一百年中，這可以說是末期印度佛教。有寂天作《菩提行經》《大乘集菩薩學論》《大乘寶要義論》。此外他還有一部最有名的

---

❶ 參看《大唐慈恩法師傳》。

著作曰《攝真實義論》，中國無譯本。這可以說是在印度佛教迴光反照、滅亡時期的作品了。

第五節　中國之唯識學派

一、玄奘系：玄奘傳唯識學於中國，成立唯識宗，因此作了唯識之初祖。譯《唯識三十論註釋》時，本擬十論別譯，後依窺基之請，遂揉十家以成一論，獨傳窺基。基依師口授作《述記》六十卷，闡揚奧義，嘉惠士林，貢獻殊大。基師同時有慧觀、玄範、義寂、普光及西明寺圓測，均傳斯學，稱唐時六家。此外有神昉新羅人（朝鮮）著有《唯識集要》，嘉尚著有《瑜伽佛地唯識義趣經》，均已失傳。圓測亦新羅人，智辯無礙，與窺基對立，窺基秘承玄奘之學。圓測門外旁聽，造《唯識疏》和《深密經疏》，此疏唐時曾譯成西藏文。

慈恩（窺基）弟子有慧沼、義忠。沼有弟子智周。慧沼造《唯識了義燈》，智周造《唯識演秘》，西明有勝莊、道證、太賢等師資相承不絕。這是唯識最發達的時期。慈恩西明以後，義淨三藏嘗譯《唯識寶生論》。

二、攝論系：唯識學的經論，遠在唐以前有翻譯了，玄奘未出國前也有研究。唐以前傳唯識者，當推真諦。真諦譯《攝大乘論》《識轉論》《顯識論》《決定藏論》《大乘起信論》等，當時研究並講解《攝論》的人很多，也成了一時學風。故史傳有攝論宗之一學派，同時在《攝論》盛行之時，又有地論學派。然地論、攝論二宗，雖俱為法相唯識之學，然南方真諦，實得無著、世親之真傳，故陳隋之際，北方地論學者，多轉而治《攝論》。真諦成為世親之嫡傳，專以弘其學為志❶。

三、地論系：以華嚴《十地經論》為主。此論為世親所造，由菩提流支、勒那摩提及佛陀扇多，於洛陽譯出，其研究漸盛。此論說十地菩薩之行地境界，以阿賴耶識為如來藏緣起，明自性清淨心義。研究《地論》者，因勒那摩提與菩提流支弟子各界傳承，遂有南道、北道二派。南道以慧光、法上等為開祖；北道之學說受攝論之影響，偏傳唯識，故以南道為正統。

唯識之學，自唐以後，雖稱絕學，但在宋朝時，有永明延壽禪師作《宗鏡錄》，廣明唯識教理。明朝有蕅益大師作《唯識心要》，亦闡揚唯識，因唐疏漸失，絕學難興。至民國初年楊文會仁山居士，自日本取唐人疏回，翻刻流通，唯識纔有復興之兆。民國十年後，有太虛大師、歐陽漸（竟無）、韓清淨等，始大開講筵，恢弘絕學，迄今不墜。

附：唐代唯識學派之概觀❷

吾國佛教自玄奘三藏留學東歸，譯《瑜伽論》等，倡唯識學，佛學大興。特別在初唐佛教學界中之唯識學風，誠是風靡一時，極其最盛者也。然其直接參於三藏法師之門者，為窺基法師。故就世系之次第觀之，確立慈恩之唯識學，即以護法學系之唯識學代表整個瑜伽教系。於是吾國之瑜伽學，遂釀成一有勢力之學派。

自此學風濃厚的演變以來，後代之學者，嘗稱其為新佛教，直爽的有稱唯識佛教。會昌法難以後，中國佛教，淪亡殆盡，迄至現代，斯學又復重整旗鼓矣。然而考其初唐時代之唯識學形勢，或

---

❶ 見黃懺華之《中國佛教史》。

❷ 這是我民國十九年舊作，曾刊《海潮音》第十三卷。

第五章 唯識學之歷史概觀

溯至護法、世親、無著乃至佛陀的時代，亦未必有如此之盛也。

其實所謂唯識學者，乃合《瑜伽師地論》學及《攝大乘論》學而成立也。平心的嚴格論之，唯識學為瑜伽教系內之一部派。置釋尊之全部三乘、五乘之教海中，則又為部派之部派而已。然以慈恩大師傾心注意於唯識論之研究與修學，《成唯識論》遂成為與瑜伽教系之諸書的總代表。因此唯識一躍而成唯識宗，占瑜伽教系之頭等位置，而壓倒瑜伽教系內之其他諸書，進而壓倒瑜伽教系以外之各家經論矣。

綜合以上所述教系之意義與勢態，凡稍瀏覽佛教者，即能知其大概。在一般直接的或間接的繼承三藏之學說者，其樹立宗派之名目：以本宗建立在玄奘，故有稱為玄奘宗者；又有稱為慈恩宗，以大慈恩寺窺基大師為始祖，蓋能首肯而無疑矣。

唯識學之研究，慈恩大師之功績最為偉大。吾人考究唐代初期唯識學之研究，除慈恩以外，尚有努力研究斯學而可與慈恩競美千古者，則為西明寺之圓測、普光、慧觀、玄範、義寂等五人，連窺基共為六家。此六家各有研究著述之發表，茲列於下：

《成唯識論述記》 六十卷 窺基

《成唯識論論掌中樞要》 四卷 窺基

《成唯識論料簡》 二卷 窺基

《成唯識論別抄》 四卷 窺基

《成唯識論疏》 十卷 圓測

《成唯識論別章》 三卷 圓測

《成唯識論鈔》 八卷 普光

《成唯識論疏》 四卷 慧觀

《成唯識論疏》 二十卷 玄範

《成唯識論未詳決》 三卷 義寂

六家最盛行者，為慈恩與西明二人之著述。故此學在唐時遂分為慈恩、西明二系。慈恩學系有慧沼、義忠、智周等，師資相承；西明學系有勝莊、道證、太賢諸人，師資傳承。如是二派，各自宣揚而成蘭菊競美之形勢。其他如神昉、玄應、利涉、極太、順憬、憬興、道邑、如理、崇俊、道氤、靈泰、道倫諸師，亦以斯學名高一世，各皆發揮唯識之精義。此外尚有日本西來留學之學生。唐代之唯識研究之盛況，洵為空前絕後，亦吾國學術上思想上之一新產物，而開一佛教史上之新紀元。梁任公先生所謂第一流人物思想是也。雖然此等著述保存者極少，故於文獻上遺失太多，誠一憾事！今題為唐代諸學派者，主要在慈恩與西明之異解，為爭論中心。其間或隨附觀範寂廓諸師之意，及惠沼、智周、道證、太賢、道邑、如理、靈泰等說，以求其義之完整。向來所謂難解、難詳之佛學，莫過於唐代之唯識學。今此所研究者，參考資料非常缺少，謬誤實多，望讀者諸君指正，至所盼禱！若云闡明唯識學而為吾國佛學界、學術界之貢獻者，則吾豈敢！

第二編

第一章　緒論

第一節　哲學的名義

（哲學、吠陀、般若）

哲學一名詞，中國古書無之，是日本維新之後，對於英文 Philosophy 一詞的譯語，中國延用之。但是中國古時，智人也稱哲人。哲人之學，故名哲學。按 Philo-sohhy 一字，原為 Phllias-tes-sophias 譯為愛智。西洋人最先創用這個名詞的是比塔哥拉斯（Pythagoras）。最初西洋人，因為受宗教思想的壓迫，不敢說智慧是屬於人類的，他們認為智慧是屬天神的。因此，他們怕瀆犯了天神，自己不敢稱智人，只稱乞智的小兒。但是天曉得，智慧確是人類的，而且有部分的智慧是人類本能的，人類有求智慧的本性。因此，人類有向上進取的可能，而與他種動物不同。

印度最古的文化是吠陀，直譯曰明。實即智慧之意。印度人，在古時最喜愛讀誦歌唱吠陀，因為那可以啟示他們的智慧。奇怪，吠陀聖典傳說也是天神創造的。但是吠陀，必須信奉婆羅門天神的人——婆羅門教士，纔可以讀誦。

中國哲學如果以《易經》來代表，那末，可曰易學。

佛教有般若經，般若就是智慧。佛教學生要發心求智慧，學般若，在《大般若經》中，佛教是怎樣鼓勵人去學般若！還有一個最有趣的求般若的故事——常啼菩薩，似乎離了般若就沒有佛，般若學就是全部的佛學，就是佛教哲學。

哲學的智慧，依佛教的看法，固然不是神學，是屬人類和超人類的一種理性的啟悟。何以見得？哲學上有常識哲學❶，佛學上有世間極成真實智，即是一般屬於世間人類生活上有關係的種種理智。此外，佛學中有所謂超人類的智慧，就是在經驗中證悟到理性的覺悟，不是常識上所常有的。如像科學之實驗理智，哲學上經驗的實證的理智，佛學上所謂修證覺悟的理智，這些纔是哲學的真諦，纔是真正的智慧。所以佛學的智慧，注重體會、覺悟，注重真參實學、明心見性。

第二節　哲學的方法

由此看來，古今之哲人覺士，都是啟示人類，求達一種高尚理性，過一種智慧的生活、藝術的生活。如中國禪宗的禪的生活，就是哲學的藝術生活。

人類之受教育，求知識，就是啟發人類的天性——智慧的本能，或自覺的效能；所以知識是可學習的，外來的。智慧就不是外來的，而是內在的覺悟效能。因此，在學校受教育，可以學習某些知識，而教員先生只能拿那種東西或理論，來啟示學生自己的悟性，但他不能把自己的智慧注射給學生。古來的禪師與宋明

---

❶ 見張東蓀之《思想與社會》第二章二十四頁。

理學家的教授學生，都是一種啟示。故佛說："開示悟入佛之知見。"儒家的"致知在格物"的方面，根據這個意思。《因明入正理論》云："能立與能破，及似唯悟他，現量與比量，及似唯自悟。"❶

所以因明，或者說是量論，纔是真正求智慧的方法論。因明是唯識學的方法論，唯識是智慧的真理的境界，必要由因明來審定。因為唯識學是處理每一事物的差別性和真實性的，都要經過因明論式。因此，唯識學也可以說是思惟哲學，是變的哲學，是量的哲學，因為它是推求真的理性，認識真的理性，證得真的理性，就是所謂"量果"，即是知識。

第三節　哲學的性質與唯識之有

根據前面的意思，哲學主要的目的在求知，求其對宇宙人生得到一種真知灼見——智慧。因此，哲學的知識，有能知與所知兩面。

"知"要確切的真知，要能夠說明一件事物為什麼是這樣，而不是那樣的真切性，就必從"起因"上尋找，這就是哲學家的主要任務。但是從"起因"上得到確切知識是科學的知識，所以哲學是一種科學。從前說哲學包括科學，後來科學脫離哲學而獨立。現在哲學卻反成了科學的附屬品了。

我們憑什麼來知呢？除了論理學外，根本是憑藉理性來知的。

"所知"是什麼？或者說知些什麼？"哲學是拿一切存在的事物東西為對象，但是在一切存在的事物之中，它所研究的只是首

---

❶ 此頌的詳細解釋，見窺基之《因明大疏》。

要的"起因"。反之,其他一切科學,是研究某種存在之某事物為它的領域,而所研究的又是次要的"起因"。"因此,我們說哲學是人類知識中最崇高的。於是我們說哲學的定義,為各種科學之普遍體。它憑藉著理性,以研究一切事物的最高原則,所以笛卡爾說:"哲學吸收了其他科學——是科學的總體。"

根據這種意義,我們可以說:哲學就是形而上學。張東蓀說:"形而上學這個知識系統是以'有'或'體'(Being)為其基本概念。關於這概念有兩個分派:一個是演化的'底質'(Substratum);一個是推變為'絕對'或全體(Totality),這乃是中國與西方的哲學分歧點。從質的概念產生'本體'(Substance)這個概念來。但中國方面除了老子'有物混成先天地生'一類的話外,大概都不向這方面去發展。而在西洋哲學卻始終離不了這個Substance概念。最近雖有廢去此概念的運動,然而我們必須知道此概念可廢而 Being 這概念決不可廢,因為倘一廢除則形而上學便沒有了。須知於此所謂'有'是把'有'當作一個範疇來使用。有些哲學是以經驗作基本出發點,但這種哲學,依然是把經驗認為'有'。於是我們分為'起始的有'與'最終的有'。這兩組往往就是一個……因為在哲學上最後的,必同時就是最初的……總之,一切形而上學系統,決無一個能離開'有'這個概念。"❶

佛學的兩大學派思想:一、唯識學派是講"有"的,故佛家稱為"有宗";二、三論學派是講"空"的,故佛家稱"空宗"。我們現在所講的唯識學,就是偏向於形而上學底有的系統,也就是探

---

❶ 見《思想與社會》第二章三十頁。

究宇宙萬有最高的原則。在我的《"有"之研究》一文中,我曾這樣說:"如果把佛教當做一種極高哲學呢,'有'是代表了半部佛教哲學了。"

第四節　哲學與唯識學的範圍

這是說哲學要研究些什麼問題。大概哲學所研究的也正是唯識所研究的,範圍甚廣。哲學在中國所研究的是義理,故可名義理之學。在印度則名有四吠陀、曰五明、曰十優波尼沙曇。古代希臘哲學家,把哲學分為三部:一物理學、二倫理學、三論理學。現在的哲學家,則分哲學的範圍為:

一、本體論——是研究宇宙世界的道理,及"存在"之本體及"真實"之要素。又名宇宙論,是研究世界之起源及其歷史的發展等。

二、人生論——是研究人生之來源,究竟人是否由動物進化而來。並研究人類的心理學,及如何做人的倫理學。

三、知識論——是研究知識產生,及其性質和作用的。至於研究知識之真、偽、邪、正,則是知識論理的。

唯識學的範圍為:

一、唯識學的阿賴耶識,是一切法的本論,如《攝大乘論》名之曰:"所知依"(所知即宇宙萬有。"依"就是本體之意)。又如三自性中,除了徧計所執的"我相"與"法相"是空本外,"依他"與"圓成"都是"有"的、"存在"的。而這些法之所以"有",是依止阿賴耶識而有,故唯識學之本體論是阿賴耶識。

二、唯識學的第七末那識,是一切人我、是非、邪正的起源。沒有"末那"識，就沒有人我，一切社會也會平等、自由、自在。人生的倫理道德的基本觀念，就在此識上建立。故唯識之人生論是末那識。

三、唯識學的前六識，即是吾人之五官感覺與意識知覺，是一切知識的來源，知識論如"真唯識量"等都依前五識建立。又一切人類行為，作善作惡的活動，都是建立在此識上。一切心理的作用現象、性質等等，屬於六識是最廣泛的。科學的實驗求知的範圍，決不能超出前五識的範圍。哲學家思索或思惟，又出不了意識的範圍，故唯識的知識論是建立在前六識上的。

現在，我依據這三方面來講解《唯識三十論》。求通俗易解而已，非求新立異也。

第五節　唯識哲學之意趣❶

唯識哲學是說明徧計執無，依他虛妄有，圓成妙有。因為說有，故此學派也名有宗。今就"有"之意義，說明其哲學之意趣。

"有"，照字面上去觀察，不過是"有""無"底對待詞，似乎沒有什麼意義；但是，我們用深刻的思想去探討，就覺得它的意義很深廣了。不但在哲學上這"有"（Being）有著重要的性質——哲學當"有"（Being）是一種範疇，就是在宗教上也有它底相當的地位；佛學上對"有"底觀察，那就更微細了。

"有"在這裡，若當所有格上有無的"有"來看，那末"有"的意義，非常的廣泛。比方說："有此有彼""有理有事""有人有我"，乃

---

❶ 此一段文原名《"有"之研究》，載《海潮音》月刊第十九卷第二期。

至說"宇宙萬有""森羅萬象",就是這個"有"了。這宇宙萬有的"有",所謂亙古至今,天地人生,一切的一切,形形色色、奇奇怪怪、事事物物、此此彼彼、人人我我……都不能逃出這"有"的範疇。這就是宇宙的空間量觀察一切現象,無不是"有"。所以說"有"底意義,非常廣泛。

"有",我們從它底"性"上看,"有"底意義也很深奧、微妙。在印度哲學中,勝論派,立六句義,裡面就特立著"有句",有時候,為了特別注意這"有"的作用,就立名"大有"。意思大概是"宇宙萬有"之所以有,"人生世界"之所以有,都是因為"有性"的關係。所以"有性"在印度勝論哲學裡面,很是重要的。佛教為破除這種偏激固執的知見觀念,也很費了些功夫。

在佛教裡,對於"有"觀念,最為重視的,要算是"說一切有部"了。這一部派的主張很明顯的:大唱宇宙人生,一切諸法,不僅是有,而且是"實有";不但法體有,時間也"實有"。還有法相唯識學派,也主張一切法是"有",不過比說一切有部所持的見地不同:主張"有"固然是有,但不是"實在有";是"假有""因緣有""唯識有"。

用"有"的見解去觀察佛教各宗各派的普遍性、共同性,大略有二種:一是"業有""果有";或者說是因果性底不壞和存在,即是"因果有",是"如幻有"。二是對於"真如""涅槃"等超時間空間的真理、妙法,也主張是"有"的,而且是"真實有"。佛教弟子,在修學佛法的時期,對於這兩重"有"——因果如幻有、真實微妙有——是要審慎地去思惟觀察,一點都不能馬虎。在這些境界上,自己認識底智慧,要獲得不可壞地信解,就是說具足正見。對於這兩重"有",是絕對不能否定的,如果自己沒有抉擇力和依止的賢明良師善友指導，生起邪的見解，否定了這兩重"有"，那就"不得了"了！在知見上會說他是成"損減執"者、"斷見論"者！在事理上會說他是個撥無因果者。這樣知見的人，佛教裡面是卑視的。《瑜伽師地論》說：這種人是"最極無者"；如是無者，能自敗壞，亦壞世間隨彼見者。論中還說："如是無者，一切有智，同梵行者，不應共語，不應共住。"

　　研究佛學的人，修持佛學的人，沒有不知道佛教的教義是有很多的，而大別的分劃，而且是普通的判別，不出乎兩類：一者是"有教"，二者是"空教"。有教，是指佛說的教法裡面，那些表彰"有""存在"的一切教法——聖典。空教，是指佛說的教法裡，那些表彰"空"的否定的一切教法——聖典。屬於前者的，有小乘佛教的《四阿含》《六足》《發智》《婆沙》等經論，大乘佛教的《深密》《華嚴》《涅槃》《瑜伽》唯識等經論，最切要的是唯識學派的六經十一論。屬於後者的，小乘佛教的《成實論》等，大乘佛教三論學派般若三論諸經論。至於二乘的律儀聖典，是應該屬於"有教"方面的，因為它是軌範教誡現世佛弟子底行為的，也可以說是佛教僧團現實生活的規律聖典。佛教聖典空有二系底分判，在教理方面、思想方面是很重要的，所以一般研究佛法的人，都重視這兩個學系。因為這"空""有"的兩個學系，代表了全部的佛法。從大乘佛教發達史上觀察，佛教教主是釋迦世尊，釋尊所說的一代時教，雖有無量法門，百千經卷，但總歸起來他的意思——佛陀觀察說明宇宙人生萬有諸法的思想，不外這空、有二字。所以"空"與"有"，成了佛教二元論的中心思想。直接親承這空有大乘佛教的佛弟子，都說是：文殊承傳了釋尊關於"空"的教法的聖典，彌勒承傳了關於釋尊的"有"的教法的聖典。文殊之下有龍樹、月稱等；彌勒之下有無著、世親等。現在流行大乘佛教區域裡，特別是西藏，這種承傳，還代代相授的。

從上面的觀察，"有"可以代表半部佛教。如果把佛教當做一種極高深底哲學的話，"有"是代表了半部佛教哲學了。

"有"，成為妙有的，是佛教特別底學理，也是佛教至極無上甚深不可思議的境界。所以妙有當然不是通常而平凡的"有"了。它是由空慧而顯現的如實如理的有，這"有"由空慧反應著，而絕無毫髮的迷茫，因此纔稱為"妙有"。

"有"，在宗教上所含意義，也非常重要。怎麼見得呢？因為宗教家——除開了佛教，根本就不敢否定宇宙人生的一切現實境界；假使他們否定了"有"，否定了宇宙現實，說一切皆"空"，一切"非有"，或一切不存在，那末，他們本身就站不住了，也和他們自己講的話相違了。最明顯的例子是宗教家要承認有天或神的存在，而且這天或神，都有一種威權，有一種特勢。他們的威權和特勢，是絕對的超越宇宙萬有之外而獨存，亙古今萬劫而不壞。所以這天或神，是宇宙諸法的創造者，是人生萬物的產生者，是一切的一切底主，這些主他們有創造的特別優越權。這樣的天或神，在他們不但不敢否定他們的存在，同時還絕對的信仰他們的存在和權勢。現在科學家、新哲學家和佛學家，如果是用一種真理事實去否定他們的時候，他們是不能容忍的。至於我們這宇宙、人生、世界、一切萬有，當然在他們看，都是那些天或神所創造出來的，而且生命上的存在，和生活上的苦樂享受，也是他們的恩賜咧！

"有"，當做"存在"解釋，就含很深底哲學意味了。古今中外，不論那派的哲學家，唯一的工作，是去探討宇宙萬有的真相，人生世界的起源，以求得到一種高尚的智慧的獨特的見解。所以"哲

"學"原來的本義就是"求知"。做哲學工夫的人，對宇宙時空之內，人生天地之間，自然界的一切，人界的一切，他們都要應運他們的辨思工夫，去求一切真實的知識所得到的知識，與事實和道理相契合叫"理知"。哲學的人們，不願意過那非理智的生活，所下的工夫是超常人的，所以他們得到的"理知"是超平凡的，不是一般人的知解，他們也很保愛他們個人得到"理知"。因此，哲學家又叫做"愛智"者。

當各哲學家埋頭做工夫的時候，總是用他的說神秘玄妙底腦，去思惟去推辨。其所思惟推辨的，就是宇宙的一切事物，這事和物，或者是自然的，或者是人生的。思辨的哲學家，自古以來，因思辨的結果，大概不外宇宙是唯心的、唯物的、觀念的、辯證法的等等。我們不必再去理會那麼多了。諸哲學家，對於他們自身，他們的思辨的智慧，所獲到的理知、結論；總之，他們對於他們能思辨的頭腦、心理，和所思辨的宇宙，以及所獲得的結果，他們絕對不會否定而不存在的。更進一步，他們以為這所獲的結論，是千真萬確的，不變不異的。

科學對於客觀的宇宙的觀察，是重經驗的，沒有經過科學的經驗，是不足以信為真實的，所得到的知識也不能算是正確的。由科學家所推驗分析出的事和物，纔算是真實的；所有的知識纔算是正確的。科學對於客觀的宇宙事物，"只研究關係，只示我們以關係的方式，除此以外，便無可能性與客觀性"。科學方法很進步，宇宙的最後的奧妙：由物理學等從分子論到原子論；從原子論到電子論；從電子論到量子論；從量子論而推到"力"；從力又發現到"能"；又從最新的數學發明相對論。總之，這些科學上的結論，對於"物""心"，知識的推驗分析，種種觀察不同，但對這所研究探討的客觀性底宇宙底物和事,是認定存在的,存在就是"有"。他們知道物體的變動,是不停留的。因此,有種種科學上方式的不同,關係不同;和方法關係的法則,就是科學的方法。科學的方法是萬能的,萬能的方法、方式去實驗存在的物體的實性;用不同的關係去探討事物的關連。這些"方式""關係",科學上也決定是存在的,存在就是"有"。由科學的方式關係,實驗而得到的"知"識,也是存在的,存在就是"有",因為"有"就不能說"無"說"空"。

固然,佛法上也廣說空,如像六百卷的《大般若經》,就完全是說空的。有些很普通的經典說空,常舉十八空或二十空,但是我們要知道,般若底空義,絕不是否定了斷滅了這全宇宙底物和事的體相而說斷滅空,也不是如青天太空一樣的頑空。所說的空義:第一是破除我執相和法執相,因為我法執的自性存在,虛妄自性存在,障蔽了客觀性的物和事的本相,而且這我執相或法執相的虛妄知識,是不正確的,是顛倒的,是"無中生有"的,像這種顛倒而不正確的知識,就是沒有經過科學實驗的不正確知識。這是應該"空"去的!第二是就一切事物的本質體上說的,因為這一切"物"和"事"的本質體,決定是沒有一個千真萬確地固定性(自性)存在,佛法上說"一切法無自性",就是這個意思。每一物或事,都無固定性,所以"空"!物或事何以沒有固定性呢?就是因為每一事物的本體,都是由很多很多另外的物或事所組成的。除開了另外物或事,這個物或事就沒有了。而今每一事物的現象形狀存在,只不過是幾種物或事,在某種方式關係法則下,組成的一個形態罷了!除了這些,那有固定性的存在的呢?這樣,所以說"空"。說"色即是空",也說"空即是色"。

對於第一空義顯現的是打破我執相的存在，對於第二空義表明的是打破法執相的存在。假若明白這兩重空義，則知識決不會顛倒。不顛倒的知識，了達空義的知識，我說就是般若。空，若是沒有般若的慧，是不能夠通達的。

這樣說空，是決不阻礙一切事物的如實如量的存在。《般若經》說："不壞假名而說實相。"又說"以有空義故，一切法得成"。又說"由般若波羅蜜多故，而能成辦一切勝事"。

由此，可以知道佛法說空，不是否定客觀性底物和事的存在。我們現在可以這樣說，佛法中說空，正是為著保持一切物和事的存在，纔說空的。因為不說空，宇宙的一切現實的物或事，就會因顛倒的我執法執和虛妄性的知識所破壞、所阻礙，而不得交徧互成！宇宙一切物或事不得交徧互成，則不能相助而成其利益。不能相助而成其利益，則必隔礙而相對待；由對待而成互相敵對；因敵對則互相利害而破壞；這是必然的公例，也可以說是自然的法則的"函數律"。

所以說空，是為成立妙有的。我們不能因為佛法說空，我們就甘願去墮落，去造作一切罪惡，更不見佛法中的無量功德勝利，而墮入邪途！我們尤其不因為佛法中說空，說無人相、無我相、無眾生相、無壽者相，我們便只看見自己而不顧一切自己以外的人和非人超人。不因說無我相，我們便把自己的人格、佛性，完全否認存在；不要我們自己的人格、佛性，而更造罪孽。不能因為說"無眾生相"，我們便把一切有情之類的眾生捨而不救度，甚至去傷害一切眾生。不能因為說"無壽者相"，便連我們的生命都不要，或者輕視自己的生命去自殺。有些佛弟子，不明白這真正的空義，為著一點信仰所驅使而毀掉自己身體，焚頂、燒指、絕食、投崖，以妄冀功德！

四大當然本空，五蘊自是非我，四相固然也是無我。但我們不能因此說空，說非我，說無我，我們就盲然地誤解，而去糟蹋自己的身體，毀滅自己的前途，毀滅佛法。我們應該知道，因為空故，我們更要寶愛我們的身體，保護佛法！

佛法，固然可以說是空門，因為佛法是空一切執相，和空一切顛倒知識的；就是空我們的妄執倒見所生起的一切顛倒是非，是空一切的散亂的迷夢的心理現象和妄執現象的。但決定不是空我們的功行，不是空我們的罪孽，功行和罪孽雖然無自性，不能因佛法說空，就毫無所事，聽天由命，依佛靠菩薩。更不是因為說空門，我們就得人人清閒自在，苟且偷安，坐享現成。更不是由說空門，我們便不作一切事業；我們應該努力一切事業。還有，我們不是因說空門，我們便得受人家的宰割，聽人家的毀罵，甚至一切的侮辱，雖然我們是空門的佛教徒。

我們現在應該向著"有"的路上走，向著"妙有"的坦途大路上跑！因為"妙有"是"中道"，唯"妙有"纔是"真空"，"真空"決成"妙有"。還有些人，近來因無上禪密之迷茫，竟不信因果，不修功德，廣造惡業，所謂因修空勝解故，不是涅槃勝利功德，也不修積一切資糧。這樣的人，無所為了，久之信仰三寶之念也消滅了，這都是因空而受到的毒害！墮入羅網！所以我們現在應該向"有"的路上走了。

我們並不是說佛法中，不該說空，我們不要受空之害，我們應得空之益。中國佛教僧徒，是不了"空"的真義，是誤解"空"的真義，所以中了空之毒害。"空"實在是一種很高的境地，是一種甚深又甚深的境地，要想完成自己的佛果功德，是必通達真實空義，但我們不能誤解空義，顛倒空義！我們要從妙有中得到真空，從真空中握住妙有。

　　最近的新興科學，是相對論；新興的哲學，是辯證唯物論。這兩派學說左右了二十世紀的時代，也可以說這兩個學派是二十世紀的新鮮產物。相對論，前面曾略提及，確是有價值的學說，有好些地方，是與佛教學理相接近的，留待後論。這裡應該提一提辯證唯物論了。這個學派，在思想方面，佔著很大的勢力，形成今日階級的鬥爭，造成今日社會狀態。辯證法的唯物論，理論的三原則：一是矛盾合一律；二是數量轉變於質量論；三是否定的否定律。這三個基本的規律，是一貫的不可分離的，此外有他的邏輯方法。我們現在不必去討論他的內容怎樣，但是他們對於這個世界是看得真實的；對於過去，他們認為過去的歷史也是實有的；對於未來，認真去推度。總之他們認識這個人生世界是實有，他們纔努力、纔創造！至於辯證的唯物的方法、規律、邏輯，那更是執為真實了。這種學說雖有好些方式與佛學接近，仍然偏執的，所以雖然說有，不是妙有，是應該向他們開示唯識妙有的真義。

第二章　論題之建立

第一節　釋論題——《唯識三十論》

今釋此論題有兩段：一、別釋，二、合釋。

一、別釋：別釋中又有三：

（一）釋"唯識"：唯是獨義、僅有義、不離義、簡持義。次言識者，識是心識，或意識。言唯識者，一以自然界非自然界一切法的作用，心識的作用獨勝，所以說唯識。二以萬有諸法的一切存在，都是假有的，只有心識纔是實有的，所以說唯識。三以一切法的生起和存在、消滅等一切現象，都不能離開心識的關係，所以說唯識。四因為外在的境界相，原本不是實有的，而眾生執為實有的，故必須簡除這實有的"執"。內在的心識體性作用，又都是實有，但眾生馳求外境，不知內心的實有，故怎須持取此心識之"有"。所以說唯識。

復次，言唯識者，如經中常這樣說"萬法唯識"，或云"三界唯心所作"。什麼是萬法？怎樣是唯識？萬法即宇宙萬有，也就是自然科學和社會科學所研究的對象。佛教所謂"法"這一字，包括得很廣，不但心思所及言語所至皆是法，就是心言所不到的也是法。一切法總有兩種：一是有為法，二是無為法；或云有漏法與無漏法。此二種法總攝一切法。這一切法都是不離心識關係的，所以說唯識。現在再引經論來說明：

《百法明門論》說：《百法明門論》，是說明萬法唯識的一個好例。如論云："經云：佛言一切法無我，云何一切法？云何為無我？"❶一切法者略有五種：一者心法，二者心所法，三者色法，四者不相應行法，五者無為法。這就是五位百法。如表：

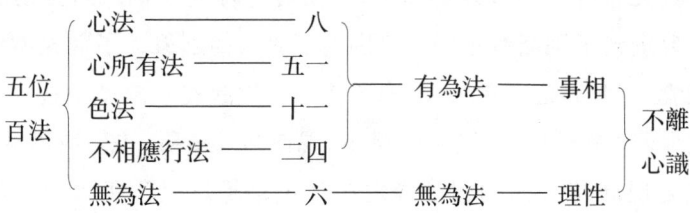

這一切法怎樣稱為唯識？《百法明門論》云："一切最勝故，與此相應故，二所現影故，三分位差別故，四所顯示故。"這五句就是說明唯識的。第一句即指心法，心法在一切法中是最殊勝的，最有力量的，因為心法能給他法影響，有主動的支配之力，又有自在義，所以說明最勝。第二句是指心所法，心所是屬於心王的心理作用，與心識相應的，當然心是主體，心所是心的附屬了。第三句是說明色法（物質外境），是心王與心所變現，所以色法是無實體的。第四句是指不相應行法，是由心識、心所和色法，彼此差別作用上所現起的，故是假法。如時間、空間、數量、尺度、得失、生滅相、文字相等。前四句明現實的，第五句即是明理性的無為法。無為也非離有為法別有其體，乃是有為法所顯示的真理，故

---

❶ 《大乘百法明門論》卷首。

也是唯識。心王、心所法是心理學所研究的一切心理現象。色法、不相應行法，即數學、物理學等自然科學所研究的對象。無為法的理性是哲學家的境界。總之，萬法的事相與理性，皆不離心識而有，故曰唯識。"不離"即科學說的"關係"。在各種關係中又只有心識最勝，萬有皆不離此最勝的心識，所以說唯識。

依《解深密經》說："我說識所緣，唯識所現故。"❶此中"所緣"就是觀察的意思。佛說眼等八識心、心所法，所觀察的一切對象，都是唯識之所變現起來的。"所緣"即所了別或所分別的解釋。分別與了別略有不同：分別對境界有簡別義，了別對境界有認識義。"唯識之所現"，現有二義：一現起義，二變現義。凡物皆剎那變，由變而現。變在初剎那，現在第二剎那，不變決不現，或者說變現同時。如穀種子變現芽葉花果等。眼等所緣的種種境界，通通以心識為主緣而變現起來的。龍樹《大乘二十論》云："如世間畫師，畫作夜叉相，自畫己自怖。"這也說明萬法唯心所現的意思。

依《唯識義章》說："《成唯識》言總顯一切有情，各有八識，六位心所，所變現象（色法），分位差別（不相應），及彼空理所顯真如（無為法）……如是諸法，皆不離識，總立識言。唯言但遮（止）愚夫所執定離諸識實有色等。"

---

❶《解深密經》卷三第三頁，《分別瑜伽品》云：慈氏菩薩復白佛言："世尊！諸毗鉢舍那三摩地所行影像，彼與此心，當言有異，當言無異？"佛告慈氏菩薩曰："善男子，當言無異。何以故？由彼影像，唯是識故。善男子，我說識所緣，唯識所現故。""世尊，若彼所行影像即與此心無有異者，云何此心還見此心？""善男子，此中無有少法能見少法，然即此心如是生時，即有如是影像顯現。"

復依三性說:《義章》又云:"彼愚夫等,由虛妄心,周徧顛倒,定執離識實有我法種種差別;說此唯識,唯言即遮彼等此徧計執,是謂遣虛。識言即我法識變,因緣假有,事實如此。依他而起,及彼假有空性真理,圓成實性,是二於事及理,皆正有故,是謂存實。"❶

　　(二)次釋"三十"。有二義,一者三十是數目,因為本論的文體,是一種詩式的偈頌體,五字一句,四句一頌。共有三十首頌文,故云《三十論》;二者三十是簡別《二十論》的。

　　(三)釋"論"。有三義:一論就是三藏之一的論藏;二論是論議,即對事理之研究與討論;三《俱舍論》說:"教誡學徒曰論。"教是教授,就是指導學生,在學理方面去研究真理,可達高超之智慧。教誡是指導學生的行為律儀,以養成其高尚之人格。

　　二、合釋:《唯識三十論》,論是通名,唯識三十是別稱,通別合稱曰《唯識三十論》。或曰唯識之《三十論》,不是《唯識二十論》。又唯識是通稱,通於唯識諸論,"三十"正是此論之別名,故曰《唯識三十論》。若依梵本原文,唯曰《三十論》。

第二節　論文之組織

　　以下正釋頌文,頌文共有三十,茲列一表,以示大綱:

```
       ┌ 1 釋難破執──初兩句
略明 ┤ 2 標宗歸識──次一句
       └ 3 彰能變體──後三句
```

---

❶《大乘法苑義林章》,唐窺基之名作。今所行者,為《義林章》中之《唯識義章》。

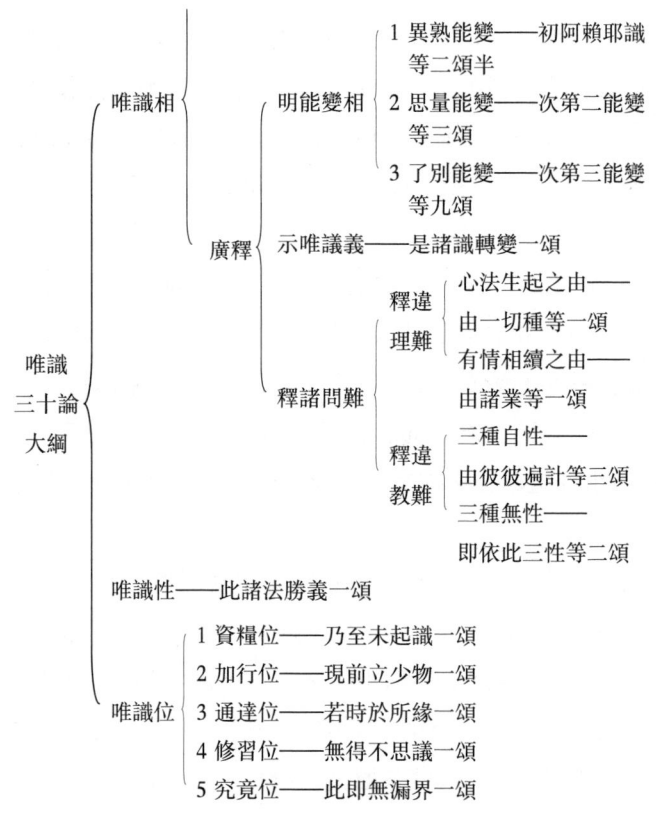

這裡所表示的有唯識相、唯識性、唯識位的三大綱。首有二十四頌，廣明唯識相，唯識相就是宇宙萬有之現象界。這一切現象都不離識，故曰唯識相。唯識的相，即是法相，謂宇宙萬法有一名必有一相。又相者是事相、事體，有名字相，有意言相。這些名字相狀就是所知的事相，也就是唯識相。次有一頌明唯識性，就是說明一切事相的理性。事理是不相離的，理由事顯，事假理彰。所以事相是唯識所現，理性是唯識所顯。後有五頌明唯識位，就是講修行證果的位別程式。因為佛學不僅是講學理，而是要從學理上去實驗、實修、實證的。總之，佛學是要修證。本論是廣說唯識的事相和理性，使眾生明白自己本有的境界。然後依著學理去修行去改變自己。所以唯識學是先從眾生位說明，然後由眾生再到佛位。如平常說"了生死"，了是了知或認識義。生死就是眾生境界，眾生了知自己的生死根本，然後纔能斷生死的因而得解脫。所以這裡有二十五頌廣明眾生的境界，使人了知人生現象與真理。然後生起向上進取的志願和行為，漸次解脫這痛苦的生死。這是唯識宗和其他宗派不同的地方。其他宗派，如密宗、淨土宗、華嚴宗、三論般若等，對眾生說法，都是在先說明佛果上的功德境界，如何莊嚴，如何安樂，使眾生生起希求信仰的心，依法修證，而達其希求的目的，可是卻忽略眾生的本位。如此說來，唯識是重在明因位法，其他宗派重在明果上法。

又依境行果判。此中唯識相與唯識性，都是明唯識的境，即是唯識學上所觀察的宇宙人生。在唯識五位中，前四位是明唯識行，從初發心至見道修道，廣明學者，應如何依法修持。後一位明唯識果，即是二轉依果。依了這個系統看三十頌文，有二十五頌明境，有四頌明行，明果的只有一頌。

第三節　作者與譯者

一、作者及其造論之意趣[❶]

本論的作者是天竺世親菩薩。"天竺"即印度(Indu)之古譯。"世親"梵云婆藪盤豆，譯曰世親，亦譯天親。"菩薩"是稱呼。他的

[❶] 關於《世親傳》可讀真諦之《世親傳》，及《俱舍光記》與《法寶疏》之卷首。

青年時代，即造《俱舍論》時代，人稱世親尊者。到了研究大乘時代的晚年，纔稱他曰"菩薩"。（菩薩具言菩提薩埵，譯曰覺有情。謂若其人是已覺悟的，又能把自己覺悟的理，去覺悟他人，即自覺覺他，稱曰菩薩。土塑木雕石刻的為菩薩像，非菩薩也）。世親本是西北印度犍陀羅國人，出生富婁沙布羅城，即今西北邊省之首府（Peshawara）。他的父母都是婆羅門教人，信仰大自在天等。他弟兄三人，都依有部出家。長兄是有名的大乘學者無著。古時印度欲學佛法而出家者，必須在小乘教中，依律出家，先研究本部之三藏。所以他們兄弟都先學小乘，然後再學大乘的。世親最初很費心研究小乘三藏。當時迦濕彌羅國是北印度的文化重地。一切有部的學說是一種新的學說，甚為發達。有名的《大毗婆沙論》，就是在此地由五百大羅漢造成的。傳說那時不許外人進去學習。世親乃化裝商人，到迦濕彌羅留學，研究有部《大毗婆娑論》。後來也根據《大毗婆沙》的要義造《俱舍論》，於是名震五印。其兄無著，知道他專弘小乘毀謗大乘，心甚憐愍。於是稱病召之。世親接信即來省視，見兄並沒有什麼病，很覺奇怪，問曰："阿兄！不是說有病嗎？"無著說："是為你而有的心病。"世親更為奇怪。"因為你不研究大乘，還要毀謗，將來你是要墮落的！因此，我心很難過"。可是世親是不容易轉變的人，便留他住下來，使人在隔壁朗誦《十地經》。世親聽了，聞所未聞，沛然喜悅，於是悔過欲割其舌。"割舌徒召痛苦，無補於罪"！無著乃勸其信仰大乘，造論弘揚大乘，則可以將功抵罪了。世親從此，大弘唯識等教。他弘小乘時，曾造論五百部，弘大乘時，又造論五百部，故世稱他為

第二章　論題之建立

千部論師❶。

　　世親的學說是很廣博的，他研究全部大乘經典，不過特宗在唯識罷了。所以他的大乘論，不是完全說唯識的，中國已譯有二十多種，如《金剛經論釋》《寶髻經論》《轉法輪經論》《三具足論》《勝鬘經論》❷《勝思惟梵天所問經論》《法華經論》《無量壽經論》等。這些都是唯識以外的論。可見世親的思想，不僅是弘揚唯識，對於各方面的學問，他都有研究。"茲惟世親，實賢劫之應真，晦生知以提化，飛光毓彩誕映資靈，曜常於《八蘊》，藻初情於《六足》，秀談芝於《俱舍》，標說有之餘宗。攝玄波於大乘，賁研究之至理。化方昇而照極，湛沖一於斯頌"（見《成唯識論·後序》）。可想他在印度佛教中之地位重要了。

　　再說其造論的意趣，有三點：一令法久住，利樂有情。因為一切施中，法施最上，為人說法者，就是施以教育，故教育就是說法，對有情是最大的利樂；二釋解佛經，解釋發揚佛陀經義，這兩點是一般造論的目的。今世親造《唯識三十論》，乃發揚佛經之唯識義趣。三為斷障得解脫，故造此論，《成唯識論》卷首說："今造此論，謂於二空有迷謬者，生正解故，生解為斷二重障故……斷障為得二勝果故，因斷續生煩惱障故證真解脫，由斷礙解所知障故得大菩提。"這是造唯識論的特別意趣。

---

　　❶ 歐陽漸《俱舍論·敘》云："世親菩薩，小論千部，大論亦千。"

　　❷《俱舍·敘》云："《維摩》《勝鬘》，諸論未來，猶足深慶，此土譯行，除遺教論，有二十七。是二十七論者，唯識法相法義俱在。捨於《俱舍》，取於大乘，馬跡蛛絲，昭朗可揚。"

二、譯者❶及其對中印文化之貢獻——唐三藏法師玄奘譯

這是譯題。這部《唯識三十論》是印度世親菩薩造的，是用印度文（梵文）寫成的。現在講的卻是中國文，這是經過翻譯的。這論的譯者，就是中國歷史上有名的玄奘法師。他是李唐初時的人。唐時的文化，在中國歷史上，不論那一方面，文治武功都發達到高潮，在當時的國際上是最有地位的一等國家。玄奘就是這個時代的人物。他是河南人，少年時隨他的長兄出家，因避世亂，纔由河南去益州住了好幾年，在成都的大慈寺受具足戒。研究真諦所譯的《俱舍論》及《攝大乘論》等，深覺古譯未善；又聞西域有《瑜伽師地論》，遂發願去西天（印度）求法。這種志願他在成都時就決定了。後順江東下，至荊州揚州講學，然後返長安。時大唐肇始，民慶太平，太宗皇帝力精圖治，玄奘就在這時西行。因當時不許壯丁出國，玄奘遂偷渡關卡流沙，不畏生命的危險，以最大的菩提勝心，克服了種種的災難，由於精誠的感召，佛菩薩的護佑，他終渡過流沙蔥嶺，而到達印度，在印十七年載譽而歸。他在翻譯上的成就，真是前無古人，後無來者，他不但在中國佛教有輝煌的成就，在中國文化歷史上寫下不可磨滅的一頁，就在世界學術上他也是很有地位的。尤其是對於印度的歷史文化、宗教、風俗等記載，貢獻實在偉大。由此他的書成為研究印度歷史必須的資料。關於玄奘的傳記，可以參看《大唐慈恩法師傳》。

佛教從秦漢時傳入中國，經過漢魏兩晉南北朝而至隋唐，其中最發達的也是隋唐兩朝。這時佛法壓倒了一切學說，是那時期的新的潮流。

---

❶ 參閱《大唐慈恩三藏法師傳》。

三藏法師者，是說玄奘不是一位普通的人，乃是一位通曉三藏的法師。三藏即經、律、論，是佛學的總稱。古來學佛法的人，有曾研究一藏的，或經或律或論，隨個人的意趣。在研究上心有所得，能通經的稱為經師，通律的稱為律師，通論的稱為論師。如像中國的出家人，專習坐禪的，即稱禪師。玄奘通曉三藏，故曰三藏法師。這部《唯識三十論》，就是他從梵文的《三十論》，用中國文寫譯出來的。

第三章　唯識大意

第一節　宇宙人生之假說

一、敘言

　　由假說我法　有種種相轉

　　上面解釋論題，已說過唯有內識，沒有外境，這裡就發生了問題，什麼問題呢？《成唯識論》這樣說：「若唯有識，云何世間及諸聖教說有我法？」意思是說，如果世間人和佛經中所說的我法是實有的，就是心外有法，何名唯識？如果定說唯有內識，無有我法，就犯了世間相違過與聖教相違過；一面說唯識無外境，一面又說我說法，豈非矛盾？不錯，世間人都說有我有法，佛經上也說到我與法。不過世人所認為是我是法，而又執著為實在的我法，這是他們認識上的錯誤。因為我與法實際上都不是實在的，都是假名安立的。佛教經論的說有我法等名相，是有作用的施設。我們不能以為在文學上語言上說，就以為那是說有「實我實法」。所以頌說：「由假說我法。」這句頌的意思，是說一切我法，由假施設。這有兩點：世間人說有我有法者，其我其法都是因緣所生，假有體相，決無實性，只是人們不了我法我法緣生，倒執為實罷了。二佛教的經中和聖者口中所說我和法，那只是隨順人間的名字言詮，隨順人間意願而方便施設的。由此假設故，而說有我與法，因此假說故，也就有種種的我相和種種的法相了。

二、我相與法相

（一）什麼是我

我的定義：所謂"我"，梵文有三個字：一補特伽羅（數取趣即人）；二阿得摩（神我靈魂）；三補嚕沙（人、人格）。以上三字，都可以譯作我。我的定義有三：一主宰義，即能支配者，如說我行、我坐、我作……是表示內有自我的支配，又能支配他人，一般的人都有這種感覺；二常住義，我的身體雖有死壞，而"我"是常住不滅不壞的。如世間說"精神不死"，此精神即我之代名詞；三一體義，"我"是只有一個，決無二體，故不變異。此可以於常人表現者，好像是指人的本性，如說"江山易改，本性難移"。或者說是個性、特性，都是不易改變的。這三種意思中，以第一主宰是"我"字的正義。

我的本質：是要指出什麼是我？一西洋人說：靈魂是我，靈魂是看不見捉不到的，它卻是能支配者，永遠不滅，死後可以生天國。二印度人說：（一）我即知者、受者、壽者（命者）、識者，我在識中；（二）梵即我，或曰我是生主，就是由我創造萬物，萬物皆我所作，以梵為創造主，為一切生物的主體。這與耶教所說的上帝也差不多。又分大我、小我：大我以太陽為大宇宙為主；小我即是個人的生命，我是知者、受者，這個我就是個人的宇宙。這是古今婆羅門教的思想，好像是一元論；（三）神即我，這是數論所說的神我。數論是印度六派哲學中一大學派。這派主張宇宙萬物之產生，有兩個東西：一是神我，二是自性。自性不動，神我可動。神我若動，自性就生萬物，故神我能支配一切；（四）我即生命，謂生命是無量無邊，無窮無盡，這是六師之一的尼乾子即耆那教主的教義；（五）梵我合一是真我，這是六派中吠檀多的中心思想。謂吾人有小我，或曰私我，小我因受貪慾等煩惱的拘束，所以不能與大我合在一起，故輪迴受苦。大我即是梵，梵是徧一切的。小我不能與大我合，所以我受諸痛苦，要把私我打破，即與梵合而為一。小我即大我，真我而得解脫——涅槃。在部派佛教中的犢子部，執著即蘊我離蘊我。

（二）我的相狀

一普通說：人有人相、我相和壽者相，普通人都是這樣看。凡有兩手兩足，能說話做事，能用心思的就是人相，人相即是我相。我相是有自我，有知識有主觀的我。壽者即是生命，也是我相，《大般若經》說有十六種我相，都是"我相"的別名。二在迷信上：信有梵、有神、有天等，都人格化了，以為他們是能支配者，也是我相。三超人世的聖者相、賢者相、至人相、神人相、羅漢相、菩薩相、佛相。這是超出一般常人的我相，所以名為超世間的我相。因此，《成唯識論》說："我種種相。"

三、什麼是法

法的定義：法是法則、法規、法律。但此中所說之說，意義甚廣：（一）事物之有特性者，能軌生物解者曰法；（二）事物之有獨立性者，能任持其自性的，就是由複雜的東西，變成為單一的東西。而它有其特性別於他物者，都名曰法。普通說：法是法律、法則、公式等意思，是不能包括佛學上所說的法的意義；（三）法是事物的概念。一事物在內心上有一概念，這概念是共通的，人人都有的，名曰法。

法的名相：（一）有名稱相，名稱是一個東西的符號，故法相是由名稱來的，就是名字相；（二）法有相貌相，一一事物，各有其相，彼此不同；（三）法有體相之相，一切法是各有其自體相的，這體相是不共他法的。

名與法（事）是不相離的，故《老子》云："名為萬物分化之始。"名稱就是法相（事物）的代表，也可說是符號。《攝大乘論》云："名事互為客，其性應尋思。"有時名為主，事為客，就是先有名後有事。有時是事主名為客，是事先於名，依事立名，名為事的代表。

四、實我法與假我法

實我與實法：什麼叫做實我？實是真實，有自性義。依唯識說：（一）離心識外獨有體的，即是心外有我有法，這是實在；（二）把名稱當做"實在"，實我是妄情上所執著的，所徧計的，以為有個我的實體，有個存在的人或我等。實法是妄想上所執的種種法體法相，以為是實有的存在的。唯識學上雖說心識和真如是有，但不說實有。如云："若執唯識是實有者，亦是法執。"

假我與假法：一假的定義：（一）假是非真實的；（二）假是虛妄的；（三）假是非空非無的；（四）假是假設的；（五）假是不確定的。二云何為假？依佛教說，假有兩種：（一）無體隨情假，即是世間常識。無體即無真實的本體（自性），全是因緣虛妄的，但隨人類情識而有。如心理上都認為如此，認為是有的，實際上並無實體。如認為有"上帝"，認為有"我"，這些都是隨心理的變化而假立的，等於龜毛兔角。一切我法假相，都是如此的；(二)有體施設假：佛學上和科學上所說之我法，如五蘊等，心法、色法等，這些法體是有的，而名言都是方便施設的。為隨順人的妄情而施名言，為教育化導人類而施設名言，為說明無我、無法的教義與真理而施設名言。因為這兩種假，而說有我法等種種相。故云："由假說我法，有種種相轉。"種種相即是我與法的種種差別的體性與相貌，一一法有一一法的相貌。總而言之，世間上是有許多許多的差別相。轉有轉變、轉現、現起三義，因為是假故，纔說有我有法。因說我法，世間纔無邊的差別我相、法相的現起。安立種種的名言，有名言，人與人纔有彼此的關係，就有社會的千差萬別的關係。依佛學看，萬有的宇宙觀和人生的社會觀，都建立在這兩種的施設上。

第二節　唯識略義

彼依識所變

"彼"是代名詞，代表上面所說的我法種種相。"識"是八個識的心王及心所，就是三能變識。變有二種：謂轉變、變現。由因轉變成果，前無後有，有果之顯現，故曰變現。轉變可以說是因果同時的轉變。"所變"者，對能變而言，所變即被變現，是被動的被支配的種種相；能變是主動的，是支配者。所變即是我法的種種相，能變即是識。合起來就是說：彼我法的種種假相，都是依了轉變的識體所變現起來的。

這裡再推廣一點說："所變"的意義，有人說不是指我法相，是指見分和相分的，識是指自體分，又名自證分。這自識分連見分、相分在唯識學上叫做識體三分。彼見分與相分是依識轉變。拿眼識來說：能了別的眼識（自證分）由此體識在見外物時，識上先起的見分——即能見作用。這見分觀外在的對象，同時眼識上帶起一種外在的相分來，為此見分所緣所托。我們平常見外境色，都只是影相分，而不是親切見到色的實體。

還有一種說法，謂所變的我法相，都是見分。雖然有這兩種說法，但實際上還是前一說法為對。

此識何以能變呢？《厚嚴經》頌云："如愚所分別，外境實皆無，習氣擾濁心，故似彼而轉。"又云："為對遣愚夫，所執實我法，故於諸所變，假說我法名。"這兩頌中所說的"愚"，也是代名詞，是指凡夫或外道，或研究小乘佛學的人，在大乘人看來，這些人的智慧不夠圓滿，故稱為愚。"分別"即知見，就是他們所有的知見或知識。所分別就是他們所認識的境界，他們以為外面的境界是實有的，但是一切法確實是沒有自性的，也確實是無我的，不過依一般人的心境（常識）上說是有的。為什麼呢？就是"習氣擾濁心"的緣故。習氣就是種子，可以說是習慣性，含有一種力量。這習慣性的力量，能發生作用，就是種子。吾人之心本來清淨，因為被煩惱習氣擾濁了，所以見到相似的外境相轉現，就以為是實在的了。

第二頌的大意，是為了對治遣除愚夫的病。什麼病呢？就是所執的實我實法的顛倒心病，執我執法為一切心病的根本。要度眾生，就要先設法打破他的執著。故佛於諸識所變的見相二分上，假施設我法的名字。這假施設的用意，就是在破我法二執。由此一句顯示了一個意義：一切我相、法相等外境，都是依識體所變現起來，離識自性，不可得也。

第三節　略釋識能變義

一、略說名義

　　此能變唯三　謂異熟思量　及了別境識

　　能變的識體是什麼？因為有所變故，必有能變。"此能變唯三"者，謂這能變的識體只有三種。"唯"字在此句中是助動詞，顯示"僅""獨"的意思。那三種呢？

　　（一）異熟能變──第八阿賴耶識。

　　（二）思量能變──第七末那識。

　　（三）了別能變──眼耳鼻舌身意前六識。

　　這三類叫做三能變識。雖然識體有八，就識的功用上說，只有三類，將前六識歸為一類，總曰了別境識。因此說"唯三"。《成唯識論》云："識所變相，雖無量種，而能變識，類別唯三：一謂異熟即第八識，多異熟性故。二謂思量即第七識，恆審思量故。三謂了境，即前六識。了別境相粗故。及言顯合六為一種。"八個識歸納為三類，這段文說得很明顯，每一類的識，各有一種特性，和其他的識性不同。因為體性的不同，所以名稱也不一了。名稱體性雖然不同，可是三類識有一種共同作用，就是能變現種種的外境相。因此它們又都叫做能變識。

　　這能變識怎樣變呢？這在《成唯識論》中，也很詳細的說到。現在將變與能變，略加說明，以顯唯識之義。

二、變的意義

　　《成唯識論》第二卷說："有漏識變，略有二種：一隨因緣勢力故變，二隨分別勢力故變。初必有用，後但為境。"

（一）隨因緣勢力故變："因緣生者，謂由先業，及名言實種，即要有力，唯任運心，非由作意，其心乃生。即五、八識隨其增上異熟因為緣，名言種為因，故變於境。"這是說，一一法的變現起來，第一要有業種子和名言種子，這些種子是一種能變的力量，就是因。再加增上緣，那一種法或事物，就在那時間下變現起來了。又《述記》說："因緣者，是諸法真實有用種子，若用此種子，故生諸法，心緣之變必有用。以能生者有實因緣故……五識相應心、心所及第八識體，五俱意識，或定心所緣有實種生者，皆因緣變。餘無實用，但名似色心等，名隨分別勢力故變。"

（二）分別勢力故變：《述記》云："謂作意生心，是籌度心，即六、七識，隨自分別作意生故，由此六、七緣'無'等時，影像相分，無有實體，未必有用。亦非由分別故變，境體定無，變緣有故。"這是說分別勢力，是六、七二識的妄分別，由此變起的影像為相分境。這相分是心影不是實體，故無有用。但是也可以為境作所緣。《述記》云："分別變者，心、心所之總名，隨心、心所之勢力故變，不從真實有用，因緣種子所生，彼但為境。"依上所說二種變義，第一是說能緣的心識心所，自然有力，其識上變起的相分，是從實在的種子生起的，就是因緣變。其次能緣的心識，若沒有力量，不自然起，其識上所變的相分，又不是實在的種子所生，就名為分別變。雖然可說是假因緣，也有作用，但無實際作用。

三、能變的意義

前面二種變，只是說明怎樣現起心識所緣的外境相。現在要說明能變是什麼？《成唯識論》卷二云："此三皆名能變識者，能變有二種：一因能變，謂第八識中等流異熟，二因習氣……二果

能變,謂前二種習氣力故,有八識生,現種種相。"這說能變有二:

(一)因能變義:一因能變,因即種子,又有二種;一種是第八識中的等流習氣,又一種是異熟習氣。二是果能變,果即現行識。現在將此二種能變略為一釋:

(1)等流習氣:等是相似義,流謂相續義。謂每一事物的因果性,是相似相續的,就名曰等流。好像河水的流動,永遠是相似相續的流著,因與果也是這樣的相似相續地不斷轉變轉換,而無間斷。依第八識說,這是說吾人生生世世的生命流轉現象。熏習成就的一種不滅壞而有實在勢力作用的氣分,叫做習氣。習氣就是種子的別名。等流習氣是指什麼法呢?《成唯識論》云:"由七識中善惡無記,熏令增長。"由前七識三性諸法為能熏,所熏的是第八果識,諸法各自在第八果識上即生命上,熏成自類的種子,這種子就是能生起自果的名言種子。這種等流的習氣(種子)是親因緣,是輪迴三界的生命主體。這種等流習氣,又叫做名言種子。名言種子又有二類:第一是表現義理的名言——種種名稱言說,就是代表一一法的名稱符號,是一切語言的基礎,是社會上的種種關係的由來,人類思想的表達與交換,都是藉名言來表示的。故名言是符號,用來代表事體和理性的,或是溝通思想的。吾人有了一種思想在心,必須藉語言以表達,藉與他人交換知識。用現代語來說:一切名稱,是由於習慣上的使用,熏成心理上的一種意象,就成了名言種子。因是名言,能詮表義理的,所以說表義名言。第二顯境名言:吾人認識所知的境界,在知識中的每一個觀念,即代表一個境界,這個境界是從前七識上反映出來的。例如:先有黑板,前七識纔能反映出這黑板的一概念,所以顯境名言指心、心所法的現象與活動。總合這兩種名言種子,叫做等流習氣，因為是能變等流果的緣故。

（2）異熟習氣：怎樣名為異熟？異熟即是指果法，有三個解釋：一變異而熟，因為一種法的本身轉變而成熟為果者，異熟是指結果，即成熟的果報，由因轉變而成熟，故名異熟。二異類而熟，因與果的類性不同，因是因，果是果，因有善惡的可記別性，果是無記性。假若在果法上可記善惡，則善永為善，惡永為惡，而沒有生死流轉與涅槃解脫的果可建立了。三異時而熟，是就時間性的關係而說的，今生的因，不一定今生受果，受果或在未來世，或在後世，即因在此時，果在他時。因果異時，名曰異熟。什麼是異熟習氣？《成唯識論》云："異熟習氣，由六識中，有漏善惡，熏令增長。"異熟是果，習氣是因，異熟果的因，名曰異熟習氣。有漏通善惡，善心所和惡心所相應的六識，都是有漏，就是未出三界的六識心、心所。我們流轉生死的生命果報，都是從此六識習氣所生，這就是生死的病根，學佛法貴在了知生死的病根所在，方能了脫生死。六識是異熟生性，因此而起的異熟的善惡心所的活動力，最強且能作業，故曰異熟習氣，又叫做業種子。業就是一種行為造作，由業能引生果，曰業種。業種子又有二類：一引業種，是招引總報的，如人生之生命總體，由是能招感為人；二滿業種，能招感別報的，各人有各人的別業所感。所以人與人之間有種種的不同點。

（二）果能變：吾人生命的現果，就是由這兩種習氣而變現起的。《成唯識論》云："謂二種習氣力故，有八識生（總報）現種種報（別相）。"這是說明在現行的果（生命）上怎樣能變的道理。依《成唯識論》說："等流習氣為因緣故，八識體相差別而生，名等流果，果似因故。""異熟習氣為增上緣，感第八識，酬引業力，恆相續故,立異熟名。"

這果能變的意思,就是等流果和異熟果能變,等流習氣或名言種子,是實有故,為親因緣,引生八識自類體相,種種差別的果法。異熟果的習氣業種子,只作增上緣而感異熟果。在這兩種果的現行上,又能起種種活動,熏變成種子,所以說果能變。又一種說法,謂此現行的果法,能變現見相二分,或我法二執相,果即能變,名果能變。假若果不變見相二分,或我法二相,就不會有我法二執了。由我法二執顛倒分別,再熏第八識,而成種子,為後世生命之因緣。

吾人之宇宙和人生,都是由這因果二種能變所變現的,能變的義理,很深很廣,這裡只是略說其大概而已。

第四節　能變的次第

前一節中,依了《三十論》的原頌,略略說明唯識學上的能變識體,其次第依原頌文和哲學上的次第,以明此唯識哲學次第。先依原頌說,是這樣的:

一、異熟能變——第八識——本體論
二、思量能變——第七識——人生論
三、了境能變——前六識——知識論

我這次講解三能變相的時候,是依了上面的次第解釋的。不過去年在馬來西亞怡保市霹靂佛學社講《八識規矩頌》,即是依了太虛大師的八識程式講的。在檳城菩提學校講此三十頌時,是先講前六識,次第七識,後第八識。大師的八識序是先分流轉門的雜染分與逆轉門的清淨分兩類。雜染分中:

第三章　唯識大意

一、第六意識——知識論
二、前五識——知識論
三、第八識——宇宙觀
四、第七識——人生觀

清淨分即是轉凡夫八識成為聖者的四智，次第是：

一、第六意識——妙觀察智
二、第七末那識——平等性智
三、第八阿賴耶識——大圓鏡智
四、前五識——成所作智

大師在講《八識規矩頌》時，他變更了玄奘的次第，大師說：

"在玄奘法師以前的古德，講唯識都是直從第八識講起的。玄奘法師為要將八識的次第，定為規矩，所以變更次第，先從前五識講起。在這次所講的次序，又稍變更一下，是從順轉和逆轉講的，但並不是無意義的變更，這在前面（見下引文）已略提出理由的，不過現在還要將順轉逆轉總起來說一遍。先就凡夫的心理為他說明無始以來的雜染弊病，使他知道病源，既找著了病源，在一般大願大志的，不滿足這有漏雜染的凡夫性，要求解脫安樂，並且不只是為自了，還要使一切有情都得到究竟，所以纔又說到以後的清淨分……"

這是大師將《八識頌》分成雜染、清淨二分，先講雜染後講清淨的意思。《唯識三十論》，初明唯識相性，即是廣明眾生順轉雜染分法，後明唯識位即明聖者逆轉清淨分。在說明雜染分中的八識中，大師說：

"在順轉雜染分中，第一類明第六識，第二類明前五識，第三類明第八識，第四類明第七識。因為什麼要依這種程式講呢？因為人類平常能覺察得到的識,多半是第六識,如各種思想、感情等心理作用,這都是第六識的功用;這不只是佛法能說明,就是世界學術,也都能說到,但不能完全說明就是了。若單講第六識,對於事實上,還有講不通的,因為不是有意識分別,就有一切分別的境的,如第六識能分別青黃赤白等,但若盲人,眼根已壞,不發眼識,就不能見青黃赤白,那麼意識就不能分別青等識了,所以第二類要明前五識,要前五識與第六意識,俱時生起現行,纔能了別五塵境,如眼識同意識同時現行,就能了色塵相;耳識同意識同時現行,就能了聲塵相;乃至身識同意識同時現行,纔能了觸塵相。但這所分別的五塵境,不是可以憑空造出的,要真有所對的境,纔有所分別的相的,如我們現在大眾都能見這個蒲團,是方的,這是形色;是黃的,這是顯色。要在這個處所,真有這個蒲團,這時眼識和意識生起現行,纔能分別,並且這所見的蒲團,是大家都能見到的,所以這不是憑個人識現的。前五識與第六識俱時所了別的六境相,即不是憑空而有的,那麼,若不許在識外有境,這境又是依何識而有的呢?所以進一層的推論,要說到第八識。前五識所緣的器世間相,既不是前五識單獨變現的,也不是心外的法,就是第八識所變的,所謂內變根身,外變器界,都是第八識變緣的相分。若能明白這識變的道理,知道無始以來,依業力引第八識,在業力的軌範中現成一期的根身器界,那麼世間所謂'自然界的一切萬有'的論調,就推翻了。(因為是業引識變的'業界'而不是'自然'。)從第八識的變現上說,本來互動相徧,同類相似的。如現在我們同得人的第八識,於是我們大眾能同見一種色,同聞一種聲,不過雖同見色,同聞聲,但甲所領受的境,未必恰是乙所領受的,只是相似便是了。第八識既互動相徧,同類相似,所以沒有顯然自他物我的隔別,但在有情的心境,卻成反例,顯然有自他物我的隔別,有了自他,於是就要以自我為中心,要求自我的保存,自我的發展,自我的殊勝,自我要駕乎他人之上,人人都這樣於是鬥爭不已。若單從第八識上說,既是交互相徧的,為什麼又有自他隔別呢?所以第四類要說到第七識的功能。有情生命的成立,自我的發展,人格的表現,都從第七識中可充分說明。"

"以上所說識的四種分類,在世間科學、哲學也有說到的。如哲學的素樸實在論,這是常識的。反對這常識而成自我唯心論,他們這派立論,說是一切境相都是由我的分別所現。這在佛法上說,也不過只依第六識一部分的功能而立。到科學發達,趨重實驗而斥憑空玄想,要想確實的根據,真切的證明,纔能存在,所以自然科學和哲學的新實在論,已是從第六識推到前五識了,自我唯心論,已被打破。但說到不拘前六識起不起現行,境相都存在的理,那就不是世間科學、哲學所容易推想到的了,這就要說到第八識所變的本質境,並說這本質境就是識的相分,這種深奧難知的理,正是世人難知的,也正是世人所迷的。因為不明第八識,於是有說客觀的宇宙唯心論的,宗教家則說是神。客觀唯心論說宇宙現起,是客觀存在的精神所造成,宗教家說宇宙是唯一的神所造。這兩種的所說,都是不曾將八識完全說明了的迷執。若說只是普徧的精神,唯一的神,但怎樣一切有情眾生又有各個自我精神的差別;而在這各個自我精神差別中,又有各個不同的宇宙呢?從事實上看來,他們這兩說都不通,所以非說到第八識,不能說明宇宙。也非說到第七識,不能說明有各個自我和自他隔礙的分別。若說有情的自我,是由神分開而成的,如果這樣,那麼不是神已分成各個眾生而沒有所崇拜的神了嗎？其實這就是佛法中說的第七識的功能。從現代一般的科學、哲學、宗教上看，第八識、第七識大抵尚迷而不知的。只於前六識，已可以說到一部分。在前六識中，第六識又比較容易觀察，但他們迷而不知的那七、八二識，也正是最重要的，要明宇宙觀，非明第八識不可。要明人生觀，非明第七識不可。但因這兩種微細難知，所以這次所講的程式，不依原有的次序，只就凡夫雜染心上，順凡夫的心理，以粗顯易知的為出發點，然後一層深一層，說到深奧微細難知的，所以名順轉雜染分。"

《八識規矩頌》文原將八識做四類，而《唯識三十論》卻將八識分做三類，即將五識與第六識合說為了別境識，這是分類的不同。還有一點，就是三十頌文，並沒說到八識的清淨相，只是充分說明雜染相。至於八識前後次第，我去年在馬來西亞檳榔嶼菩提學校，講此三十頌時，是先講了別能變的前六識；次講思量能變的第七識；後講異熟能變的第八識。這次講解卻沒有依此次第，是照原頌次第解釋的。今於此書中為了讀者容易了解起見，乃變更一下三能變的次第：即先釋了境能變識，次釋思量能變識，末釋異熟能變識。這和大師的意見，大體是相同的，只是他將講宇宙論的第八識，講在說明人生觀的第七識之前，我卻先說明人生觀，次去探討宇宙觀。

第四章　了境能變識（知識論）

第一節　敘言

一、知識的需要和範圍

人類之所以為萬物之靈者，有兩點：一人類有智慧，能應用智慧；二人類能製造工具，能應用工具。這在人以下的動物，都不能有此二種特長，所以人類能統制一切，能戰勝一切，能產生文明，能開發自然。這兩種特點，總而言之，就是知識的作用。人在生活之中，必須追求知識，因為知識是人類生活的武器。在這時代之中，沒有知識就不能生存。從人類的生活中可以產生文化，文化就是人類知識的結晶品。向來研究知識，在哲學上有所謂知識論，那是研究知識之性質的。研究知識的性質，就不得不求助於心理學。研究知識也有因研究人生與社會而涉及知識問題者，曰知識社會學。因此，有人主張研究知識要從三方面著手：（一）從哲學方面去研究；（二）從心理方面去研究；（三）從人類社會學方面去研究。張東蓀的《知識與文化》一書，就是從這三方面作綜合研討的。

知識的範圍很廣，故佛曰一切智，或曰一切種智。依了現在知識論,則分別有常識的知識、科學的知識、哲學的知識、歷史的知識。總而言之,都不外乎是知識,只是種類不同而已。佛學上講知識論,廣一點說,全部佛學都可以叫做知識。略而言之有二:一依知識方法論的因明學來說有三量,量的意思就是知識。三量者,亦曰三量智:(一)現量:就是現前的實證的知識,可以說是直覺的知識,這種知識,依前五識是現前的現行境界知識;依內心(第六意識)修證所證的境界,曰實證的境界知識,總曰現量智;(二)比量:因人類社會的複雜,自然界的無窮差別,吾人所知者有限,今若以已知者比推未知者而致知,曰比量智;(三)非量:即不正確的錯誤知識,換言之,就是對於客觀的對象,沒有切實的正確的認識清楚,似是而非的知識。這三量第一是哲學的,第二是科學的,第三是常識的。二依世出世間說則有八種見:"見"或曰"知見",也就是八種知識。八種見者,《俱舍論》云:"謂身見等五染污見,世間正見,有學正見,無學正見。"❶這裡五染污見,染污是不清淨之意,即是不正確的錯誤知識。此有五種:(一)身見:梵語曰薩迦耶見,"執我及我所是薩迦耶見。壞故名薩,聚謂迦耶,即是無常和合義;迦耶即薩,名薩迦耶,此薩迦耶即五取蘊,為遮常一想,故立此名……但於我、我所執標此名者,今知此見,緣薩迦耶,非我、我所,以我、我所,畢竟無故。如契經說:苾芻當知!世間沙門、婆羅門等,諸有執我等隨觀見一切唯,於五取蘊起"。(二)斷見:就是固執一面的知識,"即於所執我、我所事,執斷執常,名邊執見,以妄執取斷常邊故"。(三)邪見,就是否認事實真理的知識,"於實有體苦等諦中起見撥無,名

---

❶ 《俱舍論》。

為邪見。一切妄見皆顛倒轉，並應名邪，而但撥無名邪見者，以過甚故"。（四）見取見："於劣謂勝，名為見取。有漏名劣，聖所斷故，執劣為勝，總名見取"。（五）戒禁取見："於非因道，謂因道見，一切總名戒禁取。如大自在，生主或餘，非世間因，妄起因執。投水、火等，種種邪行，非生天因，妄起因執。唯受持戒禁，數相應智等，非解脫道，妄起道執"。（六）世間正見：就是人類的各種正確的不錯誤的知識。"世間正見，謂意識相應，善有漏慧……何故世間正見唯意識相應？以五識俱生慧，不能決度故。審慮為先，決度名見，五識俱慧，無如是能"。（七）有學正見：有學即初、二、三果聖者，這些聖者"身中諸無漏見"即是無分別智與後得智，名為有學正見，因為這是他們的親證的境界知識。（八）無學正見：無學就是第四阿羅漢果人，他身中的無漏見，名曰無學正見。此中八種見，前五種是非量的知識，即是常識上的錯誤知識；世間正見，是通現、比二量的知識，就是科學的、哲學的知識；後二種是實證的知識，是真現量智。

二、知識是怎樣來的

要說明這個問題，我們應先知道："知識有四種：一能知，二所知，三知的作用，四知識。"❶這四種假若依唯識說：能知就是心體見分，是能量；所知就是見分把觀察的相分境，是所量。識的作用就是行相，就是量時的心的活動。知識就是量果。依據西洋傳統的知識論說：偏重於心理學方面，只注重在"知識的作用"；如果偏重於哲學方面，則注重在"能知"；如果偏重在科學方面，則又專注重在"所知"。似乎這三方面都不以知識作起點。最

---

❶ 《知識與社會》。

近西洋學術界中發生了一個新的學問曰：知識社會學，就是要從社會學中去研究人類的知識，想把知識獨立即是與"能知""所知"並立而存在。如懷特海德（A.N.Whitehead）之命題獨存說即是。但是在傳統的知識論，是處理"知"與"所知"之關係，也就是去探討知識與對象相關與否的問題，從這問題說明知識的效性。唯識學說一切所知境界皆唯識有，皆不離識。識是能知，一切境界是"所知"，一切境界，皆不離識，就是說明了"知"與"所知"的關係了。現在講知識社會學的人，是設法將知識從"能知"與"所知"兩端中抽離出來，認為是第三種的存在者"。他們以為非如此不能達到建立真正的知識論的目的。他們認為"知識是一個結果"。唯識似乎只是說明能知與所知之間的關係，顯其能知的識體之作用而已。關於知識是一種結果，在佛學上說："根"是能知，"境"是所知，根境為緣能生於識，故"識"是根與境所產生的結果。在唯識學上還有"量果"之說，謂量果（知識）是從能量（能知）所量（能知）中產生的結果。這量果是有體法，是存在的。不過，唯識學上特別注重說明關係一點罷了。

　　"知識"既是一種結果（量果），這結果必有產生的因素，就是說知識是怎樣來的？說明這一問題，是很費辭章的。大略言之："知者（能知）按知的作用，發生於所知，以產生知識。"由此，可知知識是一個綜合的產物。譬如唯識上說眼識等，由九緣所生。"知"的綜合，"謂某一個對象上各種呈現的因素之綜合，即某一思想中之諸特殊分子之綜合，藉'知'之綜合各種複雜之心理學單位，如知覺、觀念，及概念（受想等）於是產生矣"。由此說，"知識的根本作用，就是綜合，概念就是綜合的結果。所以分析不是知識的根本目的，乃是達到綜合的手段"。這好像是法相與

第四章　了境能變識（知識論）

唯識對立一樣，綜合是緣起性、是唯識義；分析是緣生性、是法相義。分析法相是為證知緣起唯識的真實性而已。"且'知'既是綜合先於分析，所以在知識上，則是幻多於真，所求的真理並不是積極地發見真實，乃是消極的破除幻誤，人類的知識乃是不斷的製造幻誤，又從而解破之"。佛學中"此有故彼有，此生故彼生"是先有"此"，而後有"彼"的。在"此"上是綜合的，在"彼"上是可分析的。因為人類不能了達這緣起性故，一切知識皆落於"虛妄分別"而不能證入真理。真理或真如性，是永遠如此的，只要破除妄執就能顯現了。

討論知識的性質，必須說明概念，因為"知識是以概念為始"的，因為必有概念方有知識。依心理學的作用說，概念以上的心理作用，是知覺。因為概念的構型，是以知覺的構型以及記憶的構型為根底。心理學家斯泰司說："吾人不能說出心如何與為何而構成概念。然其構成概念，則為一最終之事實。概念構成系思想之基本性質，此為吾人所發見，且應虔誠承認者也。"（見《知識與社會》）

由此觀之，概念是知識的所依，這概念英文為 Conception，就是唯識上所說的"想"，英譯曰 Perception。"想"在唯識上說是"取相為體"，前面說概念是依知覺而有，是有基型的，所謂基型就是取相。概念怎樣依知覺而有呢？心理學家說："知覺"都有"整形的組織"，這整形的經驗，所以在心上留下界域的影相。這影相是極模糊的，只是個輪廓。由知覺使這整形的輪廓基形化之後，就成為概念了。"所以概念的發生是人心自然傾向。由知覺而發展到概念，是一線相延而順進的歷程，概念與知覺並非兩物。故每一概念必須潛伏一形相"。這是從知覺到概念的歷程。概念的構造除知覺的基形外，還有語言，即是名言，唯識論上說想是安立名言的，論云："想謂於境取相為性。施設種種名言為業，謂要安立境分齊相，方能隨起種種名言。"❶這是說想有兩種特性：一是對境取相，二是起言說。言語本來只限於表示願望與感情的，經過發展，言語成了代表概念、知識的、思想的符號。因此，佛學上之言語與名稱符號，總曰名言，多以表示知識思想，而"知識思想無不寄託在概念上。可見概念之形成是由於兩方面："一是由於知覺之基形化；二是由於表示之符號化，兩方一擠則概念乃生出來。在知覺一方面是有影相之泛形，在概念方面是有附屬在言語上"❷。此種說法似乎和唯識是相反的。以唯識說由"想"（概念）而施設名言；而此則說概念（想）是由言語所生。其實，在知吾人之所以能施設名言者，是因為有名言習氣，這名言習氣，就是想像所產生（概念）的基本因緣。所以說"概念之構形，確都隱然為知覺的構形所左右"。這裡知覺即是唯識上所說之"觸"。嚴格地說，只限於根與境二者之接觸。一一名事的概念（想），都是從"觸"產生。由此，應知概念都由知覺而產生；吾人建立一切名字言說，而溝通彼此之思想知識。概念在唯識上亦說為"意言"；休謨說為"意念"，他說："意念是知覺淡了而後變成的。"其實，不是知覺淡了始變為概念，乃是知覺一旦離了原來所依託的對象，便不得不附在另一個東西上，不然概念就騰飛了，無影無蹤消滅了。他所附隸的那個東西，必須具有形與音聲等，換言之，知覺一超越了對象，則必變為概念。同時概念只是一個心影（意言），是不能久住

---

❶ 《成唯識論》卷三，第二頁。

❷ 《知識與社會》。

的，必須有他種依託，其所依託的就是符號的名言。附一表如下，以見大意：

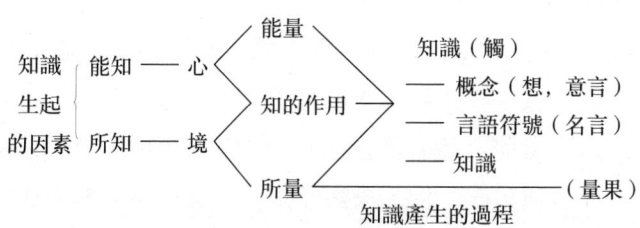

知識產生的過程

三、知識與八識心品

論知識之產生，有能知、所知及知的作用。這是知識論的整體、基礎。唯識學上三類八識，心王心所，仔細說來，都有這三方面。但是，在八識心王中阿賴耶識的能知、所知及其知的作用（行相），都是不可知的，它雖是存在，起作用，只能從推比量上或聖言量上來證。雖然它是生命的所依、所托，而好像和我們的日常生活是漠不相關的。至於第七末那識，實在就是第六意識。依唯識說第七識只是向內思量執我，是我相的主體。此識雖有能知的恆審作用，也是無法可以知道的，所知即是第八見分，非是意識境界。它的作用是"思量有我"。這所執我，不是第六意識上的我。因此我執相在唯識上有兩種，即第七所執我與第六所執我。如果定是如此，"我"是有雙重的我性了。這問題這裡不討論，這裡需說的，是第七識的能知、所知及知的作用，也是極難了知的。而真正能了知一切現象界，真能建立知識基礎的，如知覺（觸）、概念（想）、思想（分別）、言語（名言）等等，都是前六識（特別是第六意識）上的事，而不是七、八二識上的事。若依據阿含經教，根本否認七、八二識的存在；依大乘經雖是實有其物，而卻是不可知。故七、八二識，只能是知識的依止，而不能直接產生吾人之對現象界之觀察認識、思想、分別。前六識，依止根（腦神經機能）與境（現實對象），卻能產生知識。

復次，前說"知識"也即"量"或"見"或"知見"。依知識的種類中的三量來說：第八識雖是現量（知識）而不可了知；第七識在未入見道前永是非量。換言之，是在現世間中永遠是錯誤的知識，而這種錯誤，依不染污無知，或恆行不共無明或所知障說，是不能解脫生死障的。眼等前五識，是現量境界知識，是直覺的、經驗的知識，是產生思想知識的勝增上緣；第六意識是通三量的，它（意識）所有的哲學經驗或實證境界，或隨五識觀察對象是現量境界知識，可說是宗教的和哲學的知識。意識若執著有無，顛倒事實，迷惑真理，就是非量境界知識，是普通常識的錯誤知識。意識若依現前事實正理、推度、分別、思惟、抉擇，就是比量境界知識，就是世間正見，亦即是科學的知識，及非錯覺的常識知識。次依八種見說，初五染污見中，第一身見是通六、七二識的，餘四染見唯是第六意識上的，世間正見，論說意識相應慧，當然唯屬意識。次二種無漏見，依阿含教說，當然即是意識相應的無漏慧。大乘之說可以通無漏八識王所。

復次，依善、惡、無記三性說：七、八二識唯是無記，不起強性作用。故吾人之作惡行善，起心動念，不是七、八二識，而是第六意識，故云："動身發語獨為最。"所以一切知識思想，都依第六意識而為主體。

復次，依心所法即心理作用與情感來說：唯識學說心理的各個單位（心所）共五十一種，這五十一種除了前二類（徧、別）是就心理作用，或所觀察特別對象而建立外，其餘的是就倫理觀點上建立的。五十一心所法,八識之中,第八識在因位只有五種;第七識只有十八種;前五識只有二十四種;唯有第六意識完全相應。故云:"相應心所五十一,善惡臨時別配之。"應知心所相應廣,知識纔會廣博而複雜。

以上是說明"知識"與八識心王心所的關係,明吾人之知識是屬於意識的。在唯識學上似不注重討論知識問題,而主要的是探討和說明能知和所知的關係一點上。在此中又特別說明"能知"即三能變識,因為唯識主旨在遮心外有獨立存在的境界。其次唯識思想是建立第七、八二識,以示別於原始佛教,並依此而建立因果律,從倫理學上著重而求得解脫。

第二節　本頌與大綱

次第三能變　　差別有六種
了境為性相　　善不善俱非
此心所偏行　　別境善煩惱
隨煩惱不定　　皆三受相應
初偏行觸等　　次別境謂欲
勝解念定慧　　所緣事不同
善謂信慚愧　　無貪等三根
勤安不放逸　　行捨及不害
煩惱謂貪瞋　　痴慢疑惡見
隨煩惱謂忿　　恨覆惱嫉慳
誑諂與害憍　　無慚及無愧

掉舉與惛沈　不信並懈怠
放逸及失念　散亂不正知
不定謂悔眠　尋伺二各二
依止根本識　五識隨緣現
或俱或不俱　如濤波依水
意識常現起　除生無想天
及無心二定　睡眠與悶絕

將此第三能變識頌表列如下圖，以示大綱：

```
                ┌ 能變差別──次第三能變，差別有六種
                │ 自性行相──了境為性相
                │ 三性分別──善不善俱非
                │         ┌ 列六各位──此心所遍行，
                │         │ 別境善煩惱，隨煩惱不定
                │         │ 受俱分別──皆三受相應
                │   ┌相應 │ 遍行──初遍行觸等
                │   │俱受 │ 別境──別境謂欲，
                │   │    │ 勝解念定慧，所緣事不同
了境能變識 ─────┤   │    │ 善──善謂信慚愧，無貪等三根，
                │   │    │ 勤安不放逸，行捨及不害
                │   │    │ 煩惱──煩惱謂貪瞋，
                │   │重明 │ 癡慢疑惡見
                │   │六位 │ 隨煩惱──隨煩惱謂忿，
                │   │    │ 恨覆惱嫉慳，誑諂與害憍，
                │   │    │ 無慚及無愧，掉舉與昏沈，
                │   │    │ 不信並懈怠，放逸及失念，
                │   │    └ 散亂不正知
```

```
            ┌ 不定──不定謂悔眠、
            │       尋伺二各二
            │ 所依──依止根本識
            │ 五識俱不俱轉──五識隨緣現、或俱或不俱、
            │ 如濤波依水
            │ 意識起滅分位──意識常現起、除生無想天、
            └ 及無心二定、睡眠與悶絕
```

第三節　根境識與感覺（知識的所依）

次第三能變　差別有六種

第二能變之後，次說第三（今初）能變，共有九頌。第三能變是了別境識，所以名了別能變。此了別境識不只一個識體，故云"差別有六種"。雖然體性的差別有六種，而皆是了別外境的，即是向外門轉的，故同得了別境識的名稱。六種者：謂眼識、耳識、鼻識、舌識、身識、意識。識必依根而緣識故，所以名眼識等。

```
            ┌ 眼識 ── 依眼根 ── 了別色境
            │ 耳識 ── 依耳根 ── 了別聲境
了別境識 ──┤ 鼻識 ── 依鼻根 ── 了別香境
            │ 舌識 ── 依舌根 ── 了別味境
            │ 身識 ── 依身根 ── 了別觸境
            └ 意識 ── 依意根 ── 了別法境
```

六根發六識，在心理學上說：是"有機感覺"產生活動，是有機體認識世界的活動，是使用機體能用智識應付環境的活動。這也叫做個體觀察現事的方法。這方法有兩種：一是根據感官而觀

察；一是根據觀察而思考。或者一面觀察，一面思考❶。就五根與第六意識的作用，在生理學上說，感覺機體有二種：一是感覺器官，即唯識學上之扶塵根；一是感覺神經，即是四大種所造之淨色根。

依生理學上說：每種感官都有一種富有感覺性的計力器，與計量器的寒暑相彷彿，各種感官真正感受的部分都看不見，卻深藏在感官內部。感受氣味的器官，深藏在鼻的內部；感受聲浪的器官，不是我們看得見的耳，乃是深藏在頭骨的"內耳"；感受其他刺激的器官都是如此。那末，感受性是如何表現呢？每種感官皆有一種感覺神經，使感官與神經中樞得直接連接，感官與身體其他所有部分得能間接連接，感官沒有接連的部分，對機體都不發生影響。感官內神經分散為無數極細密的小枝。在耳目口鼻內，尚有特殊的感覺細胞專門感受特別刺激。此外多數的感官還備有一種輔佐器官（扶塵根），輔佐刺激在感覺神經及感覺細胞上發生較大的效力。例如我們看得見的耳朵，便是輔佐器官，輔佐聲浪傳達到聽覺細胞的所在。其他如眼鼻舌都是如此。

"感官都是接受的器官，所以又叫做受納器。受納器分為三大類：一為外在的，一為內在的，又一為中間的。外在的接受外來的刺激；內在的接受內發的如口、喉、食道、胃、腸、及肺等。中間的受納器依附在肌肉內、腿、關節。又耳目鼻之三種外在受納器因所接受之刺激不與機體接觸而遠在別處，得稱為距離受納器。"這即是說明佛學上之五淨色根與扶塵根也。因為這些是現實的，所以現在科學研究，有時比佛學精細。這《俱舍論》《大毗婆娑論》

---

❶ 吳士偉《心理學》，中華版。

第四章　了境能變識（知識論）

《順正理論》裡，有五官組織效能等詳細說明[1]。

依《俱舍論》說：根有增上義、自在義、光顯義。增上者：謂根能發識，能助識生了別作用。如論所說六根各有四種或二種增上[2]。自在者：根的本身發識的自在功能。光顯著：根對境有見性、有光明，能見色聞聲等。所以論說：能見者是根[3]，能了別的是識。究竟是根見色，或是識見色，《俱舍論》中有詳細的諍論[4]。

又根對境有五種特別功用：(一)根能發識；(二)識必依根，如眼識依眼根，耳識依耳根等，各別依故，這叫做不共依義。這是就五識未轉依位說；若到了已轉位，五根就可以互相發識了；(三)根能助識；(四)識屬於根；(五)識如根，謂如根能見，識也能見，又如根見青色，識也如根了別青色。根是識的所依，眼識等是從所依的根得名，所以名眼識等。也可從所緣的境得名，即可名色識、聲識等。故生理學依對象立膚覺、味覺、嗅覺、聽覺、視覺、知覺，就是從境上立的。因為所依緣，都是眼等識生起所不可缺乏的一種緣（條件），此與境都是色法（物質）。這是能生識的基本條件。其實不止此二者。如眼識生起應有九種緣。根境之外還有光明、空間、種子識（是阿賴耶本能）、分別識（意識）、染淨識（善惡念即第七識），依了這許多緣纔能生起眼識來；耳識只需八緣；鼻、舌、身緣境要七緣。那麼識的生起，即是依緣生的則無自性，是假有的。還有一義，即我們的眼和耳，都各有兩個，這是

---

[1] 《俱舍》與《順正理論》釋五根段。
[2] 《俱舍》與《順正理論・根品》釋二十二根段。
[3] 《俱舍論・界品》卷二，第十四頁。
[4] 《俱舍論》同前。

為什麼呢？一說是為美觀，其實是為使緣境特別分明，見色聞聲，對人生關係是太重要了[1]。這眼耳的根與境必要距離（生理學說為距離感受器）纔能發識，合在一處即不發識了。鼻舌身則必要與境和合（非距離感受器）纔能生識。故《八識規矩頌》云："合三離二觀塵世"，就是這個意思。至於意識觀境就廣泛了。此六種識（識即覺義），在生理學總說八種感覺。八境之中膚覺、肌覺與有機感覺，即是身根識，味覺即舌根識，嗅覺即鼻根識，聽覺即耳根識，視覺即眼根識。知覺在生理和心理學上，總曰觀察。觀察即分別意，有注意與知覺二種作用。因為"感覺使我們知道壓力、溫度、動作、味道、氣味、顏色、聲音，但我們所認識的世界是具有特性，彼此牽連的物結構而成的。感覺不能使我們認識這些物。認識物不僅接受由物來的刺激，且需要有別種反應。觀察即利用感覺以認識物的歷程。觀察有二段：一注意，二知覺。注意即作意，知覺即認識，即是了別或分別。如云：知覺是識別曉諭的意思。但'識別''曉諭'皆含有知覺的結果，未能表達知覺的歷程。知覺的歷程，為知道現諸感官前的事物之活動"。依佛學說，即第六意識。今以八種感覺與六種根識列表如下：

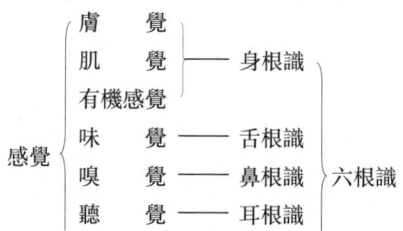

---

[1] 《俱舍論·界品》卷一，第十四頁。

```
視    覺 —— 眼根識
知    覺 —— 意根識
```

第四節　六識的三方面

此中所言六識的三方面，就是指六識的體性、行相、善等三性。"了境為性相"：了謂了別，就是認識，辨別境是對象，即外所緣（六境）的現象世界。這六個識都是以了別為體性的，也是以了別外境為行相（作用）的，所以二者合說。

"善不善俱非"：這是說六識的性質，頌中"俱非"即是指無記性。六種識都是通三性的，《八識規矩頌》也說"通三性"的，所以六個識都是有善惡無記性。因為我們六識觀察思考這世界，有時有愛，有時有憎，有時卻是平庸的，因此有三種情感。從此三方面，知道六識與七、八二識不同。從體性說：六識是了別的，七、八是非了別的。從行相上說：六識了別易知，七、八則不可知。從性質上說：七、八二識都是無記的，這六識是善惡無記的，所以前六識是最重要的。六識中又是以意識為中心，為強有力的心識，作善作惡全在意識。

第五節　六識的心理與感受

一、心所總說

"此心所徧行、別境、善、煩惱、隨煩惱、不定，皆三受相應……"從此以下有六頌是說明六識相應的心所有法。心所就是心理作用現象，如貪慾、信仰、瞋怒、情感等等。六識相應的心所最多，五十一種沒有那一種不與六識相應。因為我們認識觀察這現象世界,全是六識上的作用。心所法在唯識論中總計有五十一種,總分為六類,故說"六位心所"。此中前三句是總說。"此"字是指了境能變識,心所譯意為"屬於心的東西",即心所有法。心所有法分為六,其數如表:

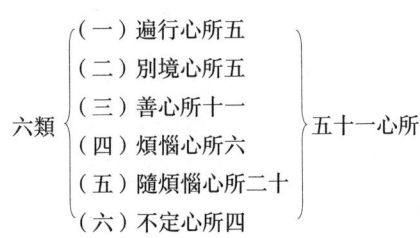

嚴格地分析起來,前五識相應的多少有不同;唯第六識具此一切心所有法。《八識規矩頌》說:"相應心所五十一,善惡臨時別配之。"一個人發善心時,是善心所相應起作用。動惡念時,是惡心所相應起作用。那就是因為當時的環境而引起意識上的反應作用,臨時分別配合,就是指外境界的。這種不同的心所,就是不同的心理的個別作用。

二、受與情感

"皆三受相應":是明了此境能變識與環境的接觸關係。因為一接觸即發生感受作用。吾人之感受,是因為外來的環境不同而有差別的。這六個識又是共同認識現世界的,對於現世界的認識,一與外境接觸,心理上便發生愉快或不愉快的心理。或者某件事發生了,心理上感覺痛苦或快樂,或憤怒或悲愁等。有時也會發生中立的心理狀態。

這些狀態在心理學上是情感,所以受即情感作用。因此,六識心王心所,皆可能與苦樂捨三受相應,而前面的第七、八二識卻只與捨受相應。這顯示七、八二識是潛意識,而無情感或情緒之反應。又前二識是向內緣的,不是外門轉的。此前六識不然,它們是特向外門轉的。

三、廣明心理作用（六位心所）

此下將六位五十一個心所的意義,加以說明:

（一）徧行類

初徧行觸等

六類心所中,第一類是徧行,就是觸等五個心所。徧行之義,今略言之。《唯識論》云：「一切心中定可得故,名曰徧行。」謂一切性、一切地、一切時、一切俱。一切性即三性,一切地即三地,謂有尋有伺地、無尋無伺地、無尋唯伺地。欲界及初禪天,是有尋有伺地；二禪以上無尋無伺地；初禪與二禪的中間,曰中間定地,就是無尋唯伺地。別境心所雖徧一切性,一切地,而不徧其他；煩惱與隨煩惱全不徧,不定心所唯徧一切性。

釋五徧行心所：謂觸、作意、受、想、思。

（1）觸：觸是接觸之義,謂兩個以上的東西互相接觸,接觸就會發生變化。《成唯識論》說：「觸謂三和、分別、變異。」三和,即是根、境、識三法和合為一而不相離,由此和合即會起感覺作用。又和合不離即觸義。一切心、心所法的生起,都要靠此觸心所的作用,假如外境是花,由眼根（視覺）視之,於是產生花的認識,這認識是不離那根與識的組合。由此,說名三法和合。分別,唯識學說由此三和而生一切分別心,由分別而有種種變異,故云分別、變異。《成唯識論》云：「令心、心所觸境為性,受想思等所依為業。」吾人思想變化之不同,都為環境不同所使然。因接觸環境不同，故影響及思想的不同。對外的一種任何接觸，都會生起一種心理反應來的。這觸是一切心所依處，就是說要先有接觸，方生其他的心理。所以觸的作用在心、心所緣境上，是很重要的。根境識三和，如圖：

（2）作意：即心理學之"注意"。《成唯識論》云："作意謂能警心為性，於所緣境引心為業。"對於接觸到某種境界時，使心生起注意，常自有其警覺性。又如作事的要謹慎心，參禪唸佛要提起話頭，這些都是警覺的意思。有作意的心理，能使吾人之心念專注到所緣的境界，而不敢大意。

（3）受：受"謂領納順違俱非境相為性；起愛為業"。此即生情感，謂接受順境、逆境，或平凡境。接受順境是可愛的樂境，於自有利益者，令心生欣喜。接受違逆境是不可愛樂的境，於自有損害者，令生厭惡。"俱非"：是指那非可愛非不可愛的平凡境界。這受心所就是心理學上所說的感情的領納，靠外在環境的美滿與否，而定其苦樂，在內心上起一種順違俱非的感受變化。

（4）想：想"謂於境取像為性；施設種種名言為業"。這是在接觸某種境之後，對某種境所加的度量（基形化）。於是某種境界，心理先有了個安排，就是取了一種想像模樣即是概念。再進一步對它安立一種名稱言說，來代表你意象（概念）的那種種物的實體。人間世的事物名稱和語言，都是從這一心理上所創設的。

（5）思：思"謂令心造作為性"。造作即活動，如俗云："三思而後行。"可見思是思動或活動義。一切心、心所法的動作行為，都要受這思心所的推動，所以說思心所為行為的善本。"於善品等，役心為業"。役是主使，即支配義，我們舉心動念，都被這思心所所主使所支配。善品等，取惡品等，謂對於善惡兩方面的行為上，這思心所可以驅役我們的心理去動作。

這五個心所法，本義雖如此解釋，但其活動的作用之強弱，就要看相應的心所如何而定。這五種心所，若第六意識相應起時，活動力是最強的；若與第七與前五相應時，作用就不十分有力了；若與此無覆無記性的阿賴耶相應，最為劣弱，因為第八識本身的行相尚不可知，何況這五個相應心所呢？

（二）別境類

　　　　次別境謂欲　勝解念定慧　所緣事不同

這是明第二類心所。怎樣叫做別境呢？頌說："所緣事不同。"五個心所各有各的所緣境界，故云別境。《成唯識論》云："緣別境而得起，名曰別境。"

（1）欲：欲是欲望，《成唯識論》云："於所樂境，希望為性。"就是對於所喜歡的事物上，有希望和欣求之念。此有善有惡，善的如發菩提心，希望成佛和度眾生，就是此欲。此所對境就是所希求愛樂的境。惡欲易了。論云"勤依為業"，有了欲心即可精進不懈。

（2）勝解：就是最殊勝的無懷疑的了解或認識。如論云："於決定境印持為性；不可引轉為業。"印即認定義，持謂持取，心理上對於某境界，認定而能持取之，如是就不會被人引誘轉變。例如有宗教信仰的人，他對於自己所信仰的宗教認識了以後，是不會被人轉變的。這種境界叫做決定境，這類知識叫做勝解。

（3）念：明記不忘義。《成唯識論》云："於曾習境，令心明記不忘為性；定依為業。"曾所習境，就是過去曾經經過的境界，在腦子裡有了很清楚的印象而不忘記，這種心理曰念。念是定所依止的，定是依念所發生的。

（4）定：譯義等持，是心非常寂靜平等的現象，並不是一念不生，也不是亂想。西洋人譯此曰精神集中，就是思慮要歸一，是專注一境而不移動。《成唯識論》云："於所觀境，令心專注，不散為性；慧依為業。"定心必有其所觀之境，所觀無二，念注所觀，即是定。從定發慧，故云"智依為業"。

（5）慧：《成唯識論》云："於所觀境，簡擇為性；智依為業。"簡擇有簡別、抉擇、推求三義。人生、社會、行為、事業，都是這智慧心所觀察的境界。對於功德、過失等項，有簡別力和抉擇力的纔是慧。有智慧的人，不隨人云亦云，全憑自己的觀察力去抉擇。此中所言慧是通三性，非無漏慧。

（三）善類

善是定義，就是要於此世他世有利益者，纔叫做善。所言善心所者，謂唯善心中而得生故，名曰善心所。此有十一：

（1）信：謂信仰，就是心理的歸趣、熱情、力量。信有三種性：曰樂，就是愛樂；曰欲，含有企求的意思；曰心淨，謂心不雜亂、不染污。信心的差別，就所信仰的對象說也有三：一信有德者，就是阿羅漢、佛、菩薩等聖者，乃至世間有道德的人。二信有實者，就是實事實理的因果性和理性。三信有能者，能謂才能或技能，或能力，如通達五明學術的人，能作利人利世事業的人，於此尊敬信仰。有了如此的信心，心理即能安定，亦能清淨。

（2）慚：謂依自法力，崇重賢善為性。

（3）愧：謂依世間力，輕拒暴惡為性。

這兩種心理能養成自己的高尚人格。慚與愧不同，慚是反省自己的自覺能力，為了充實自己，常虛心而尊重賢善。愧是依世間的社會力量，因為作惡社會要批評，故心愧而止惡。慚愧二法，有共同的作用，普通所說的羞恥，是此二法的通相。

（4）無貪：無貪就是對世間法中不論那一方面，都沒有貪著、貪求之念。

（5）無瞋：就是對痛苦和痛苦之來源，能了解能忍受。故對一切環境的惡劣，不怨天不尤人，不動瞋恨。

（6）無痴：就是明白事理而不愚蠢的心理。

（7）勤：勤即是向上進趣。論云："謂精進，於善惡品修斷事中，勇悍為性。"即作事用功，毫不懈怠。對善法要修學，對惡法要斷除，這勤的心理純粹是善性的。要有益社會人群的事業纔叫做善法，善法要慢慢的學習。惡法者，謂損害別人的事情，如使他人精神上不安，或使他人生活上痛苦，或令人生諸恐怖等，都是惡法，都要勇悍的去斷。論云："滿善為業。"由此勤勇的關係，能使善法圓滿完成。

（8）輕安：這心理要修定纔會有的。輕是輕快，安是安樂。有身輕快和心輕快的兩種，與粗重心理相反。論云："遠離粗心重，調暢身心，堪任為性。"粗重即內心的沉重，如事情多的人，又沒有佛法的修養，什麼都放不下來，好像擔負了擔子一樣，心理時常有煩惱有痛苦的。若有佛法修養的人，其出發點是無我，大公無私的。又有禪定上的修養，所負的責任雖重大，心中亦當輕快安樂，身心自能調和，生活應知時知量，則得身心舒暢，可能擔當重大的責任，做利人的事業。若不能調暢身心，則不能獲得輕安，輕安是對治惛沉的。有了惛沉，則不能修禪定。論云："對治惛沉轉依為業"，轉依就是轉粗重的身心。對治是調伏，使粗重的身心轉成為安適愉快的身心，所以有輕安心的人，可說是修定入了門。由此修定可以斷煩惱，得解脫，故屬善法。

（9）不放逸：唯識論云："精進三根，於所斷修，防修為性。"放逸與放蕩相似，是沒有規律的生活，沒有正當的工作，不能使心意安定下來，不放逸與此相反。這心理是無自體的，即是精進與無貪三根的總和合體。在斷惡防惡上起作用，就是不放逸的心理。故論云："對治放逸，成滿一切世出世間善事為業。"

（10）行捨：行是五蘊中的行蘊，行蘊中的捨，故名行捨。因為捨可通受蘊，受蘊中捨，名曰受捨。此中簡別受捨，故名行捨。《成唯識論》云："令心平等、正直、無功用為性。"這裡用三個意義，明行捨的特殊性，這種心理非有好的修養不能得到的。平等者，即不為外境八風所波動；正直即內心上無歪曲的計謀，故云"直心是道場"；無功用住者，就是平常心，有人問一祖師曰："如何是佛心？"祖師曰："平常心。"不加一點功用心理自然安住寂靜。這樣平等正直無功用住的心理，就是叫做行捨。這心理的體性，是精進與無貪等三根，於修止觀上起作用。論曰："對治掉舉，靜住為業。"掉舉即是妄念，修禪定之障，故行捨為修觀之入門，修禪定第一要不惛沉，故修輕安心。第二要不掉舉，故修行捨心。

（11）不害：不害即不損惱他人，不使他人精神上、生活上、身體上受痛苦，故名不害。不害心理，不但不做損人的事情，連損害人的心也不起，這是在無瞋善根上假立的一個心所。內心上有此心理生起，不但不害於人，同時還有悲天憫人的心。如今日之天災人禍，我們對此起悲愍，就是不害。無瞋能與人快樂，即是大慈，不害能拔人痛苦，即是大悲。大慈大悲是為善心所之極。

十一善心所中四法（輕安、不放逸、行捨、不害）是假，依別法為體故。其他七法是實，有自體性故。

（四）根本煩惱類

根本者，是指這些心理為主要的心理，還可以產生別種心理現象的，此煩惱有六：

（1）貪：貪謂貪慾，即於現世間、現社會的種種生活物慾起貪著的心理。廣言之，對三界法貪著皆曰貪慾。論云："有、有具染著為性。""有"即人生社會；"有具"即社會中的種種資生物質，對於此等貪著不捨曰貪，如"貪官"之心。這在普通社會看來已是太過，若依佛教說，吾人對此人生社會，萬惡環境，要趕快的離開，不再墮入其中。或者去努力改造這個環境，決不可染著。因為有了貪心，就會產生一切痛苦。

（2）瞋：謂對人對事，有不如意者，憎在內心，恚發心外，對苦的現狀和苦的原因，都憎恨別人，而卻不反觀自省。論云："不安穩住，惡行所依為業。"有瞋心不但生活不安定，生命也不安穩，一切惡行從此而生。

（3）痴：就是愚痴無智慧的意思，又名無明。論云："於諸事理，迷闇為性。"於諸現實道理糊塗不明，盲人瞎馬。論云："一切雜染（惡法）所依為業。"此與無痴相反。有此心理，即有一切染法。

（4）慢：就是貢高我慢的心理。論云："恃己於他，高舉為性。"仗著自己的權威、勢力、富貴、聰明、知識等，以為自己出勝於人，而內心上起一種卑視他人的心理。論云："於有德者，心不謙下。"一有這樣的心理，同時也可以妄造諸惡，輪迴無窮。又自認為滿足，學問道德，當無進步了。

（5）疑：疑是懷疑、不信任義。論云："於諸諦理，猶豫預為性。"猶豫即不決定。諦理是四諦的真理，即世出世間的因果律。有了猶豫，就狐疑不信，能障一切善法生起。

（6）惡見：這見不是眼見的見，是內心上或知識上的見解、知見、或名觀察。惡是不善、不正確、不合理、不合事實的意思。惡見就是不合事理的見解，所以說為惡見。有五種：一薩迦耶見，譯曰有身見，即是我身。因此，《瑜伽論》也名此見為"總執我"；二邊執見，依身起的，執常或執斷，執常的以為此身死後有我存在，這死不過是換身體，如旅客之轉換旅舍，執斷的以為死後便一切都幻滅了；三邪見，謂不信因果道理，毀謗因果的作用和事實；四見取見，執著自己的見解為正確，有了此見，就會固執，我是人非，我正你邪，我有是處，餘無是處。此見為一切鬥爭的出發點。一味深執我是——其實不合理——故成了惡見；五戒禁取見，執自己所守的戒律是最勝的，是可得涅槃解脫的。如印度外道的一切苦行戒條，都是不契事理的，不合解脫道的，而卻以為正確的，是解脫之道，所以成為惡見了。

此五種見，論曰："於諸諦理，顛倒推度，染慧為性。"推度名見，顛倒的推度，錯誤的認識，就是不清淨的智慧呀！

以上六種根本煩惱，由惡見開五種，即成十種根本煩惱。前五是迷事實的，名五鈍使，又名思惑，又名修惑，即是實際生活經驗上的病態心理。後五是迷理性的，名五利使，又名理惑，又名見惑，就是知識上的病態心理。依小乘說：入初果十六心見道時，頓斷見惑。從初果見道後，聖第四阿羅漢道，都名修道。在修道中斷八十一品修惑，見惑只要覺悟真理就能斷除。思惑就要在生活上，事實上慢慢地修習練磨，纔能斷除。因此這五種是很深重的心病。依大乘說：證入初地即斷見惑，從初地見道後，中經十地，到金剛道後心上，都是修道位攝，漸次斷此修惑。怎樣修斷，唯識位中，再行詳說。今列一表如下：

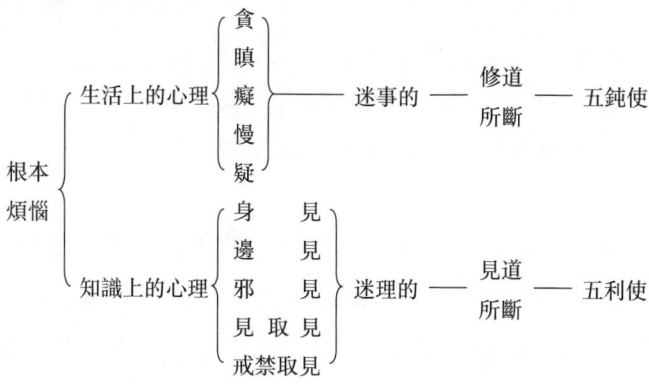

這十種煩惱，有俱生、分別起二種：俱生是先天有的，心理學曰本能的；分別起是後天有的，心理學曰學習得來的。此中的疑及邪見、見取見、戒禁取見是分別起的。其餘的是本能的，也是學習養成的。

十種煩惱第八識全無，第七識有貪痴慢惡見，第六識全有，前五識上唯具貪瞋痴三種。

（五）隨煩惱類

隨煩惱有二十種，分為三類：一小隨煩惱有十種。二中隨煩惱有二種。三大隨煩惱有八種。這些煩惱的心理，都是依前六種根本煩惱起的，所以名曰隨煩惱。《成唯識論》云："唯是煩惱分位差別等流性故,名隨煩惱。此二十種類別有三:謂忿等十,各別起故,名小隨煩惱。無慚等三,徧不善故,名中隨煩惱。掉舉等八,徧染心故,名大隨煩惱。"染心包括不善及有覆無記的二種。餘易了解。

一為小隨煩惱者:

(1)忿:對於自己當前不如意境界,發一種憤慨的心理,即俗言"發火或發怒"。論云:"執杖為業。"動了火可以執物打人,張口罵人。

(2)恨:要先有忿,然後纔有恨,恨即內心結怨,俗云"懷恨在心",記他人怨。但在外貌上或者沒有表情,有時也有一點表情。

(3)覆:謂蓋覆義,對於自己所作的罪惡,遮蓋不讓他知。因為給人家知道了,於自己不利。但是隱藏在心,內心上是不舒適的。俗云"內疚在心",就會發生後悔的心理,也是熱惱,心不安穩。所以作了罪,最好是發表出來。

(4)惱:就是惱怒,一定要有忿恨的兩種心理在先,然後起惱怒的心理,有了惱怒的心,就會蛆螫他人。譬如因在過去對於他人深懷怨惡,後遇機會,或見面或遇事,惱怒暴發,加以報復,說話如毒蟲,血口噴人,或加毒手!

(5)嫉:是嫉妒,對別人的好事,和有益的事,特別是光榮的事,如環境的享受、名譽、權勢、地位、財富等,自己內心不能忍耐,妒忌心生。即俗云"嫉妒障礙""妒火蒙心"。有了這種心理,就會有憂戚的心理作用,常云"憂心如焚",也是很難過,同時也會做出損人的勾當。

(6)慳:慳就是悭悭、悋惜、不肯惠施的意思。譬如自己積蓄財產或知識，若有求者前來，不能施與。論說："鄙畜為業。"即俗云"守財奴"的心理。

（7）誑：誑是矯誑，不真實意，論云："為獲利譽，矯現有德。心懷異謀，多現不實，邪命事故。"有了這種心理的人，是大言不慚的，以欺騙他人而謀得生活，所以說邪命。

（8）諂：諂是諂曲，論云："為罔他故，矯設異儀，險曲為性。"就是外表裝得很好，內心卻是異樣。俗云"外表儼然道貌，內心男盜女娼"。有了這種心理的人，以獻媚於人，俗云："小人之心。"

（9）害：害與不害相對，對於人類，常起損惱，即無悲愍。有此心理的人，常用方法逼他人。

（10）憍：憍是憍醉或憍傲。對於自己很如意的事情或物品或技能，心生貪著，醉傲為性。內有此心，外現種種"憍氣凌人"。有了這種心理，就會造作一切不善的行為。

這十種小隨煩惱，都是從根本煩惱分出來的。

二為中隨煩惱有二：

（1）無慚，（2）無愧。即俗語之無羞恥或無廉恥的心理。慚愧的反面，就是無慚無愧。此在前面善心所中已說，故不再重釋。

三為大隨煩惱八者：

（1）掉舉：掉舉心謂能使心高舉起來。俗云"打妄想"，令心妄動不寂靜。特別是對於修習禪定有障礙的，所以說"障止為業"。又障行捨，令心不能有平等正直而達無功住的境界。論說："能障行捨奢摩他為業。"

（2）惛沈：謂惛迷沈醉的心念，令心迷暗不清明，故云："障觀為業。"有了這惛沈，於所觀境就無堪任力了。提不起精神，心成一種頹萎的狀態，不能修觀。

（3）不信：就是前善心所中信心的反面。

（4）懈怠：是前精進的反面。

（5）放逸：此心理是不放逸的反面。謂是放蕩縱逸，毫無規律的心理行為，行為表現動作，故必先有心理的衝動。此中放逸謂是心理。

（6）失念：是前別境中念的反面。

（7）散亂：對見聞覺知的境界，令心流蕩，"障定為業"（定是心一境性），心不專一。俗云"心亂如麻"，就是這個心理。

（8）不正知：是正知的反面。

這八種大隨煩惱，也是從根本煩惱分化出來的。

㈥不定類：

（1）悔：就是後悔，又名惡作。厭惡其已作的事，而生惱悔。如做惡事，後悔則為善，若做善事，後悔則為惡，故是不定。

（2）眠：是睡眠，睡眠本是生理上的精神休息，在生活上是需要的。這裡所指的是一種貪睡眠的心理。如貪著睡眠，懶惰無為，所以過多睡眠是不善的。論云："令身不自在，昧略為性。"若適可而止，就是善的了。

（3）尋：就是尋求，令心於意言境，粗淺的推度分別，可善可惡。

（4）伺：就是伺察，對於所觀的境有很細的推度，亦可善可惡。

頌云："不定謂悔眠，尋伺二各二。"這"二各二"的解說有兩種說法：第一說，"二"指尋伺兩個心所，"各二"是說此二心所各通善惡二性；第二說，"二"指兩類，謂悔眠一類，尋伺一類。"各二"說這兩類都各有善不善性。

第六節　泛論情感情緒與心所法

以上五十一心所法的分類法，是依倫理學的觀點分析的，所以總分為善、不善、不定之三類。這種分類法，比現在心理學上的情感與情緒中的分析來得精密。歐洲一八七九年，有一位試驗心理學家馮德，他把心理情感分做三個方向：（一）由愉快到不愉快及中立狀態，（二）由亢奮到泥柳，（三）由緊張到弛緩。這分法在歐洲認為是很有價值的，其實，是很平常的。如果如此分析，又不止此三類了。如佛學上貪到無貪等，信到不信等，其類甚多。

心理學上表情感的名詞很多，在吳偉士的心理學中[1]，有十一類的分析。今錄如左：

（一）愉快、快活、歡樂、高興、得意、狂喜。

（二）不愉快、不滿意、愁悶、悲傷、悲哀、喪氣。

（三）嬉戲、娛樂、狂嬉。

（四）鼓舞、興奮。

（五）寧靜、滿意、迷濛、無情、厭煩、無聊。

（六）渴望、戀慕、希望、篤信、勇敢。

（七）懷疑、食羞、困惱、焦急、憂慮、畏縮、駭怕、恐怖。

（八）驚訝、驚奇、詫異、慰藉、失望。

（九）慾望、嗜慾、懸念、仰慕、戀愛。

（十）厭惡、嫌惡、嫉惡、恨惡。

（十一）忿怒、憤恨、慍怒、盛怒、狂怒。

---

[1] 吳偉士：《心理學》，中華版。

這裡共五十五種，其實有些是可略的，如第八類中的驚訝、驚奇、詫異等應是一種。戀慕與仰慕也應是同一種。今將唯識之五十一心所法，約歸為七類如左：

（一）觸——受（苦憂——喜樂）。

（二）貪——欲——慳——諂——誑——無貪。

（三）瞋——忿——恨——惱——嫉——害——無瞋。

（四）痴——無明——惡見——覆——憍——慢——無慚無愧——疑——不信——悔——無痴——明——慧——正見慚愧——勝解——信。

（五）放逸——散亂——掉舉——懈怠——不放逸——勤——精進。

（六）惛沈——睡眠——行捨——輕安——定。

（七）失念——尋——伺——作意——想——思——念。

此中以觸為首者，觸是一切心、心所法生起之基本故。次受者，由觸即生感受故。苦樂等四原非心所攝，依受而有，所以列之。又每一類中，都是由不善而至善，所以用"——"的符號來表示。

第七節　前五識的產生

依止根本識　　五識隨緣現

或俱或不俱　　如濤波依水

這是說此能變識的所依所緣。這第三能變識怎樣生起呢？這裡先說明前五識，再說第六識。

五識生起第一個條件是依止根本識，即第八阿賴耶識（此識通一切位，所以說根本）。前五都依此根本識，再隨了各別的增上緣的集合而現起的。在某種環境的條件之下，則有某種識現起。如《八識規炬頌》云：「九緣七八好相鄰。」就是說明五識生起的增上緣不同。謂眼識生起要依根、境、空、明、種子、染淨依（第七識）、根本依（第八識）、分別依（第六識）、作意（注意）九緣。隨缺一種不能生起。所以離此九緣之外，即無另一眼自性可得。因此說眼識無自性義，餘識也是如此。耳識要八緣生，九緣之中除去光明。鼻、舌、身三識，除空與明，由餘七緣生。由此諸識由緣而生，因此頌說「五識隨緣現」，現即生也。

「或俱或不俱」者，謂五識之中或二個同起，或三個乃至五個同時起，或個別起。然六、七、八必與俱起。因此論說至多八識，可以同時而起。「如濤波依水」者，波濤喻前五識，水喻第八識。波濤因風依水而有，此五識因外境界依根本識而生，道理亦爾。

第八節　意識的生起

意識常現起　除生無想天
及無心二定　睡眠與悶絕

這首頌是明第六識的生起因緣，謂第六識依止根本識恆常現起來。吾人之意識活動，我們平常的舉心動念說話，都是意識的活動力，故云「此動作或此語言是有意識」，所以意識大部分是常起的。但有時候，意識依了某處的處所，或某種特殊的環境，或某種力量，就不現起來了。這種特殊關係有五種：

（一）無想天：是色界十八天之一（色界第四禪八天的廣果天中有無想天）。或曰無想有情，生到彼天由過去無想定力故，心心所滅，就是前六識都不能活動了。在這天界中據說有五百劫的壽命，在這五百劫中意識不起作用。

（二）無想定：外道以求涅槃果故，而修無想定，滅前六心、心所，特別滅想心所，故名無想。由此定力死後生無想天，以為此即涅槃。可是等過了五百劫，其想再起，因此即謗曰實無涅槃，無真解脫。於是墮落三途，故有智者不修此定。

（三）滅盡定：又名滅受想定，又名滅定。修此定的人，只求寂靜，了知受、想二心所，是一切貪著分別的起源，是一切紛爭的根本。故滅受想為主，而修定使六識心所滅，令不生起，故名滅受想定，或滅盡定。入此定的人，並不以此為涅槃。滅定為九次第定中的最高一定，是聖者所修。由此定力壓制使第六意識不起。

（四）睡眠：謂入睡眠時毫無夢境，就無意識的活動。若時有夢，佛學上謂之獨頭意識的活動。

（五）悶絕：即是惛迷，不省人事的心理狀態，無意識作用。此種心理狀態，或因受了過分的刺激，或因極高的熱病，或因醉酒，或被他損害，都可能神經悶絕，不起意識作用。

除了上面這五種之外，意識是常常現起的。

第五章　思量能變識（人生論）

第一節　敘言

一、人類社會所要求的是自由平等，西洋人說："不自由毋寧寧死。"當然不平等之奴隸生活，也毋寧死。因此，近世人類競相鬥爭者，沒有不以自由平等相呼號。但是實際上，今日之世界人類，弱者仍然是不自由、不平等，過著奴隸生活，在強者們的意識上沒有真的自由平等，自由平等是他們的，不是他們所統治的人民。不論講什麼政治主義，舊民主也好，新民主也好，國家主義也好，民族主義也好，都應該以真正的自由平等來對待他的人民。中國古時有天下為公的大同思想，近來美國人提倡四大自由和天下一家，是極美善的，若能徹底實行，對於人類是有著實際利益的。

但是人類自從有史以來，從未能實行真正自由平等，這原因在那裡？這是因為人類中的每個人，都有一個自私的"我"。從自私的"我"上，經歷種種學習的經驗，而有"我見"，這"我見"是所謂每個人對每種事物的知識、見解。這些知識、見解，是以自我為中心的，有了思想系統（即所謂見解）、組織具體化，在政治上就曰什麼主義、什麼政策,在文化思想上就說是什麼理論思想。這些主義或理論,能在社會之上、人類之中,生起一種信仰的力量的時候,他那見解,即成為一種時代的潮流或洪流了。因此,世間上一切的知識見解,都是依據其個人的智能和社會的經驗而產生的。其智能的出發點,就是那"私我"。因為有了"私我",就必有私我相對待的"你"與"我";有了你我,就有"我是你非";"我們是你們非";"我們的見解正確,你們的見解不正確";"我們是民主,你們是不民主"。於是引起煩惱,引發感情,引發行動,創造出一切人類社會的痛苦,自由平等快樂從此就永遠不能得到。此中所謂"私我"的來源,依唯識學說,就是末那識的妄執。

二、人生在社會中,總要有人格,有人格的人,在社會上纔能為人所尊重;沒有人格的人,就為人所卑視,故云"人格要偉大",可見人格對人生的重要性。但是,什麼是人格呢?那是很難捉摸的,如果他人問你,某人的性情如何?行為如何?聰明如何?人格如何?你可以答覆他,那人的性情好,行為不十分好,也還聰明,人格是十分健全的。究竟什麼是人格?依社會心理學說,人格的發展,是順適家庭社會等環境而發展的。換句話說,人格是社會環境養成的,而另一方面又是以個己行為為主的發展。若依生理學說,人的體格、性情、健康等,可以影響他的人格。依心理學家說,人格是氣質,中國古書上說的氣節就是人格。所謂氣節、人格,內心上究竟是什麼使其如此呢?佛學上說就是"我"。具有個性的我性,在某一方面的發展、表現,就是人格或氣節。私慾(或私我)個性特重的人,一定是小氣、自私,作官是貪污、害民,人人曰此人無人格。私慾(或私我)個性輕微的人,一定是寬宏大量、清廉愛民,人人曰此人有人格。又如我們忠於國家民族,古時說忠於皇帝,如果為國家民族而犧牲,人人曰此人有氣節、有人格;如若反國家民族,人人曰此人無人格無氣節。信宗教的人為其教而犧牲,世人亦曰有人格,如果反教,人曰此人無人格、無靈魂。這私我、人格、靈魂,在佛學上又是以第七識的我執為基形的。這種私慾是本能的,不是學習的。但另一方面說,人格可以由環境養成。

三、第七末那的特性有二:一恆審思量"我",及恆常以我為出發點,而活動而影響第六意識;二它的特別心理現象是煩惱,我見、我慢、我痴、我愛。四煩惱又都以"我"為主體而各別活動。第八識之所以成為阿賴耶識,就因為此識的我愛心理所執持,以為第八識就是那個生死而不滅的"我體"義。其他的意義,都不算是主要的意。

四、人生之目的,在求得真自由真平等,而能發展其個性天才與高尚人格。但是,這是次要的,首要的是要達到個人內心上的真自由真平等。禪宗與理學的參悟,就是為達此種境界,這個人內心上的真自由真平等,必須打破"我執",即宋儒所謂私慾。這我執或私慾不能破除,必定隨物轉而不能轉物。佛學要入見道纔能進入平等性智(第七識)。故在見道以前,是絕不能有真的自由和真的平等心境的。

五、無我是佛教基本的學理。得無我的解說,就是轉第七識成平等性智的境界,故第七識不轉變,絕不能得到真正的無我境界。

第二節　舉頌釋名

次第二能變　是識名末那

依彼轉緣彼　思量為性相
四煩惱常俱　謂我痴我見
並我慢我愛　及餘觸等俱
有覆無記攝　隨所生所繫
阿羅漢滅定　出世道無有

頌云："次第二能變，是識名末那。"說過了知識論的了境能變識，其次說人生觀的第二能變識，此能變識名曰末那。所以說"是識名末那"，末那譯為意。在梵文上有二末那：一指第七識，此中譯音，他處譯曰意；一指第六識，譯曰意識。因為恐怕兩個識名相混，故第七識只譯音。

在唯識學未發展完成時，佛學上只說六識，第七、第八都攝在第六識中。《成唯識論》亦說："意及意識，名意識故。"就第六識上的特別作用，大乘學者遂別立為第七識，末那特別的含義是"思量"。所以名思量者，是示別於第八和前六識而言的。如云"心意識三"，這三種名詞本可通名八個識的，但有各別偏勝的意義，所以分別而立。"心"為集起義，指第八識，它能收集一切法的種子，又能起一切法的現行而發生作用，這特殊效能他識沒有。"意"是思量義，指第七識，它是恆審思量第八識為我故，即念念不斷在執著第八識為我。雖在夢中，仍執有我，這行相很微細，我們平常很難覺察得到。故《八識規矩頌》云："恆審思量我相隨，有情日夜鎮惛迷。"它這種特別效能也是他識所無。"識"是了別義，指前六識，各別了知外境作用最強，這又是七、八二識所不及的。了別就是於所緣境界上去認識、去分別，吾人平常活動的都是這前六識；前六識的主體是第六意識。末那的意義，特別表示思量，對於集起和了別，就不如八、六二識了。

第三節　所依與所緣

"依彼轉緣彼"五字，就是說明第七識所依與所緣的意義。"彼"是代名詞，指第八阿賴耶識。"依"有仗托義和不離義。"轉"也有二義：一流轉義，第七識本身相續不斷的流轉。二隨轉義，第七識跟著第八識轉現，故說"依彼轉"。這是說明第七識與第八識的關係。末那是心識，屬能緣；其所緣的唯一對象就是第八識。在末轉依前，即吾人未覺悟無我真理以前，它只取第八識為所緣境而執以為"我"；到了轉成平等性智時，則可緣一切境界了。換句話說：就是打破私我，悟契真理，獲證高尚的智慧。

就末那識與阿賴耶識的關係上說，第七識為能依，第八識為所依。實則八個識的心、心所皆有所依的，若無"所依"即不生起。故這所依性在唯識學上，是很重要的觀點，這裡略為申說：

一、所依概觀：所依有三種：（一）種子依，又名因緣依，論云："諸有為法皆托此依，離自因緣，必不生故。"每一法的生起，各有其自類的種子，依了自類的種子方得生起，這是親因，其他的助緣算是疏緣。如我們苦樂不同，都是自類的業種子所招感；（二）增上依，又名俱有依，又名增上緣依。"增上"是扶助義，謂增加其助緣，促進其發展之意。"俱有"是互為因果，謂彼此互相為助，相依不離之義。論云"增上緣依，謂內六處，諸心、心所皆托此依，離俱有依必不轉故"；（三）等無間緣依，又名開導依。"等"是相似義。"無間"謂時間上相續無間斷義，空間上無第三者參入。識心前後相似生滅轉變而無間斷，名曰等無間。心、心所法，前念為後念依，日等無間緣，這緣是特別屬心、心所法的。心、心所法若無等無間緣，即不生起，不能轉動，故必要前念滅已，後念方生，前念與後念無別法間，故云無間。又名開導依者，前念為後念開導故。論云："等無間緣依，謂前念滅意；諸心、心所皆托此依，離開導根必不起故。"近人有謂外境諸法也是自體剎那生滅，故亦應有等無間緣（見《新唯識論》）。

二、有所依：一切心、心所法具有這三種依的，名曰有所依。若諸心品，無有所依，則不生故。一切外境如色聲等，皆無所依。

三、末那識之俱有依：此中第七識以何為所依呢？這有兩種說法：一說它是以第八識中所藏的第七識種子（親因緣）為所依而生起的，不是依現行的"異熟"第八藏識而起。故論云："有義，此意以彼識種而為所依，非彼現識。此無間斷，不假現識。"另一說：這第七識是依第八識中的種子和現行為俱有依。依種子是因緣依，依現行識是俱有依，或曰增上緣依。所以頌說："依彼轉"，謂依彼種現而轉生轉起也。

四、七八互依：究竟什麼法是俱有法呢？論說"謂內六處"（六根）；此即是增上緣——俱有依，一切心、心所法都要依此內六處，纔能生起來。因此，唯識學是心境合一論。內六處即是六根，依陳那說：根即種子，這種子是一切心、心所的俱有依。不過，依護法說：第七識的俱有依是第八識，第八識的俱有依是第七識，是旋轉式，這二識是相依為命的。俱有依和等無間依，在唯識論還有多種說法，這裡只好從略了。

五、末那所緣：前說第七識依第八識轉，同時也緣第八識。前面說"緣"，是觀察義，是分別義，也可說是執取義。末那緣第八識的什麼執為"我"呢？印度古師對這也有好幾種的解釋：一說緣第八心王的自體執以為"我",緣第八識相應的心所執為"我所"。又一說:第七識緣第八識的見分執為"我",緣第八識的相分執為"我所"。第三說:緣第八現行(異熟報)執為"我",緣第八識中之種子執為"我所"。實則末那是緣第八識的見分,即是緣第八識之自體作用,總執為"我",這是護法的意思。總而言之,這第七識只是執"我"而已。

六、我執的根源:研究佛學的人,特別是修學佛法者,都要打破我執(我見)。因有了主觀的我,無明煩惱,人我是非,都從此生起了,人倫社會,也都從此建立了。故"我"是人的主體,社會的主體,所以佛教重視無我的學理,無我則無煩惱。佛陀看透了眾生生死輪迴,都從一個"我"產生,故說無我之教。若能觀察無我,體驗無我,則能不造生死之因。但是要修學無我,先要找到這個"我"的病根是從那裡來的,然後纔好下手,纔好改造。《八識規矩頌》云:"有情日夜鎮惛迷。"這是說明"我"是人生的主體,一切人類,日夜都是迷著在唯我主義的人生觀中。但是第八識見分本來不是我,為什麼第七識這樣顛倒執著呢?因為,第八識體似常似一,它以此為主宰,故執為"我"。在心理學上說,人類從生下來,總以為有一個自主的"我"。這東西隨便你說它是什麼名字,都不成問題,當然也可以說為阿賴耶識。由此,若不把第七識之我相斷掉,人我是非,社會鬥爭,永遠得不到合理的解決;也不會了脫生死。斷即轉義,把第七識轉成平等性智,即成無我。

第六意識上也執有"我",但那是受了七識的影響而起的。這我執有兩種:一是俱生的,即是本能的;二是分別,就是學習的或是習慣養成的。習慣養成的比較易斷,本能的難斷。因此,我說這第七識的特點在執"我",執我就是人生,也就是一切社會組織的核心，無論什麼社會，什麼團體，都是從此而來，因此而有所謂社會意識、民族意識、國家意識等。這裡所謂意識，就是較大的"我"的核心。一個人的自我發展、自我享受，這是太偏狹的"我"，往往因此而害及他人。由於同情心的作用，擴展而成以群眾利益為發展的目的，這就是所謂"大我"。佛學上並不反對此"大我"主義，大我可說為無我，這是打破私我之後的境界。

第四節　體性、行相、相應

以思量為特殊效能（體性）的第七識，是恆審思量而執我的，恆是恆常不斷義，審是審察，即深刻的觀察。第六識雖然也審思"我"，卻是不恆。第八識雖是常恆，而根本不審察有"我"。前五識則既不審也不恆。只有此第七識既是恆常，又是審察。故有頌云："恆審思量我相隨。"不過這種行相，是我們平常意識所覺察不到的；因此識是潛意識。其實，第七識安立是多餘的！在《攝論》中第七識名染污意，因為此識有四煩惱相應。又名恆行意，因為第六意是間斷的。其實，間斷只是作用，間斷染污只是煩惱作用，應該意識只有一個。如《成唯識論》云："意及意識，同名意故。"就證知意識只有一個沒有兩個。若依《起信論》說，意與意識也是沒有明白的界說的。

這第七識有四個煩惱心理恆常與它相應（俱），時時刻刻與第七識俱行不離。論云："此中俱言，顯相應義，謂從無始至未轉依，此意任運，恆緣藏識與四根本煩惱相應。"因此，此識名染污意。那四種呢？

頌云："謂我癡我見，並我慢我愛。"這四種都以"我"為依

第五章　思量能變識（人生論）

止，而在心裡上是有次序的：即是先對事物真理缺乏理智的了解（無明），次以自己所認識的為正確（我見），根據這種見識而有倨傲（我慢），由此也就愛著於我。這四種煩惱，是一層深著一層。

我痴，痴即愚痴，亦即無明，或名無知，確實一點說：就是無知識、無理智之謂，為一切煩惱的根本。對於我法相及真理不能了解，故曰愚痴。無明有二：一共無明，亦名相應無明，謂與貪慢疑等一切煩惱心理相應而起的。總而言之，無論什麼煩惱心理生起皆雜有無明。二不共無明，又有二種：（一）獨行的無明，是獨起的，也有二種：（１）是有意識的與忿怒等心理現起的無理智狀態，（２）是無意識的與忿怒等心理現起的無理智狀態；（二）恆行無明：這正是此第七識相應的無明，就是不了解我相真理的無理智狀態。因此識是恆行不間斷的，故此無明亦是恆行。列表如次：

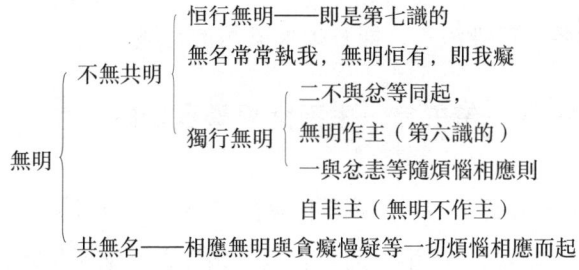

我見，就是我執，人生的肉體與精神，本是因緣所生法，本無我之實性存在其中，但是人們明此非我的法上，妄執為我，而以為這種見解是對的，故名我見。

我慢，慢是倨傲，這是自高自大的心理，這種心理是依我執而有的，故曰我慢。

我愛，等於我貪，對適意的境，生貪愛故，因為愛著我故，名曰我愛。《成唯識論》云："於所執我，深生耽著，故名我愛。"

這第七識是以思量有"我"為體性為作用的，其作用的心理，即此四相應心所，又都是以"我"為出發點，故第七識就是我執論。

"及餘觸等俱"。第七識不僅與這四種煩惱相應，並且與其餘的觸、作意、受、想、思五徧行相應。還不只此五徧行相應，故《八識規矩頌》云："八大徧行別境慧，貪痴我見慢相隨。"還有惛沉、掉舉、不信、懈怠、放逸、失念、散亂、不正知等八種，及一個別境所攝的慧心所。這些心所，了境能變中已說。

"有覆無記攝"。無記性有兩種：前說第八識是無覆無記所攝，這裡說第七識是有覆無記所攝。有覆即染義，第七識的本身性質，不是善也不是惡，不會起惡年作惡事，故說無記。但因為有煩惱相應而起，則此識自體被煩惱蓋覆著、染污著，故說是"有覆的無記性"。因為有這些煩惱相應的緣故，所以這第七末那識，又得一個別名，曰染污意，即有煩惱染污的意識。

第五節　末那之界繫與伏斷

"隨所生所繫"。這是說第七識在三界中是何所繫屬，此第七識隨順第八識轉。"所生"的生，有"趣"義。隨所生就是隨第八識所生之趣類。又這"所生"是指三界的有漏業所感召的第八異熟現識。謂此異熟果識生在那一趣中，這第七識亦隨著它繫屬在那裡。譬如第八識生在欲界地的人中，這第七識也隨著繫屬在人中。論云："任運恆緣自地藏識，執為內我，非他地故，若起彼地異熟藏識現在前者，名生彼地。染污末那緣彼執我，即繫屬彼，名彼所繫。"

"阿羅漢滅定，出世道無有"。這是明第七識的伏斷位次。此中說末那識，由三位伏斷：一是阿羅漢位，二是入滅盡定位，三是證出世道位。阿羅漢義總說三乘無學聖果。"滅定"具名滅盡定，又名滅受想定。《俱舍論》說：有法能令心、心所滅，令心、心所不生（不動想念）名曰滅定。滅受想定就是滅此受、想二種心所。"受"是領納的享受，即人世間五欲享受。"想"是意識的分別計著，世間一切科學、哲學、宗教，主義學說，種種思想分別。學出世的人，雖不貪五欲享受，但分別計著特多，有了這兩種心理活動，就不能出輪迴了，故必先以定力滅此二心所。若有此二心所活動，則身心不能寂靜，若滅受想，則能寂靜。故修受想定的目的，即在求得智慧的寂靜。由修定得心自在，煩惱滅盡，必得阿羅漢道果。

出世道者，道是路，出世道是對世間道說的，即是三乘出世的無漏聖道，以無漏智親證真如理，就是真見道。小乘入初果，大乘初地，證此道已，我執即滅，末那即轉。

以上三種位名，阿羅漢位是無學果，若證此果，染污末那的種子和現行會全部斷除，所以說阿羅漢無有。其次若在有學的位上，入滅盡定時，或於加行道後，證入出世道時，這末那的現行，暫由定道二種勢力而令伏滅，所以說滅定無有和出世道無有。何以滅定可以伏滅此末那識？因為滅定是出世道的等流法，極寂靜故。出世道中以根本智得真無我解，違害我執，所以說此識無有。後得智是真智等流，也害我執。由此而觀，諸有漏道，不能伏此染污意識。此若永斷，即得平等性智現前。以上這三位所伏的是我執現行，所斷的是我執種現，所證的是無我真理，又都是以"我"為中心而立論的。

第六章 阿賴耶識（本體論）

第一節 敘言

一、宇宙本體與阿賴耶識

哲學上的宇宙論，是處理宇宙的本體是什麼，宇宙萬有是怎樣成立的一個問題。這問題自有史以來，該有多少人去探討，由唯神而唯心而唯物，總是仁者見仁，智者見智，沒有一個確定的說法；即在佛學之中，由業感而性空而唯識而真如心，也是異說紛紛，莫衷一是。雖然，在佛學上有一共同觀點，即大家都承認因緣論，故可說佛教的宇宙本體論是因緣論。本論是屬於唯識宗的，故本宗的宇宙觀是唯識的。

在唯識上所說的諸法中，可以用之說明宇宙本體的，當然是阿賴耶識。

阿賴耶識的名義，在釋頌中，再為詳說。這裡要說明的是（一）什麼是阿賴耶識？（二）阿賴耶識何以說為宇宙本體？

阿賴耶識，依心理學說，是一種潛意識，或曰無意識。所謂潛意識者，這是說明它的功能作用是一種潛伏而不顯現的不活動的心力。無意識者，是說它沒有意識活動作用的心，潛意識是別

第六章　阿賴耶識（本體論）

有其功用的。這種說法，在唯識學上就是指第八阿賴耶識。此識在唯識上名為"不可知"，因為它的作用微細而不可知，但是它有它的功用——含藏種子，執持根身，緣慮器界；只不是我們的意識所能了知的，故阿賴耶識就是潛意識。

此阿賴耶即是吾人之生命體，這生命體從無始已來，乃至成佛而不壞，只是轉變性質而已，這種說法在唯識學上說來是很深細的。如《解深密經》云："於六趣生死，彼彼有情，墮彼彼有情眾中，或在卵生，或在胎生，或在濕生，或在化生，身分生起，於中最初一切種子心識成熟，展轉和合，增長廣大……"這裡"最初一切種子"❶，即是阿賴耶識的因相。由於此義，阿賴耶識即是人生之生命體，經中說"根本識""窮生死蘊""有分心""愛阿賴耶"❷等，都是就生命體上說的。證實人生之心識不滅，生命無窮。從這點上觀察，可知阿賴耶識的解釋，還是在精神方面，而沒有擴展到物質的宇宙方面。

阿賴耶識是身體的執受者。在大乘經中，先說此識名為阿賴耶，能執受"一者有色諸根及所依執受，二者相名分別言說戲論習氣執受"。這說明了此識對宇宙諸法所發生的直接關係。此識亦說為心，"由此識、色、聲、香、味、觸等積集滋長故"❸，論中也說此識名心，集諸法種子故❹。

阿賴耶識是宇宙的本體。唯識學派到了無著、世親時代，此識

---

❶ 《解深密經·心意識品》。
❷ 《攝大乘論·所知依品》與《唯識論》。
❸ 《解深密經·心意識品》。
❹ 《百法論疏》。

就成為宇宙之本體了。如此識在唯識學的根本教典中——《攝大乘論》中，立為"所知依"。"所知"就是宇宙萬有的一切諸法，就是世間一切雜染諸法和出世間一切清淨諸法，總而言之，統而言之，曰"所知"。"依"即依止、依靠、依託的意思。"所知依"者，就是說宇宙萬有諸法，若染、若淨、若精神、若物質、若無形、若有形，都是要依託此阿賴耶識方能生起，唯識為諸法平等所依，故名所知依。如《阿毗達磨經》說："無始時來界，一切法等依，由此有諸趣，及涅槃證得。由攝藏諸法，一切種子識，故名阿賴耶，勝者我開示。"又《攝大乘論》云："復何緣故，此識說明阿賴耶識？一切有生雜染品法，於此攝藏為果性故。又即此識於彼攝藏為因性故，是故名為阿賴耶識。"由此，我們很容易見到此識是精神宇宙的本體。故此阿賴耶識可以說是人生與宇宙的總合體，精神和物質的總聚體。

問曰：此識為唯識相，非唯識性，何故以現象的唯識相為宇宙的本體，而不依唯識性建立宇宙本體呢？答曰：性有理性與事性之分，理性是抽象的、普遍的、無為的。事性是具體的、有限的、有為的。宇宙為有為法，是具體的。前者是不生滅的，後者是生滅的。宇宙萬有之本體，當屬有為生滅之法，非不生滅。又唯識相之相，有體相與相狀二義，體相者是說本體；相狀者是說現象。今說阿賴耶識為諸法之所依，即是就體相說，非依相狀說，所以無違。

二、宇宙的最後原料

宇宙間的一切事事物物，除了它的本質性上，有"普遍的共相，或者說是普遍的概念（共理）之外，則所有的一切一切的現象，千差萬別的相狀，或者說是事相，是時時刻刻變化著的。因為變化，所以一件事物，在同一的空間、時間當中，是時時不同的，就是前刹那不同後刹那，至於互相變化就更不一了。普遍的共相是真的不變的，各別的現象是現實的是變動的。至於一切法的自體性，就是一個事物的特別性質之自體，這個自體，也是共於具有同一性的諸法的。這種自性的特別自體，卻不共於異性的一切諸法。此種自性，佛學中有說是自相，這自相，也是不變的，是真實的。

　　一切事物的本體，若依著佛學來說，根本是空，空是緣起故空。空是無自性；無自性是事實如此，本來是空的。在事實的分析上也可以說空，佛學說因緣，一切事物的現象，完全是因緣的組合，從由因和緣組合成的事物，即是假的、空的。而這種因緣，外道學派說，是實在的，唯識學中的種子也是實有，所以說由因緣組合的事物都是空的、假的。

　　因緣，就如同羅素的新實在論所說的關係條件一樣。在新實在論是用關係來說明事物的性質和現象的，佛教的哲學，是用因緣或緣起兩個字來說明事物的本體和現象。所以說佛學的宇宙觀、人生觀是因緣論。"為什麼拿'關係'來說明事物的性質呢？就是因為宇宙間的任何事物，都是獨立的；換言之，即沒有和他事物不生關係的。所以判斷一物的某種性質，便無異於辨明其物在某種關係上的地位"。"知識既不過是知者對於所知的一種關係，則所知與知者同為關係中之關係者，而關係者必在關係以外，他們因名之為關係外在性"（《新哲學論叢》）。有外在關係，當然有內在的心靈關係，這裡不去討論，只是證明宇宙間的事物性質和現象，都是關係者和關係者的組合。這種組合，有種種不同，所以就有種種的事物種種的因果產生，千差萬別，無量無數，形形色色，一切宇宙諸法，都是依著這因緣為基礎而產生的，因緣關係的主體，就是阿賴耶識。

"宇宙最後的原料，不能說是物，也不能說是心，只是事……宇宙上最真的莫過於暫時的東西"。這與唯識學上，宇宙事物四種原理——名、事、自性、差別——的"事唯是事"的道理相吻合。又"宇宙上最真的莫過於暫時東西"，與唯識學上的"唯現在一剎那是實有"的理論相同。從此看來，宇宙的一切森羅萬象，都是"事"，唯有現在一剎那的"事"，纔是實有的。不過，這事是依識而變現的。至於一切名言所詮表的某某事某某物，都不過是人類感覺上的一種認識的代名詞，一種意言或曰妄想分別罷了。不能依著代名詞來規定事的自性，從這種名義上求不得宇宙事物的真相——實事和真理。

三、哲學上的"可能性"

哲學上的"可能性"一觀念，似是探討宇宙本體的。"可能性"這個觀念，在過去大多數哲學系統中占很重要的位置。例如一切"盡性"論的倫理學之基本觀念是"人之最高的可能性"。又例如不少哲學家以為倘若凡人們所不為的事是不能為的事（換言之，倘若現實的行為就是唯一可能的行為），則一切道德的判斷為妄。又例如在來笨之氏的哲學，說這個世界是一切可能的世界中最好者。又例如約翰穆勒說物為"感覺的永久可能性"。又例如在黑格爾的哲學裡說，全部人類史是一種可能性的展現。又如在當今懷惕黑的哲學裡，可能的世界有許多，而這個世界獨得實現，所以必有一具體化的原理上帝。又例如新實在論說，具體的東西未曾存在之前，已有它的"理"，這個理也可以釋作可能性。更重要的例子，當

第六章　阿賴耶識（本體論）

求之於亞里士多德和康德的哲學，亞里士多德以為一切個體的物都有其形式與性質兩方面。就其對於將來之成就之可能性而言，則為性質；就其已實現之地位而言，則為形式，一切變化流轉皆是個體的可能性之實現。康德之應用可能性這個觀念卻在認識論而不在本體論，而且比較上沒有這樣明顯。凡涉獵過哲學史的人都知道，康德以為我們的心規定了一種知識的形式。凡闖入我們心裡的經驗，必得穿上這種形式的外套，正如臣子見皇帝必穿上朝衣，戴上朝冠，除了領他冶遊時。這種形式的原素，便是所謂先驗的直覺（時間和空間）和先驗的範疇。前者屬於感覺的，後者是屬於概念的。先驗的直覺，我們現在姑且不管。何以知道某些概念是先驗的範疇呢？康德說："我們倘若證明了一些概念的性質是這樣的；假如沒有了它們，便沒有任何對象可能在經驗上給予我們；換句話說，我們倘若證明了有些概念是人心所規定的先驗範疇。從一些概念之為"可能的經驗的必要的條件"，進而推斷其為人心所規定的先驗的範疇（內心所規定的知識形式之一部分），這個推斷是否正當，已是一個問題。對於這個問題，例如羅素在其少作"形學的基礎"裡就拒絕給予肯定的回答。但在這部書裡，羅素卻承襲了"可能的經驗的條件"這個觀念，以為他所謂"先驗"的意義，更進一步維持這種"先驗"的知識的實有。羅素現在好像已經"悔其少作"了，我們犯不著去批評他。但現在我們要審問的：所謂"可能的經驗的條件"是什麼意思？於此，我們又被迫到"可能性"這個觀念的問題（見某期《東方雜誌》）。

　　上面的話，大約足以表明"可能性"這個觀念在哲學裡的重要。我們若把這個觀念加以徹底的分析，似乎對於好些哲學應該發生一些不容忽略的影響。實則依我看來，過去許多哲學的胡鬧，都是利用這個觀念的模糊。證實這句話，要等另篇。我現在只能在這裡提出這個問題。

四、唯識學上之功能力

我們知道了宇宙的本體，又明白了宇宙事物是怎樣的一種關係，現在我們要討論到這"功能力"了。

宇宙事物，完全是"因緣關係"的組合。這樣組合，就有這樣事物現象的實現。這就是說：具有某種性能的事和具有另幾種性能的事底組合，就有某種"事"實現起來。這種說法，是適合於歷史的唯物變化的，因為物是在變動的。譬如說一個社會的階段現象，都是由於幾種因緣關係的組合而成的。所謂社會環境變化，就是因緣交互關係的變化。但是我們要問這種事物的交遍組合叫做"因緣"叫做"關係"，而各種事物如何能夠交遍組合呢？有一種能夠交遍組合的"能力"，就是前面說的"可能性"。這種"可能性"，在唯識學上叫做"種子"，也名為"功能"。這"可能性"的種子，每一種法都是具有的。宇宙萬法的種子——功能力，含具在宇宙萬法的關係體（阿賴耶識）當中，這一種功能力在和其他功能力組合，就是能夠組合起每個事物的現象的"可能性"。所以這"可能性"也就是諸法的"因緣關係力"。唯識學上這樣說："親生自果功能差別。"親生自果的東西，是為因緣；"功能"就是這生果的"可能性"也就是"因緣力"。宇宙的一切事物，生起來時，是各種因緣的可能性之組合；滅去的，是各種因緣的可能性之散壞。一一事物，都從功能力上成就，而一一事物，又具有成就組合他種事物之"可能性"。由此觀之，"可能性"也是宇宙一一事物的組合功能，一一事物的體相上都潛伏著這種組合他事物的功能——即"可能性"。切實點說,"可能性"就是一一事物體相的作用力——生現行。因為宇宙的一一事物,都有一一事物的體和相,有了體和相,當然有它的作用功能;有了作用功能,纔能交互發生關係而產生其他的事物現象。

五、可能性之網——阿賴耶識

我們見到宇宙的實相完全是一一事物的因緣關係"可能性"之演變,就是唯物史觀的社會概念,也是各種因緣關係的"可能性"之演變。人類之各種經驗概念,以及一切心理的、物理的演變,都是各種因緣力的"可能性"之演變。為什麼事物會有演變的,因為事物本身在動的宇宙間,沒有不動的事物,動就會變。

因此我們的結論:"可能性"是多元的。在有組合宇宙事物之功能上說:"可能性"就是一一事物實現的因力(功能)。唯識上說:一一法有一一法的種子,這種子都含攝在阿賴耶識中。種子在本體論上有創造性,有開展力,佔著很重要的地位。依唯識學說,每個有情都有個阿賴耶識,攝持一切法的種子,所以"可能性",是遍在宇宙諸法的法體之上,是有著相互交遍的脈絡,猶如眾燈光明,遍照諸物,互相交攝。仔細去觀察大宇宙的事相,這大宇宙的本體,就是"可能性"的羅網互動。那末,這宇宙人生,事事物物,完全是個"可能性的網",這可能性的網就是阿賴耶識。我們依這"可能性的網"(阿賴耶識)的基礎,去確定我們的宇宙觀,去認識宇宙的事物的真相;人生演變的因果,也就不難了解了,宇宙之謎,也可以"豁然貫通焉"。

六、可能性與功能力之比較

"功能"在唯識學上是指著"種子"說的,一切法的組合而現實的，都有它的因素。這種直接的親的因素在因位——自種子；對著自果，也叫做親因緣。這種種子未生果的時候，含著生果的"功能"，生果的時候使其發生作用，這能生果的"功能作用"就是"功能力"。那麼，一切法的種子，在未生果時曰"種子"，在將生正生的時候曰"功能力"。如表示之：

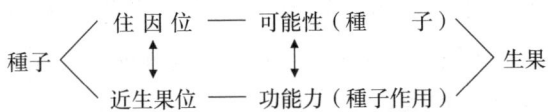

不過，這親的種子，在唯識學上偏重在指著第八阿賴耶所攝的種子而言，再切近點，就是指"一切種子識"。因為唯識學重視第八識，所以依第八識為中心而說明一切法，所說明的一切法，也都攝歸於第八識。第八阿賴耶識，雖然統攝了宇宙諸法，攝藏了宇宙諸法的種子，但是這宇宙諸法的種子還是各個不同。這些種子也不是第八識所造成的。一切法種子，還是一切法，是自熏習而成就的。第八阿賴耶識，不過是以一個有情為單位的中心，作了一切種子的儲藏所。這樣說來，第八阿賴耶識在一切法之中是一種最有力的法了。這固然是唯識學的正理，可是第八阿賴耶識這樣東西，固然各個有情都有，且以為身心之主，一切法也不離第八識。說圓滿些，第八識以一切法為其體，離諸法外無第八識，何以故？一切法唯識故，唯識是一切故，這樣說也不甚礙於唯識道理。

第二節　阿賴耶識之三相

　　初阿賴耶識　異熟一切種
　　不可知執受　處了常與觸
　　作意受想思　相應唯捨受
　　是無覆無記　觸等亦如是
　　恆轉如暴流　阿羅漢位捨

這兩頌半是說明異熟能變識的體相和作用的。三類能變識中，依了原來的次第，初能變是第八阿賴耶識，所以說"初"，是顯示第一的意思。解釋此頌文，先釋阿賴耶識的三相，然後別說餘義。

一、自相義

阿賴耶，這字本有二義：一庫藏義，收藏一切財寶故；二山義，因為山裡藏著很多礦石等物。古人譯云"藏"，原來也是根據這個意思來的。這識為什麼名藏？藏有三義：（一）能藏，（二）所藏，（三）我愛執藏。

（一）能藏義：阿賴耶識自身是能藏，前七識心、心所法及其他一切法的種子是所藏，是此第八阿賴耶識所執藏故。一切法必有種子為因緣，方能生起，所以此識是宇宙的本體。我們造的業種子和我們的名言習慣心識活動的種子，為此阿賴耶識所攝藏，後遇緣時方能生果，即第二之生命，故此識亦為人類生命之本體。在未生果前，這些種子攝藏在阿賴耶識中，不失不壞。我們舉心動念都會熏成種子，經云："若人散亂心，入於塔廟中，一稱南無佛，皆共成佛道。"這唸佛的一念，就是一個種子，作將來成佛的因。可是這一念種子，經無量劫而不壞不失，就是因為它攝藏在第八識中的緣故。

（二）所藏義：第八識自身是所藏，前七現行轉識及其相應諸法，是能藏。因為在現行的果位即現生命上，第八異熟果識被前七轉識所熏所緣，故第八識又是所熏所緣，前七心、心所法，又是能熏能緣。我們現在所活動的，所覺察的，一切心理現象，就是前七識上的活動。第八被包圍在這些活動之中，故為所藏。因為它是無記性，劣弱無能，故能受熏成種子。現行果法，就是我們現在的這個生命的總體。這總體的活動在表面上只有前六識最明顯，第七識就不易覺察了。但是第七識對第八識是親切纏縛著，因此我們前七識活動為能熏，就是能藏；阿賴耶識表面上無力活動，是所熏，就是所藏了。依此二義，這第八識——阿賴耶識是遍一切法的，與一切法和合不離的，就是宇宙萬有之心體，也可以名為宇宙心。

（三）我愛執藏：這正是說明第七識與第八識的關係。第八識是永遠相續不斷的，乃至成佛亦不斷滅。人生的觀念，總以為有個常住不斷不壞的生命存在，這個常住的生命總體，就是"我"。這就是第八識被第七識執持，以為"自我"。所以這第八識體就是"我"體。人生的我執我見，自他分別，物我不平等的觀點，就是從此發源的。第八識是所愛執藏者，第七識是能愛執藏者。"我愛"本指第七識相應的我愛自私心理。由此，我愛也就表示了第七識的特性，是愛"我"執"我"的；第八識被此我愛心理所執藏，故云我愛執藏。人類的"私我"觀念從此種心理關係上所產生，故阿賴耶譯作"我愛執藏"。以上的三藏義，是正明阿賴耶識的名義。也就是說明此能變識的自體相。論云："此識自相，分位雖多，藏識過重，是故偏說。"

二、果相義

阿賴耶識，又叫做異熟識。異熟有三義，前已說過，不再重說。異熟識是阿賴耶識的果相，因為異熟是從果上立名的。要具三個條件纔能叫做異熟果識。一業果義：它本身一定是善惡業所感召的果報；具有此業果性的，纔可名異熟果識。二不間斷義：謂一期果報不斷，就是一個生命，從生至死，雖是有期限的，但從入母胎起至死亡為止，名曰一期果報。這雖然是可以明見的，但這只是這個身體的生與滅，其實，生命體是無限的、不間斷的，我們的生命不因此一身體的死亡而間斷。三遍三界義：此異熟果，必遍三界九地，如今生在欲界，來生或可到色界、無色界。前五識則不能遍三界的，如鼻識與舌識色界就沒有了，無色界中五識都無。第六意識雖遍三界，而有處不行，且自間斷。故唯異熟識必遍三界。第七識不是業果性，故此不說。今將此三義與八識的關係，表列如下：

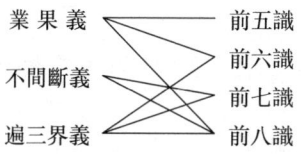

具足這三個條件，纔叫做異熟識。唯第八異熟識具有此三義，故名異熟識。《成唯識論》云："此是能引諸界趣生，善不善業，異熟果故，說名異熟。離此，命根眾同分等，恆時相續，勝異熟果，不可得故……此識果相雖多位多種，異熟寬不共，是故偏說。"

三、因相義

"一切種"者,謂此第八識名一切種識,就是此能變識的因相。一切種子,就是阿賴耶識所攝藏的一切法種子,為諸法生起之因,唯此識能執藏故,名一切種子。《成唯識論》云:"此能執持諸法種子,令不失故,名一切種。離此餘法能遍執持諸法種子,不可得故……此識因相雖有多種,持種不共,是故偏說。"

以上已說異熟能變的三相,再將此能變識之三名三位列表如下:

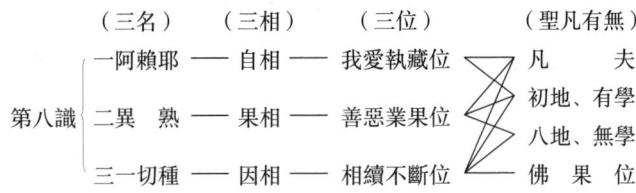

```
                (三名）   （三相）   （三位）        （聖凡有無）
          ┌ 一阿賴耶 ── 自相 ── 我愛執藏位      凡      夫
第八識 ┤ 二異  熟 ── 果相 ── 善惡業果位      初地、有學
          └ 三一切種 ── 因相 ── 相續不斷位      八地、無學
                                                  佛  果  位
```

阿賴耶之名,唯通凡夫與初地及小乘有學;異熟識通位較廣,從凡位可至金剛道位,至成佛前剎那方捨其名;一切種識,通凡聖一切位。此三識相,《攝論》說為"所知依",意指此識是一切法平等所依而生起,故為宇宙諸法之本體。

第三節　阿賴耶識之種子

阿賴耶識的別名還有很多,這裡只舉了三個,其他名稱,以後再說。一切種識的種子義,還要特別提出來說一說,因為種子義,在唯識學上是很重要的,尤其是關係因果的道理。佛教學說最重因果,若不明種子義,則不能明因果義,所以特別再說明此種子義。

第六章　阿賴耶識（本體論）

一、種子的體性

種子的本體是什麼？《成唯識論》云："此中何法名為種子？謂本識中親生自果功能差別。"這是說在第八阿賴耶識中，含有直接為因而能生自類果者，就是種子。"功能"是種子的別名，同時，也是指出種子的特性，哲學上叫做可能性，或曰效能。"能"是含有力量和作用的意思。如穀種子雖是小小一粒，在未被損壞以前，這一粒穀子是有生芽的可能性，含有那些龐大莖葉的效能。若穀種子被損壞了，則失其生果的可能性。我們心識上因有種種行為作業，這些業力留下很多習性痕跡在心田之中，這些習性亦名習氣，在心中是不會消失的。這些行為的種子能生自果（如穀種子生穀子），故名功能。有許多不同的種子，就叫功能差別。

二、種子的定義

種子說的成立，是唯識學的一個重要點。因為要建立三世輪迴，建立因果循環不滅，就必須要立一法，以連繫過去現在未來，使其不斷。同時又要說一種行為業力的保存，不論保存到什麼時候，都不會失去效能。從這點上，也可以除去惡種而增長善種，是轉凡成聖的要點，因此種子說就產生了。阿賴耶識的似一似常的自體安立，也是從這個觀點上來的。種子所以成為種子的，據《成唯識論》說，有六種義：

（一）剎那滅義：種子本身是剎那滅的，所謂剎那生滅，即纔生即滅，滅已即生。一期生滅，如人之生與死，我們可以見到，而一剎那的生滅過程，不是我們所能見到的。本來任何一種東西，都是時時刻刻在那裡生滅變動，但是我們看不見他動，因為它那即生即滅的速度很快，很微細的。一件事物，所以會變壞，終歸之無常，就是因為它本身時刻在變動著，在生滅著；否則，沒有生滅相，則事物就會常住不壞了。換句話說，人就永遠不會老，也不會死了。種子是有為性，故它本身的條件，要剎那生滅。《成唯識論》云："謂體纔生，無間即滅。有勝功力，方名種子。"假如不是剎那生滅，則不能起變化作用。其次，種子必具特勝功能性，以生起自果，如穀種子若不能變為芽，那就不成為種子了。

（二）果俱有義：這是說在現行果法上並沒有失去種子的性能，而且二者是不相分離的。論云："種子與所生現行果法，俱現和合，方名種子。"如穀種子生了芽莖枝葉花蕊，原在地下的那粒種子雖然壞了，但是種子性能並不是沒有的，種子的功能是和那正在發展的芽莖葉枝等和合為一體。不過，你只見是莖葉，而不見種子罷了。其實，這葉莖枝，就是芽種子的擴大，就是芽種子的本身發展。換言之，種子就是芽葉莖枝的縮藏罷了。故種子在這階段上，和芽莖等是同時現行的，種子的本身決未消失。心識外的種子與現行法是如此，我們人生的現行業果和那能召感的業種的關係也是如此的，所以說現行與種子是和合不分的。現在的人身生命是現行法，此生命是由過去的業種子而感召的。這業種的功能，在人母胎時，種子就漸變化成為現行法。變的時間即是漸漸地長久，漸漸地長大，就是種現同時義。

（三）恆隨轉義：這說明種子隨現行法的時間性。論云："要長時一類相續至究竟位，方成種子。"即種子隨現行法一類相續，至究竟位。在外種上說，就是到結成果實的時候為止。在內種現行上說，就是至感召異熟報盡的時候為止，或說至對治道生起時，纔是究竟位。依無漏道說，就是要成佛的時候，方名究竟道呢。

（四）性決定義：這是說明種子有種類性的差別點。論云："謂隨因力生善惡等,功能決定,方成種子。"如善種子為善因,感樂的果報,這性質是要決定的。惡性種子,亦復如是。在外法種上也是如此,如甜瓜種子不生苦瓜等。

(五)待眾緣義:種子藏在第八識中不生,因為種子必要有很多條件來幫助纔發生作用。如戒經中佛告弟子說:"假使百千劫,所作業(種)不亡,因緣和合時,果報還自受。""所作業不亡"就是業種子在第八識中不失不壞,遇到眾因緣和合時,自會生果。"因緣和合時"即待眾緣義。是故論云:"謂此要待自眾緣合,功能殊勝,方成種子。"這裡,否定了宇宙萬有的一因論的學說。

(六)引自果義:種子必能生自果,方名種子,論云:"謂於別別色心等果,各各引生,方成種子。"從這一點上說,一切法的生是各從自種而生自果,決無有一因生一切果,如上帝造萬物之學說。具有這六種意義的種子,攝持在第八識中,故云:"唯本識中功能差別,具斯六義,成種非餘。"又云:"外穀麥等種,識所變故,假立種名,非實種子。"這是簡別外法種子,非是宇宙的本體。

三、種子的產生

人生的生命,宇宙的萬有,即是由各自的善惡種子而變現,但是這些善惡無記的種子是怎樣來的呢?這個大問題,在印度唯識學即有種種的解說,這里約舉三說:

(一)本有說:謂種子是原來有的,如論云:"一切種子皆本性有,不從熏生。由熏習力但可增長。"若依無漏種子本有說,如云"人人皆有佛性,人人皆可成佛"的佛性,本來具足。此種佛性即是本有無漏種子,通常說為佛種。如《無盡意經》云:"一切有情無始時來,有種種界。"此中說"界"即是種子,種種界就是種種種子，這些種子，是無始而具足的，不是新生的。《阿毗達磨經》云："無始時來界，一切法等依。"謂無始時來的種子，為一切法的平等所依，然後生起現行。《瑜伽師地論》云："諸種子體，無始時來，性雖本有，而由染淨新所熏發。"這也是種子本有說，但要經熏習，纔能起諸作用罷了。

（二）新熏說：謂種子不是原來有的，都是互相熏習起來的。且說我們怎樣會有佛性種子呢？這就要有多聞熏習，聽聞正法，依法修行，如此熏習而成佛種增長。如培養善種，減消惡種，乃至最後成為純善品的無漏種子。所以說一切種子都是新熏起來的。若是本有的，就無須熏習了，無須用功修習了。如《多界經》說："諸有情心，染淨諸法，所熏習故，無量種子之所積集。"《成唯識論》亦說："有義種子皆熏故生，所熏能熏無始有，故諸種子，無始成就。種子既是習氣異名，習氣必由熏習而有，如麻香氣，花熏故生。"這是說，能所熏法是本有的無始的，而種子卻是熏習所生的。《攝大乘論》說："內種定有熏習，外種熏習或有或無。"又說："說聞熏習，聞淨法界等流正法而熏起故。"此是新熏說，亦言之理成。

這裡本有與新熏的兩種說法，在心理學上看來，就是本能和學習的兩種特性。如心理學云："飲食男女，我們不承認是本能，因為這種活動一部分是學習的，同時我們也不承認是習慣，因為這種活動一部分是非學習的。每種活動皆有一種非學習的心核，但須由學習發展。這種種活動有許多是機體的基本活動，由社會形成為種種異樣的模型。"又云："我們對於每種動機，一面追尋出其非學習的心核，一面探求其所學習的影響。"我說這非學習的心核與學習的影響，就是本有種與新熏種。因為本能與習慣，易引生誤會，故近來心理學家都說為"非學習的核心，及學習的枝葉"（吳偉士之《心理學》）。

（三）折衷說：主張折衷派的是護法論師，他接受了本有和新熏兩派的學說，因為本有與新熏都有理由，都不可偏廢，所以他覺得本有與新熏是相待而成的，必須融合起來，纔能完成因果關係。本有種若不經新熏，則無法生起，反之新熏若無本有作熏習的根本，新熏無法得成，因此二者是分不開的。

四、熏習義

熏習義，這在《成唯識論》中，所說的所熏與能熏的兩方面，各有四義，方可稱曰所熏或能熏，缺一不可。

從上所說，我們知道因果的重心在種子，而種子的重心又在熏習，熏習就是心理上和行為上的活動作用，這種活動要二種同時動作，不過，一種是要強有力的，可以影響他法的，而不受他法之影響的，即是能熏。一種劣弱無力的，是被動的，可以吸受他法的影響力的，即是所熏。什麼是所熏？所熏是第八阿賴耶識，它是無覆無記性。以其本身力量很薄弱，無抗拒力，所以受熏。能熏是什麼？能熏是前七識心、心所法，有強有力的活動性，此種活動即吾人之行為動作，心、思、意、想等，由此活動力能熏第八識。前七識對境界上的活動，就是造業行動，每一個活動熏成一個種子。種子由第八識保持不壞，遇緣生果。所以吾人之起心動念，就是熏習造業。能熏與所熏各有四義，那四義呢？

所熏四義——約第八識說：

（一）堅住性：所熏法要始終一類相續，沒有變易，故曰堅住。雖有生滅但它的性質始終是一樣。前七識不具足此義，所以非所熏。

（二）無記性：所熏法不可有利害對待的性質。善與惡是對待的，互相抵消的，它們的力量是很強的，謂善是善，不受惡法熏習，故不可為所熏。無記性法力量劣弱，所以無論善法來熏也好，惡法來熏也好，都可以接受其影響。如個性強的人，不會接受別人的影響；個性薄弱的人，就易接受他人的勸告。又如花一香一臭決不會受熏而調和的。那無強性香的茶葉，最易受熏。前七識無此特性，唯第八識有，故能受熏。

（三）可熏性：在心法中唯第八識有可熏的特性，以能自在，但不是堅密常住之體，故能受熏。若如石頭之堅密即不能受熏。

（四）與能熏法共和合性：和合即相應義，能所熏法，要同一時間，同一生滅，自造因自受果，和合是能受熏。

能熏四義——約前七識說：

（一）有生滅性：能熏習的法，要非常住，而且是要剎那生滅，有轉變作用者，方是能熏，因為可以轉善轉惡。

（二）有勝用性：勝用有二：一能緣用，指前七識的心、心所，能緣慮第八識及其所變的境界；二作用強盛，染淨諸法，皆有能熏的強烈作用。具此二義者，曰有勝用性。

（三）有增減性：善惡法的數量，在吾人心識中和行為上，是有增有減的，到佛果位，惡法消失，善法圓滿，纔無增減。故在成佛以前，一切位中，七識心、心所法皆有增減為能熏性。

（四）與所熏法共和合性：此能熏的前七識與所熏的第八識，必需要同時間、同生滅，和合一處方有熏習。

五、種子的類別及異名

第八識所含藏的種子無量無數，這里約其類別，略為分說。列表如次：

（一）依生起說：
- 一本有種 — 又名 本性住種 — 先天的 — 本能的
- 二新熏的 — 又名 習所成種 — 後天的 — 學習的

（二）依有無漏說：
- 一有漏種 — 三界六趣中受生死的種子
- 二無漏種 — 對治道生起後，入見道時乃至阿羅漢與佛果位的出世種子

（三）依三性說：有善種、惡種、無記種、都屬有漏；無漏種子，永是善性

（四）有漏法種又有三種：一名言種子、二我執種子、三有支種子

種子的異名此處略舉七種：一種子，二習氣，三功能，四界，五隨眠，六粗重，七親因緣。這些名義，前面已大略說過，故不再敘。

第四節　阿賴耶識之功用

一、執受作用

"不可知執受、處、了"。此中執受、處、了，是第八識的所緣境和行相作用。"不可知"，謂此第八識的境相和種作用，在吾人第六意識上是不可明白了知的。此不可知的境相有三：

一不可知執受，二不可知處，三不可知了。先列表如下：

這裡所說第八識所緣的境界和行相，第八識既是心法，當然是了別境界的，是能緣的；既是能緣的，則定有所緣的境界。若無所緣境，則能緣心，不得生起。故云："境空則心空。"又云："法不孤起，仗境方生。"此說法者，即是心法。此第八識所緣境界有三種：

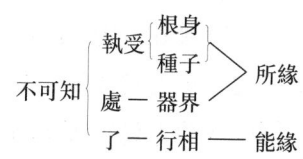

一根身，二種子。此二就是第八識心所執持、所緣慮，有感受的肉體。三是器界，就是廣大的宇宙，如山河大地一切物事等。

不可知執受者，第八識所執受的有二類：（一）是眼等六根，即吾人之肉體。此身若不由第八識所執持，則必壞滅。第七識無此功能，第六識有間斷，所以唯有第八識，自生時起，執受此身，乃至死位，令不損壞，且同安危。第六意識所依之根，依上座部說，是肉團心；若依生理學說，統理吾人之知覺，而發生知識者，不是肉團心而是大腦。在佛學上絕未說到大腦，蓋上古尚未有此發明，今不妨說肉心即是大腦。又有部說意根是過去的六識影子，也可以說是大腦中所留下的印象，即第六意根。這意根亦屬根身之一。（二）是種子，謂即第八識中所攝護一切法之種子。此根身與種子是所執受，第八識是能執受的。由於此識一類相續，使根身不壞，且同安危，使種子不失，待緣生現行，故名執受。若無第八執受之力，根身會腐爛的，如論云："如契經說：'有色根身，是所執受，若無此識，彼能執受，不應有故，謂五色根身及彼依處，唯現在世是有執受，彼定由有能執受心，唯異熟心，先業所引，非善染等，一類能徧，相續執受，有色根身。'"

二、有境作用

不可知處者，"處"是處所，謂器世界，即山河大地宇宙萬有。器是受用義，被有情界所受用的，都叫做器界，又名依報。這正是第八識所緣的對象，《成唯識論》云："所言處者，謂異熟識由共相種成熟力故，變似色等器世間相，即外大種所造色，雖諸有情所變各別，而相相似，無處所異。如眾燈明，各徧似一"。這是說明一切世界的現象，都是由各各有情的第八識所變的。如經云："一切有情業增上力，共所起故。"這裡所謂第八識的共相種所變，就是顯示一切萬物皆不離識，皆是內心所有。由此，宋儒說宇宙萬有，皆吾內心所有；近人亦說物皆有識。與此共變之義，可以互相發明。這也可以顯示此阿賴耶識正是此宇宙的本體。

三、了別作用

《成唯識論》云："此中了者，謂異熟識於自所緣，有了別用，此了別用，見分所攝。"了就是了別，亦即是行相，識以了別為行相故。行相是識的動作，或作用，是屬於見分的。第八識的見分行相極細，第六意識所了達不及的，故云不可知"了"。

因為第六識不可知故，所以不能用現代的名詞說明它的行相。在各種經論中也只有從推證上，說這阿賴耶識是有的。但是一說到它的行相，就不可知。如《解深密經》中說："阿陀那識甚深細，一切種子如暴流，我於凡愚不開演，恐彼分別執為我。"本頌也說："恆轉如暴流。"要是用現代名詞說，只能說是這阿賴耶識是潛意識，或下意識，或無意識，因為它不起意識的作用。這是心理學中一個中心的問題。潛是潛隱在內，而不顯現的意思。心理學上說，這下意識代表心理生活，更深切更重要的部分。潛意識並不是不動，但不是平常的意識所能意識得到。這潛意識當可說是阿賴耶識，再沒有別的名詞可以代表。

一說到識，識的本身就有了別的作用。同時也就有其所緣之境，這是分不開的。識之了別，就是知識，知識是怎樣成的？一定有其成為知識（了別）的成分所組合，而纔成為一種知識。也就是說：由根境等諸緣和合，纔能產生心識的意思。

四、心體四分與量果

《成唯識論》說心體有四分義。一相分，二見分，三自證分，四證自證分。相分依小乘說是指所緣的境；相分亦即是行相（影像），如吾人以照相機照相一樣，只取其影子。見分是事體，即是根的作用，也就是心、心所體，如表。

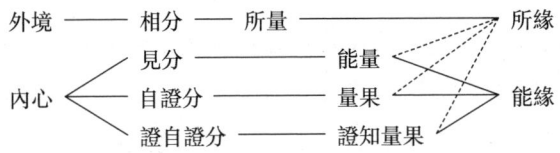

大乘說相分為所緣，見分為行相，見相所依的是心體，就是自證分。凡是一事物的被認識，吾人在這境界上，一有了知識，這知識的本體就有四方面的關係。還有一說：相分為所量，見分為能量，自證分是量果，量果就是知識。依護法說，能證知量果不錯誤的，應該還有一個證自證分。列表如下：

```
外境 ── 相分 ── 所量 ──────── 所緣
        見分 ──────── 能量
內心 ┤  自證分 ──────── 量果
        證自證分 ──────── 證知量果 ── 能緣
```

相分是所緣，見分是能緣，見分取得相分時，由自證分證知，即是知識。證自證分與自證分，互為能緣，互為證知，所以用不著第五分。如表。

這是總說的。印度唯識學派的古師中：安慧只說一分，謂只有一個心體。如《楞伽經》云：「由自心執著，心似外境轉，彼所見非有，是故說唯心。」難陀等說二分，謂見與相，而以自證，謂心體

（一） { 相　分 ── 所量
　　　　 見　分 ── 能量

（二） { 見　分 ── 所量
　　　　 自　證　分 ── 能量

（三） { 自　證　分 ── 所量
　　　　 證自證分 ── 能量

（四） { 證自證分 ── 所量
　　　　 自　證　分 ── 能量

即是見故，心體起時必有相故；陳那說三分，說見分外，必有自證分，這在他的《集量論》中是分析得更詳盡了；護法說四分，方無留難。故有"安難陳護，一二三四"的成語。此在《成唯識論》中，廣為爭辯，今且從略。

五、相應心所

> 常與觸作意　受想思相應

此說阿賴耶識相應的心所法。心所是一種心理現象，如前已說。在《成唯識論》中說，第八識的自體和行相，都是不可知的，所以它只有五個徧行心所和它相應，因為這五個心理現象是遍一切心的，也可以說這五個心所法是普遍的心理現象。

五種心所即是：觸、作意、受、想、思。相應之義，謂同生滅，和合不離。此第八識，恆常與此五種心所法相應不離，故曰"常相應"，五心所的名義，如前已釋，茲不再述。

第五節　阿賴耶識之感受

> 相應唯捨受　是無覆無記　觸等亦如是

"相應唯捨受"，這句是說明第八識相應的"受"，受是五蘊中的受蘊。但這是指外境上來的刺激，也就是生活上的感覺，吾人一接觸外在環境，內心上自然會發生一種感受，或說是感覺；謂感覺這一種刺激是苦痛的，或是快樂的，普通所感覺的受，可以分別的多是六識相應的受。今第八識相應之受為中立性之捨受，因此識感受性很遲鈍，對外境界的吸引力很薄弱，苦或樂，它是感受不到的。若總論感受，依外境說，有三受，曰：苦、樂、捨；有五受，曰：苦、樂、憂、喜、捨，如表所示。又依能感受心說，有六識身受或八識身受，此中前五識上所接受的為身受，後三識所接受的為心受。

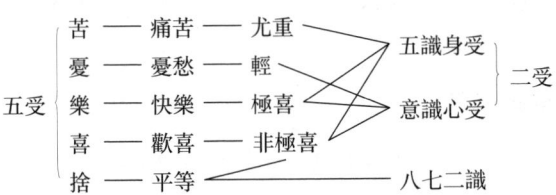

此第八識相應的受，唯獨是捨受。不與餘四種相應，故云"唯捨受"。

此阿賴耶識三性中何性所攝？曰無覆無記性攝。

(一)無記性：性是性類，有善、惡、無記三類故。無論什麼法，都有它的性類。此阿賴耶識，"是無覆無記"性，也可以說是中立性。無記有二：一有覆無記，二無覆無記。善惡是有記別性的，謂能記別將來的結果怎樣，此就因說。無記是異熟法，是就果說的。果法只酬前因，不可再有記別性，故云"無記"。因為是無記，纔可以起轉變，纔可以受熏習，纔有修證可言。第八識是有機性的生命，但它沒有感情性，所以在受上是捨受，在性上是無覆無記性。有覆是染義，謂有煩惱障覆，故曰有覆無記，留待後說。阿賴耶識，無煩惱相應，故是無覆無記性，唯識學上也曰淨無記，又是無記性者，纔可以受熏習，如果是善的或惡的，就有抗拒性，則不能受熏習。修行斷惑，那完全要在前七識上作工夫。第八識只候前七識的轉變，它是最後纔轉變的。又是無記性，纔能為善染諸法的平等所依，因為它不抗拒任何一方。

(二)心所例同：即是"觸等亦如是"。阿賴耶識，既然性是無記,則上面所說它相應的觸等五心所,也是無覆無記性,五心所必與心王相應故。再廣一點說:這"亦如是"之例,不但指五心所是無覆無記;其次,第八識的所緣和行相,是不可知,此五心所法的所緣和行相,也是不可知的;又阿賴耶識到阿羅漢位,方能捨除,則此觸等五心所,亦須至此方轉;又第八恆轉如暴流,則它相應之心所也是恆轉如暴流。因此第八識所有的特性,此五心所皆得相應,因為心所必與心體相應合作故。

第六節　阿賴耶識之因果

"恆轉為暴流",恆就是常,顯此識不斷。轉謂轉變,變即非常,顯此識的非常。此常與非常,是屬時間性的,因為此識是宇宙的本體,宇宙是無始終的,所以宇宙是本體之識性,亦必無始終。故云:"非斷非常。"以無自性無有實體,故能轉變。在無始生死流轉中,此識雖是一類性的,好像是恆常如一的東西,可是它是非固定性的轉變。轉變又是剎那生滅義,第二念不同於第一念,剎那生滅,念念不同,則不是永遠是如此如是的。雖然不是一體的,卻是相似於一體的,因為它是前後相續轉的。如暴流之水而不停,即非常住;然而前流與後流相似,卻又是相似常。這說明阿賴耶識本體是恆常性的,從無始以來,乃至成佛,相續不斷。六道輪迴,階位差別,皆依此識而得建立。論云:"恆謂此識無始時來,一類相續,常無間斷,是界趣生,施設本故;性堅持種,令不失故;轉謂此識無始時來,念念生滅,前後變異,因滅果生,非常一故。"這是說此識既是宇宙的本體,又是吾人生命之本體,不能說他從何時有,故如輪無始。但它絕對又不是固定性的一體的,不像那梵天、上帝、神我、虛空等;它是刹那轉變的,好像河水的急流,後浪逐前浪的常流下去,不會停止,阿賴耶識也是如此。如《八識規矩頌》云:"引滿能招業力牽……淵深七浪境為風。"也顯此識為生命之本體。論云:"又如暴流,雖風等擊起諸波浪,而流不斷,此識亦爾。雖遇眾緣起眼識等,而恆相續……如是法喻,意顯此識,無始因果,非常斷義,謂此識性,無始時來,刹那刹那,果生因滅。果生故非斷,因滅故非常,非斷非常,是緣起理,故說此識恆轉如流。"從這段文看,當可了知阿賴耶識的體性了。

賴耶既然非斷非常,如急流的河水,豈不是永遠如此嗎?唯識與小乘不同。有部說過去現在未來三世實有;大乘唯識說過未是假,現在是實。這是"現在",指當前的一念刹那,因為過去未來都以現在為中心的。以現在果法上向前觀察,假說有過去;向後觀察,假說未來。

第七節 阿賴耶識之捨位

"阿羅漢位捨":這是說明阿賴耶識的伏斷位次。"阿羅漢"直譯為"應",又譯"殺",有毀滅摧壞之義。應者是應供、應斷、應不受生死義。阿羅漢斷盡煩惱,證了聖果,證得阿羅漢果,是出三界的聖者,故應受人天供養。又阿羅漢應斷三界煩惱,斷煩惱障究竟時,名阿羅漢,前三果聖者,只斷欲界煩惱,不名阿羅漢。又古譯殺賊,謂阿羅漢斷盡三界煩惱,證生空真如,得有餘依涅槃,及無餘涅槃之義,應不受生死,古譯曰無生,謂不再來三界受生,即是斷盡輪迴。或曰,知諸法不生不滅之空性,故曰無生,這樣的人，名曰阿羅漢（聖者）。"位"是果位，或位次。捨即棄捨、轉捨義，或斷除義。已證阿羅漢聖果者，即可棄捨此阿賴耶識之名，此中不曰斷而曰捨者，頗有深意，以阿羅漢位斷我愛執煩惱障，阿賴耶識此時即不被第七識相應之我愛所執為我故。因此即將我愛執藏的名稱除了，然非斷第八識之體也。

宇宙萬有皆不離此阿賴耶識，一切有情，皆具有此阿賴耶識，故此識是萬有之本，諸法之因。此識異名很多，約其不同的地位說，每一個名各含有一個意義，現在略說如次：

一、阿賴耶識——我愛執藏。

二、異熟識——業果報。

三、一切種識——任持一切法種子。

四、心——集起義。

五、阿陀那識——執持義。

六、所知依——為一切法等所依止。

七、無垢識——即清淨心又名無沒識。

第七章　理性的唯識論

第一節　唯識的中道義

是諸識轉變　分別所分別
由此彼皆無　故一切唯識

這一頌正說萬法唯識所變義。前面說過了三類能變識體，一切我相法相，都是識所變的現象。所變的就是我種種相（人生社會）、法種種相（宇宙萬有）。總之說到這裡，那所變的和能變的都已說明了。現在要說怎樣變的道理，也就是說，心識怎樣能夠變現那些所變的現象呢？

"是諸識轉變"：諸識是指三能變識，謂前面所說的我法種種相，都是這三能變識所轉變現起的。轉變有三義：(一)變現義：轉則變，變則現，如種生現，現生種等，也如唯物論的量變質，質變數的道理；熊十力說變是活義，即是此意。即由此法，變換出另一種法來，由識體變現出見相分。見分就是見聞覺知等——我相；相分就是一切對象——法相。所以我法相包括人生宇宙的全體，這都不離心識的，離識以外，無有實體，故說是識轉變；(二)變異義：由識變現見相二分，即識自證分，現起異相，非由他生。但

第七章 理性的唯識論

是見分相分，異識體故，名為變異；又見分是能觀察，相分是所觀察，同一識體有此見相用別，所以說變異義就是唯識轉變義；（三）改轉義：將識體改轉成我相法相（見相）。由此，宇宙萬有，我相法相，是此能變諸識之所轉變，變異而起。故云："是諸識轉變。"

"分別所分別"：是指所變的相。此有二說。第一說法：謂分別是見分，即吾人之種種知識分別，是依他起的，它有能取著的作用，識所變的相分境，就是那能取相分的見分上生起的種種妄執相。相分是"所分別"，也是依他起的（依識體變），就是外境是與識體發生關係意。見分取相分時，只取相似外境的影像，如眼識見色，內由淨色根身（細神經），外由光線等作用，故能觀見外色。但只能見色之影像，不能親見本質實體，因為本質是第八阿賴耶識所變現的，由此說帶彼相義。相分為見分所分別，見分是能分別；能分別與所分別，都是由識體上所變現的，故說唯識所變義。如表：

```
         ┌ 分  別 ── 所變的見分 ── 依見分起我相 ── 我執 ┐
初說  ┤                                                  ├ 起煩惱等
         └ 所分別 ── 所變的相分 ── 依相分起法相 ── 法執 ┘
```

由此道理，深廣推究，又有見相同種和見相別種的兩種說法，這裡只好從略了。

第二種說：頌中"分別"是指能變識體，一切識都以虛妄分別為自性故，名虛妄分別識，也就是三界心、心所法，由虛妄分別識，變現起種種外境。所分別，就是妄執似我法，而為實我實法，事實上雖不是實有，但為妄識所分別故。所以這些實我實法人生宇宙，是情有理無的，不能離開心識，故是所分別，如表：

第二說 { 分　別 —— 能變識（虛妄分別）
所分別 —— 妄執的實我實法

分別與所分別，即是主觀和客觀，也就是本體與現象；這些都是相似而有，故曰："由此彼皆無。""由此"指由諸識轉變，"彼"字指分別所分別（我法種種相），以由此諸識所轉變故。彼分別和所分別（我法種種相）都無自體，非是實有，"故一切唯識"。《成唯識論》云："是故一切皆唯有識，虛妄分別有，極成故。""虛妄分別"是識的別名；"極成"是彼此共所承認義，因為小乘教派，都不承認唯識義，謂虛妄分別的，是有而非無。這道理是你們小乘人所共許的，或是大乘執空論者所共許的。"唯言不遮，不離識法"，這是說明唯識的唯字。一切法都不離識體，真如也是唯識的實性，所以真如也不離識而有。以虛妄分別有，事實上是如幻而存在，既是"有"（存在）的就不能否定了說"沒有"（不存在），這就是非空的道理。至於人類心理上所執的實我實法，既是心外之法，本來是"無"的，不存在的，這就是徧計非"有"。以非空故，除損減執的"無"（否定），因為事實上是存在的，若否定了則不合事實，不合事實，則成顛倒；以非有故，除增益執的"有"，因為事實上道理上原來沒有（不存在）那樣東西，若妄執為"有"（存在），則是多餘的、不合理的、戲論的。破此二種執，就名為唯識的中道了義之教。

還有許多經教，也可以證明唯識中道的義理。如《華嚴經》云："三界唯心。"《解深密經》說："識所緣，唯識所現。"《楞伽經》

第七章　理性的唯識論

云："諸法不離心。"又云："心意識所緣，皆不離自性，故我說一切，唯有識無餘。"這些經教，都是說明唯有內識，而無外境者，如前已說。

應知唯識之特點在：（一）明緣生如幻，不真實義，非謂不存在，即不否定其體性；（二）於顛倒所計執的則說為"無"；只是令知不是真實，不起執而已。如《唯識量》云："極成眼等識五隨一故，如餘，不親緣離自色等。"茲依因明論式，應云：

宗——極成眼等不親識離自緣色等

因——五隨一故

喻——如餘

這說明無論那一個識生起緣境時，它必須親緣自識所變現的境相，而不緣離自識之境。在《辯中邊論》中，慈氏依此說二頌云：

> 虛妄分別有　於此二都無
> 此中唯有空　於彼亦有此
> 故說一切法　非空非不空
> 有無及有故　是則契中道

這是顯唯識中道之理。"分別"指三界有情心、心所法；"虛妄"是形容這分別法的。這些心、心所，雖然存在（有），但是虛妄有的、假有的，謂在虛妄分別的心、心所法上，那能取和所取二者，都無實體。"此中唯有空"者，言此虛妄分別之中，唯有空性，空性也即是真如實性（理），這理性是因為空了二取所顯的真實性，或是空了我法二執（虛妄知見），所證的真如境。因為真如實性，是二空性所顯，所以說真如就是空性。這虛妄分別上唯有此真如實性，故云："此中唯有空。"其實真如理性，本來如此，無所謂空不空。如云："法界性相，常住如是。""於彼亦有此"者，"彼"指空性，"此"指虛妄分別有，謂空性之中也有此虛妄分別。由此我們知道這兩句頌，是有互相融攝的連環性。若依二論道理來說，這虛妄分別有，可說是世俗諦（世間的真實），是現實之事，是形而下的境界；空性是真諦（超世間的第一義諦），是真實理，是形而上的境界。這兩句中，初句"此中唯有空"，就是說世俗諦中有真諦，如云：色即是空，也就是事實中必有理性；理性是事實上的理性，故"於彼亦有此"者，就是真諦中有俗諦，如云：空即是色，也即是理性中有事實。事實是理性的事實，所以二諦是不相離的，即是真俗不二的中道理，亦即緣起性空的中道，也相合華嚴宗的理事無礙法界。"故說一切法，非空非不空"者，是結語。非空即是有——虛妄分別；非不空就是無——無有妄的我與法。此二句有二解：一"一切法者，通指有為法和無為法。有為法是虛妄分別有（非空）；無為法即空性（非不空）；二謂一切法中隨拈一法，皆具二諦。"有無及有故"者，"故"字應三讀之：一謂有故，二無故，三及有故。第一"有故"者，指虛妄分別有故，所以說非空；第二說"無故"者，謂我法與二取無故，所以說非不空；第三說"及有故"者，意指"此中唯有空，於彼亦有此"二句的道理。所以這"及有故"的有，含有二重"有"的意思，是互有之"有"；就是說：虛妄分別中有空性，空性中也有虛妄分別；又"一切法非空非不空"是宗，"有無及有故"是因，可以成一比量。"是則契中道"者，是顯唯識中道之義。又如唯識家對三論宗說：二諦有故，非一向空——不同清辨等；二取無故非一向有——不同外道及小乘有部等。唯識是說俗諦假有，真諦妙有，故說一切法"有"是唯識宗；唯識又名有宗，其所以然，即在這裡。

第二節　唯識的辯證法

　　由一切種識　如是如是變
　　以展轉力故　彼彼分別生

　　這一頌說雖無外境，而識自類轉變。"一切種"指根本識中所攝藏的一切法種子；非指持種之識體。種子有親生自果的功能差別力故，能生一切法。親生是直接的生。"自果"有等流果、異熟果，而此中所指的是等流果、士用果、增上果。"功能"就是可能性，或者是性能，謂每一種子皆有直接生自類果的可能性，這萬有的種子皆含藏在第八識中。"如是如是變"者，是說一一種子遇助緣時，即能變現生起。如是種子遇如是助緣，就能變現如是果法。重言"如是"者，一是顯諸法種子之多；二形容其變化的程式甚多甚多。種子生起現行果法，要經過種種變化，種子隨著助緣怎樣，它就怎樣的變。如說外穀種子，由發芽至開花結果，可以說這些變化，都是種子在繼續變化，我們人生也是如此，從心識入母胎中時起乃至出生而老死，這中間該有多少變遷。要知道人生從生至老死，中間轉變千差萬別，六十歲以上的老年人，回想他一生的經過，真是有不勝滄桑之感！但是這種種變遷都與自己過去所作之行為有關，行為的業種都是由心識的力量而保持，而轉變，所以說"如是如是變"。"以輾轉力故，彼彼分別生"者，由種子的力，能生起現行的八識心、心所法，復由現行八識果法力故而與熏習成種子，如是各各種子生各類現行，各類現行再熏習成各類種子，故云"以輾轉力故，彼彼分別生"。由此唯識，不由有外境界，其識纔能有轉變，纔有分別心生；就是本自類識種，可以生自分別識。

此中一頌的大義與唯物論辯證法的理論，極其相近。唯物辯證法有三種規律：（一）有矛盾合一律，兩個矛盾的東西合為一種，就是赫格爾的正反合的規律；（二）是量變質質變數論；（三）是否定的否定律。唯識學上能熏法與所熏法是互相矛盾的，但是能熏與所熏法能和合起來，起共同的作用；其次由一個種子法，可以產生廣大的複雜的現行果法，故由質而變為量；復由這現行法以經驗等各方面的集中熏習而成為種子，即是量復變為質，故種生現現生種就是質量互變律；第三，否定的否定，唯識學上初四句義，如說"有"。對"有"說"空"否定了"有"，次說"非不空"，就又否定了空，故事物無實性。

第三節　唯識的因果律

　　由諸業習氣　二取習氣俱
　　前異熟既盡　復生餘異熟

此一頌明生死輪迴的道理，也就是依唯識義，建立業果，業果就是因果，這是三乘佛法的通義，無業果即無佛法。因此太虛大師曾有"業果是佛教的最要的一法"的開示。"業"即是行為的活動。此有三種：謂福業、非順業、不動業，通指人天諸業。這些行動（業）其體性是內心的思業。人生的一切活動都是從"思心所"而造作。故心理學上有所謂行為心理學，就是此思心所之活動，此業能引總報和別報，故名異熟果業。其業（行為）性是纔生即滅，心理（思）上生滅的活動是很快的。因此不能感當前之果，就是這種業因不能順感現受之報。此業熏本識中，成為將來感自果的功能（業種子），遇緣則能感果故，未感果前名為習氣。論說："是業氣分，故名習氣。"這諸業習氣是人生因果律的一種因力。

"二取習氣"者，二取即見相二分。見分為能取，或為我執；相分為所取，或為法執。此二取的習氣詳說有三種：(一)名言習氣：此又有了義名言及顯境名言兩種（下面詳說）；(二)我執習氣：此又有俱生分別兩種；(三)"有"支習氣。總之這二取習氣是感果的因緣，也是因果律的一種因力。上面的諸業習氣與二取習氣和合起來，可以感異熟報果（生命）。前生的業報（生命）受完了，由這些現行的習氣（因）力故，再受另一個異熟果（生命）。輪迴道理，如此建立，這生死的因果律，都不離識。我們為明白人生問題的究竟，下面詳細地再討論一下。

第四節　唯識的業果緣起論

佛教最注重業果輪迴之說，在佛法中修學的人，就是為了脫生死的痛苦；換言之，解脫業果輪迴，所以必須明白業果輪迴的道理。頌云"由諸業習氣，二取習氣俱"，這是說明業的，也即是說因的；"前異熟既盡，復生餘異熟"，這是說輪迴，也即是說果的。業是因，輪迴是果，因果相續，有時間性，也有空間性，故曰輪迴。業和習氣是互相有關係的，茲先說之。

一、業與習氣

（一）什麼是業？業即行動，或即生活、活動、作事、作業。俗云："事業"都是含著行動的意思。業的字義在梵文音譯曰羯磨，譯義曰造作。業從那裡來呢？如《普賢行願品》云："往昔所作諸惡業，皆由無始貪瞋癡，從身語意之所生，一切我今皆懺悔。"這就是說業的來源，業就是身體的行動，語言的表示，意識的活動。身與語的活動，是可以眼見耳聞的，是有表示的；意識的活動是以思為主的，《俱舍論》云"思及思所作"，所以業的體就是"思"。思者，令心造作，凡作事或說話，必先考慮思惟，然後決定行動；考慮即是思的活動，它有決定力。

（二）業的種類：業的種類很多。這裡大概分為二種：一有漏業，二無漏業。又各有共業不共業。有漏業即三界以內人世間的行為，是能召感分段生死的業；無漏業與此相反，是出世業。有漏業有多種，大略可分為善業、惡業、無記業；又可分為順業、非福業、不動業。從受果時間上說：有現受業，順生受業、順後受業、順不定受業。若廣分之，善業中有十善業，惡業中有十不善業；謂一殺業，就是殺害有生命的有情識的動物，殺人也在內；二盜業，就是偷盜的行為，不是自己的財物等，不語而取，或武力強取；三邪淫業，就是亂人妻女等淫蕩行為；四妄語業，不知說知，知說不知，欺誑他人，自獲利益；五兩舌業，就是撥弄是非，離間他人，說兩面語；六惡口業，就是罵人的惡言粗語；七綺語業，不近人情的俏皮語，說來好聽，實無意思；八貪慾業，這是意識上貪求的活動；九瞋怒業，這也是意識上懷恨情態，往往在不如意的事情上生起；十愚痴業，就是意識上的無知。反前惡業成十善業。這是從人類行為上說的。

二、釋習氣

（一）業習氣：人的行為動作，可以養成習慣性的，就叫做習氣。俗說：某種人有某種人的作風，某種人的態度成了某種習慣，也就是業習氣。吾人舉心動作，"而熏本識，起自功能，即此功能，說名習氣，是業習氣，熏習所成"。這業習氣，就是前面所說各種業的種子，也可以說是作業活動，留下來的一種潛勢力，或者說是餘勢力，到後來過了緣，仍會發生作用。佛云："假使百千劫，所作業不亡，因緣和合時，果報還自受。"就是這個道理。這些業種子在第八阿賴耶識中，條件若具足了，即會生起作用——感受果報的。這種業所感的果是異熟果；但業是增上緣而不是親因緣。

（二）二取習氣：一、什麼是"二取"？謂能取所取。取是執取意，能取著的是一切心、心所體；所取著的是見分相分，名色等，謂執取"二取"為實有，故曰"二取"；又有一說，謂能取是見分，所取是相分；還有一說：能取是我，所取是法。換言之，這"二取"通一切法相。二、"二取"怎麼成了習氣呢？這"二取"的本身是很難捉摸的，它是內心思想上的執著，很堅固的執著。因此論說"二取者謂二取取"，就是執著見分為實我，執著相分為實法；這種取著在人們的心念上，久之成了習氣。論云："彼所熏發，親生本識功能，名曰二取習氣。"三、二取習氣的種類：它的種類有三：（1）名言習氣，（2）我執習氣，（3）有支習氣。

（1）名言習氣者：名言即是名稱；名稱言說，是可以溝通人類中彼此的思想，可以產生文化，可以著書立說，可以指導人生，可以安定社會。一切的語言名稱，生生世世，代代相習相傳，就成了自然的習慣了，故曰名言習氣。名言習氣有二：一了義名言，二顯境名言。了義名言，就是能詮義理的名字、名詞、名稱、章句、文字、符號等。因為這些都可表達一種實體的事物，或意象、義理、概念等。文字本來就是符號，從這些符號上得知事物的本體概念等，所以說了義名言，就是可以顯義理之意，故《因明論》說："宗等多名為能立。"也即是"言了因與義了因"。

顯境名言，顯境指心識，心是能了別境界的，從某種意思，可以了別某種境界；又是能顯現或能變現一種境界，一切的言說名稱，都是心上的影子，都是隨心假立的。這二種名言，都可以熏成種子，成一種習慣性的潛勢力，可以作生起諸法的親因緣；所生之果是等流果，合之曰等流因果。

（２）我執習氣者：我執就是執有真實"我"的執著。這能執我的是吾人之虛妄分別心，也叫徧計所執法。我執有二種：一是俱生我執，俱生就是從無始以來與生命俱有的，非學習性的，或者說是本能的，本有的我執；二分別我執，此我執是從分別所起，或由自心非理作意而起，或由他人誘惑影響而起的我見，就是從學習成的，也叫做習所成的我執，這兩種我執都通第六識和第七識。不過一切我執以第七識為根本；這我執習氣就是生死的主因。

（３）有支習氣：即是十二因緣，十二因緣是人生的全部歷程，有因有果。十二支分，就是人類生命上的一個一個的階段，故有支的"有"，就是指這生命而言。這有支習氣，也就是前面說的業習氣，或說是異熟習氣，是能招感三界異熟果的業種子。此業種有二種：一是引業，二是滿業。各又有二：一是善業感可愛樂的異熟果；二是不善業感不可愛樂的異熟果。這些都是有漏業，即是人類的生滅因果律。

如是"二取"及名言習氣，對於吾人之生命果法作親因緣，感等流果；我執習氣及有支習氣，對於吾人之生命果法作增上緣，感異熟果。今將三種習氣表示如下：

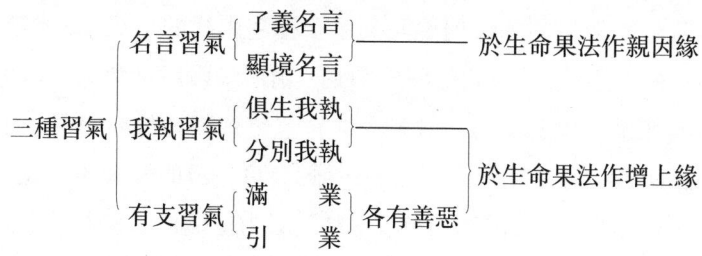

三、二業二障二生死

二業即前面所說的引業和滿業，或有漏業和無漏業；二障即煩惱障和所知障。吾人之生死相續，皆由此二業與二障為因緣故，若無此業與障，則無二種生死。《成唯識論》云："生死相續，由內因緣，不待外緣，故唯有識。因謂有漏無漏二業，正感生死，故說為因；緣謂煩惱所知二障，助感生死，故說為緣。"生死相續是各人自己內心創造的因緣，不是外來的，所以俗云："各人生死各人了。"生死有二種：（一）分段生死，（二）變易生死。什麼是分段生死？論說："謂諸有漏善不善事，由煩惱障緣助勢力，所感三界粗異熟果。身命長短，隨因緣力，定有齊限，故曰分段。"這是說明生死果，是由業感的，業感的果報——生命，是有齊限的。齊限就是壽命，壽命的長短期限，是依了前面所說的因緣力與增上緣力而限定的。復次，有了業因，定要感受果報，這譬如借了債，必須還債是一樣的，所以我們現在受果報，就是還宿債；還了債，若不再度借債，以後當無債主追索。若是再行借債，勢必再還，如是有借有還，無窮止了；生死輪迴也是如此。若在現受的報果——生命上，不再造新業，則不復受苦果（生死），所以祖師說："隨緣了舊業，更不造新殃。"證了初果的人，名為與苦作邊際的人，就是因為他不再造新殃，而只了舊業的緣故，到了阿羅漢，宿債完了,就是證無生的人,因為是到了一種超生死的境界了。不思議變易生死,論云:"謂諸無漏分別業,由所知障緣助勢力,所感殊勝細異熟果;由悲願力,致轉身命,無定齊限,故名變易;無漏定願正所資,感妙用難測,名不思議。"這是說明聖者的生死,聖者受生死是自在的、隨願力的,不是隨業力漂流的。眾生受生死是不自在的,是受業力支配的,所以與眾生不同。又眾生受生死是自己生命上的掙扎;聖者的生死是為了救度大眾的。論曰:"無漏分別業,即三無漏學,八正道等一切功行。"此變易生死,由願力故,隨自心願,隨眾生機緣,故無定期限。譬如菩薩來人世間受生,皆由悲願力而來;在聖者的受生上,有漏定力資助。所作度生事業,時常現示不思議的妙用。

四、由業感果的差別

業習氣,定感後異熟果。因為有漏業是剎那生滅,纔生即滅的,故不能感當前的異熟果。要經過一個時期之後,把業力熏成種子,將來遇緣時,纔能生果,論云:"展轉相續至成熟時,招異熟果,此顯當果勝增上緣。"這業種子,保持在第八識中,展轉不失,而成為將來感異熟果的殊勝增上緣。"二取"習氣是感異熟果的親因緣。論云:"此顯來世異熟果心,及彼相應諸因緣種。""二取"種子所感生的是等流果、士用果、增上果。這就是人類生命的自類因果性,也即是人類生命的因果律。論云:"雖二取種受果無窮,業習氣受果有盡。""二取"種子與所感果相同,名等流因果,性相同故,感果甚易;又是同時生滅,感果更易,受果無窮,正是說明生命的自體。因為生命的自身是有生有滅,有因有果。但是生命是無窮盡的,就是由有漏業果轉成無漏業的果,也還是有無窮的生命的。業習氣與異熟果，因為體性不同，時間又不同，所以感果困難。以時間不同，所以不能說現世造惡，現世即受惡報。這是業習氣與二取習氣感果的不同之點。

五、輪迴緣起

（一）緣起與緣生：緣生者，謂此一法的生起，無支配者支配之，也無主宰者主宰之，唯是托假眾緣而生，本無今有，就果邊說，名曰緣生；緣起者謂"為緣能起諸法"，就因邊說，所以名緣起。如是緣生是從果上說，緣起是從因上說，故經云："此有故彼有，此生故彼生"，這兩句是緣起論和緣生論的宗本；後來也成了龍樹大乘空宗思想之出發點，是現象世界的根據。由這兩句，可推知"此無故彼無，此滅故彼滅"，是超現象世界（還滅門）的境界。凡一切法都不自生，也不他生，不自他共生，也不無因生；其生從緣而生。依這兩句來分別緣起緣生的話："此有""此生"，是指緣起性；"彼有""彼滅"，是指緣生相。緣起性，是有無相待的；緣生相是生滅相待的。由緣起而緣生故，說一切法空無自性。

（二）輪迴緣起：謂無明緣行，行緣識，識緣名色，名色緣六處，六處緣觸，觸緣受，受緣愛，受緣取，取緣有，有緣生，生緣老死、憂悲苦惱等，生死輪迴由此建立。茲略明十二緣起的自體相："無明"屬行蘊所攝，即貪瞋痴的"痴"，為根本煩惱之一。"行"指身語意三種行為，行體是思，行蘊中攝。"識"謂阿賴耶識，入母胎時，此識攬父精母血以成肉體，名羯羅藍，此時羯羅藍為此識所執持，漸令增長。"名色"屬有漏五蘊，在母胎中，六根未分明前，色是肉體，名指心識。"六處"即六根完備，此後即可出生人世。"觸"是第八識相應的觸心所，及六處六境之相接觸（刺激)。"受"是知苦樂的感受,所謂感情作用,是受蘊攝。"愛"是貪愛,在嬰兒時已有,是俱生愛。"取"是馳取,執取追求的意思,追求生活一切,煩惱都由"取"來。"有"是取與識等五位(名色六處、觸、受)和合而變成的行動,名"有",即是業有,亦名報有。此異熟報與"取"和合,而有身體之行動及煩惱心理之活動。"生"是未來之異熟(生命)果。有"生"則必有"老死"。二法都以五蘊為體。這十二有支,可以合為四支;同時也不出惑業苦的三種關係。如表:

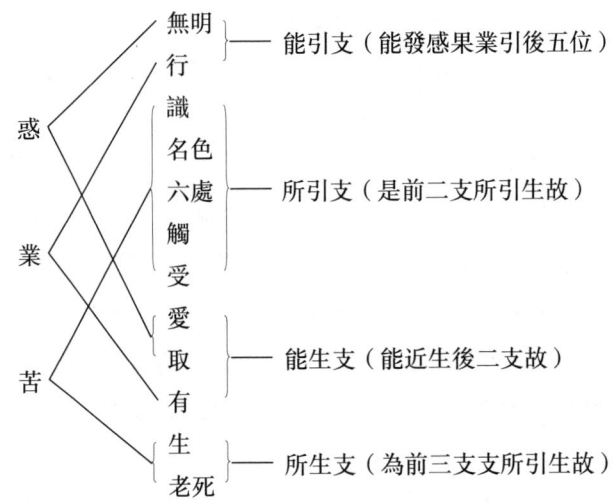

關於十二有支三世因果的道理,在大乘唯識說一世一重因果;小乘說三世兩重因果。它們所說雖異,卻各有道理,茲列表如下:

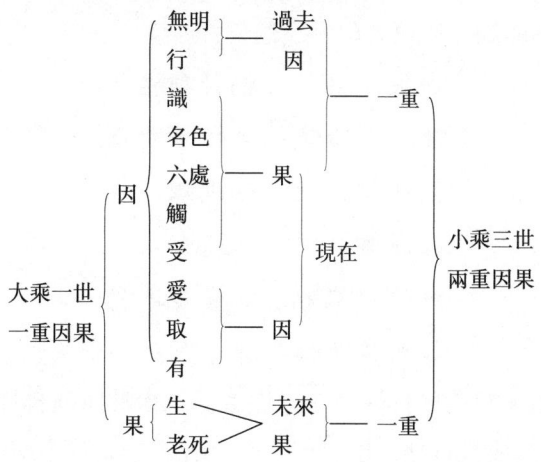

此十二支中,又包括業習氣及二取習氣,前十因中的"行"及"有"是業習氣。"無明""識""名色""六處""觸""受""愛""取"是二取習氣。由此業習氣及二取習氣,故有輪迴之因果律。

六、結論——業果唯識

《成唯識論述記》云:"如是業果,前中後際,生死輪迴,不待外緣,既由內識,淨法相續,應知亦然:謂無始來,依附本識,有無漏種,由轉識等,數數熏發,漸漸增勝,乃至究竟(成佛)。"此中淨法即是無漏種子,令得漸漸增勝,即是能轉二障種子,斷二種生死,得二種轉依果。即是究竟解脫,無礙自在的佛果。一切唯依內自識力,不借外緣,故說唯識。

第五節 唯識的三性三無性

一、譯三自性義

《成唯識論》說:"若唯有識,何故世尊處處經中說有三性?應知三性亦不離識。所以者何？"頌云：

> 由彼彼徧計　徧計種種物
> 此徧計所執　自性無所有
> 依他起自性　分別緣所生
> 圓成實於彼　常遠離前性
> 故此與依他　非異非不異
> 如無常等性　非不見此彼

此三頌說明三種自性。三自性者：一徧計所執自性，二依他起自性，三圓成實自性。此三性可詮一切法，一切法不離此三性。若識外有三自性者，唯識道理，不能成立；若識外無三自性者，則違背佛說。這三頌就是解答此一問題的。今先說明三自性意義：

（一）徧計所執自性：徧計就是周徧計度，是意識上種種推求，所謂心理活動。所執即心所執著的事物，先依頌文說"由彼彼徧計"者，彼彼是形容這能遍計的心念甚多，虛妄分別的心識是能徧計；"徧計種種物"，物即事物、事體（法），有能徧計的心，必有所徧計的事物。此中徧計可作動詞說，即推度計執之意，由此許多能徧計的心理，去推度種種的事物，以為此是真實的，彼是虛假的；此是善，彼是不善等，其實，這徧計心所，實無體性，如一切法中根本無"我"，更無"我所"，因為一切法皆托因緣生，無自性故；無自性即是空，故說徧計所執自性空。

（二）依他起自性：依是仗托義，因為一切法，都是仗因托緣而生起的。依他起法的自性，是"分別緣所生"。此中"分別"是指有漏和無漏的心、心所法，此等心法，都有能緣慮的作用，又都是依他起的。又一切法都是依了虛妄分別為因緣故，方能生起，所

第七章　理性的唯識論

以說分別緣所生。又說：謂分別是指一切心品之見分，這見分是緣所生，見分要內仗見分種子，外借境界知識等緣，纔能生起。應知此中虛妄分別，是緣所生，緣所生義就是依他起義，故因緣就是一切法。因此，這二句頌文，是總說一切染淨諸法的依他起性。

（三）圓成實自性：依字義說，圓是圓滿，離顛倒義；成謂究竟；實是不虛謬義，即是真實，合之即圓滿合理究竟真實的意思，名圓成實。這圓成實的別名，有真如、法界、法性等。"圓成實於彼"，"彼"字指依他起自性。這是說圓成實性，於依他起法上有了一種關係。什麼關係？謂"常遠離前性"；"前性"指徧計執性，謂圓成實性在依他法上，是恆常畢竟離去了前面所說的徧計所執自性，就是圓成實性了。

這裡說一個譬喻：譬如有人在黑暗中見一條繩子，疑以為蛇，妄生恐怖。這繩上的蛇的觀念就是徧計所執，因妄執是真蛇，所以心上生恐怖，其實是繩而不是蛇。繩即是依他起，後來見繩是繩而非蛇。在繩上離了蛇的觀念，即是圓成實性。又再去明察，繩是麻做的，繩的自性也沒有，即見圓成實性。

"故此與依他，非異非不異"，此說三性的關係。"此"指圓成實自性，圓成實和依他起，即是真理與事實，二者是"非異非不異"的。"異"就不同；"不異"即是相同；"非不異"此中用兩個否定詞，就是雙遮，謂真理是真理不是事實，事實是事實不是真理，故不可定說是一個，也不說二者是絕對的兩個。但是真理要事實去顯，事實也要真理說明，離了真理沒有事實，離開事實也無真理，故二者有著密切的關係。

"如無常等性"，這是舉小乘佛學相證。此中"等"字是取"苦""空""無我"。苦、空、無常、無我，名為四法印。略以一表明之：

$$\text{事實} \begin{cases} \text{有漏法} \longrightarrow \text{苦\quad 性} \\ \text{緣起法} \longrightarrow \text{空\quad 性} \\ \text{諸行法} \longrightarrow \text{無常性} \\ \text{諸\quad 法} \longrightarrow \text{無我性} \end{cases} \text{理性}$$

如無常性與有為法，不能說是異，以無常是有為法的共相；但也不能說是一，若是一故，就無差別了；餘三也如此說。這圓成實性與依他起性也是如此的。"非不見此彼"，此中"見"是觀見、證悟的意思；非不見者，就是可以觀察的意思。"此"是圓成實性，"彼"是依他起性。非不見此者，是說在有為法上，不是沒有觀見（證悟）這無常性（即是真如性），而能證悟到有為諸行的所以然；換句話說，見了圓成實性，纔能了知依他起性是如幻。"有"假若不除去妄見的徧計執性，則永不能觀見圓成實性；不悟圓成實，也就不能了知依他起性如幻而"有"；不了依他起性，則永遠是徧計執。以譬喻說：要了知是麻，纔知道繩是假的，若不知是繩，總執為蛇，那裡曉得繩是麻做的！

二、別說五法三自性

此三自性義，在唯識教法上，是很重要的。唯識教義的成立，三自性是其總綱，現在特別說一說。

（一）遍計所執自性

（1）能徧計與所徧計：能徧計就是吾人之虛妄分別的心、心所法。因為一切動作行為、語言談論、思想計畫等，凡一切心理的活動作用，都是這個心識，這是屬於主觀的。所徧計是指一切對象的事物，為吾人意識和五官（五識）所覺察到的一切現象世界。所見聞覺知的，和所思惟的種種外境界，都是所徧計，是屬於客觀的。

（2）能徧計自性和所徧計自性：第一關於能徧計的自性有兩說：一指三界有情的八識心、心所法，都是能徧計的。因為第八識是能緣的，也是以虛妄分別為自性的，皆似所取能取現故，所以都屬能徧計；二能徧計的心是指有漏的第六識和第七識心品（心、心所），能徧計外物的決不是八個識，凡是能執我執法的，纔是能徧計的。那末，第六、第七二識就是專門執我執法，所以只有有漏的第六、第七二識纔是能徧計的(計度分別)。論云："唯有意識（六、七）是徧計故。"第八識與前五識都非分別計度，故非能徧計。其次，徧計自性是什麼呢？謂五蘊上的我相、法相、見分、相分。《攝論》所說依他起性是所徧計。宇宙現象，皆依他起，故所徧計就是萬有現象。第三徧計所執相又是什麼呢？徧計所執與徧計所執相不同。前是依他起性的，後是徧計所執性。徧計所執相有二說：一說三界心、心所法所生的見分相分、能取所取、我相法相。惟此二性，說為所徧計執相。因為二取都是無始無明等熏習所成的。但這我法二取的相狀，都是情有理無的，故屬徧計所執相。一說：一切心、心所法，由熏習力從緣生故。徧計依斯妄執，定實有無，一異，俱不俱等，此是徧計所執相。

（二）依他起自性

什麼是依他起性？這裡略說：一《成唯識論》云："眾緣所生心、心所體及其見分，有漏無漏皆依他起，依他眾緣而得起故。"此處不但說有漏有為是依他起性，就是佛果無漏有為功德也是依他起。二《成唯識論》云："諸教教言：唯量唯二唯種種，皆名依他起故。"量即是知識，依量可以準知一切事物的真理，無錯誤者，所以量就是知識。見分相分等，謂吾人的知識心理體性，和能取所取,每類都有種種的差別相,這些都名依他起法。三《楞伽經》云:"相等四法,皆名依他起。"就是五法中的名、相、分別、正智四法,皆是依他起。真如一種,是無為法,非依他起。由此三說,我們知道依他起法,是統指宇宙一切事物的。又此依他起法,也就是因緣所生法,一切世間流轉門法,和一切世間還滅門法,都要建立在這因緣性的依他起法上。

(三) 圓成實性

圓成實性有狹義和廣義的兩種:約狹義說,謂單指二空所顯的真如,為圓成實性,是一種理性,是無為法。何謂二空所顯?謂由空了能取所取和我相法相的顛倒執著所題顯示的真如實性,我法不空,真如不顯故。以生空智破人我執所顯的是生空真如;由法空智破法執所顯的名法空真如。真如即是實相,又名法界、空性、法性、不思議性、圓成實性。圓成實者要有三義:一普遍義,二常住義,三非虛妄義。離這三義,不名圓成實性。次約廣義說圓成實,包括二空所顯的真如,以及無漏有為的一切功德法(三乘菩提果法)。涅槃、擇滅無為等,皆是圓成實攝。因為無漏功德是遠離顛倒自證的境界,也有普遍、常住、非虛妄義,所以得名圓成實性。這廣義的真如,和《起信論》中所說的真如含義是一樣的。唯識家的正義,是指前狹義說。

(四) 三性相互之關係

(1) 徧計執與依他起:依他起法是虛妄分別,為世俗諦,是"有"法。徧計所執是虛妄分別所執著之實我實法,是"無"法。如是二者一有一無,則非不異。所謂現象世間的種種境相,此一切法,雖是依他緣生,眾緣和合,是存在的假有,而不是真有實有。恰如《金剛經》頌云："一切有為法，如夢幻泡影，如露亦如電，應作如是觀。"這樣說因緣法是假有幻有，是思惟上智慧上考察之後的一種悟境。徧計所執的實我實法，若是了知無有自體性，也是一種悟境。這二種說明，在事實是真實如此的，不過在常識上卻是相反的。在常識上是執我法為實，不會知道因緣生法依他性空。又徧計執是情有，依他起是假有或道理有，故非不異。這也不是常識上的看法。但不論妄情有與假有，在常識上同是有，故非異。世親云："謂意識（六、七）是徧計，此依他起為所取所緣境性，能生徧計，是故亦名徧計所執。即依他起為境，生徧計心義，名計所執性⋯⋯即彼意識是徧計，緣彼相貌為所取境，為所徧計。由此依他，亦名計所執性。"無性云："非異者，依他起有，計所執無。有望於有，可得言異，有望非有，非可異故。彼既是無，望何為異。非不異者，有與非有，不成一故。"

（2）圓成實與依他起：依前徧計所執是"情有"，今說圓成實是"妙有"，依他起是"幻有"，此二不同，則非不異。另一方面說，則非異，因圓成實是依他起法的真實性，若異應非彼性，若不異，依他起法應是常，或者圓成實應是無常。而實不爾，故二者異。又依他起是凡聖境界，圓成實唯是聖者的境界，為聖者所證。聖者雖能緣依他起，但凡夫卻不能體會圓成實，這就非不異了。又依他起多依染分說，圓成實是依淨分說。聖者之智慧有二：一根本智，即無分別智，親證圓成實性。二後得智，多指有分別差別智（有時也無分別）。得根本智後，起差別智，緣依他起差別法相，故此圓成實，與依他起非不異也。若定執不異，圓成實應為後得智所緣，或依他起性，應為根本智所緣。而實不然，故非不異。《成唯識論》結論云："非一非異，法與法性（依他起與圓成實），理必應然，勝義世俗，相待有故。"

（3）圓成實與徧計執：圓成實與徧計執的關係，如明與暗的對立。有光明即無黑暗，有黑暗即無光明。證悟了圓成實，則無徧計執，有徧計執，則無圓成實，這是迷悟對立的，故非不異。然徧計所執實本無體，如龜毛兔角。徧計性空，即是圓成實，故亦非異。

（4）結歸三性唯識：三性是以依他法為中心的，若無依他起法的存在，前後二性都不可得、不可說。依他起性法，就是虛妄分別，虛妄分別即是心識。所以論說："虛妄分別有。"前徧計執是依他起上的妄情計執；後圓成實，是依他起性上的真實性。所以離了依他起法，前二性根本不可得，由此說唯識義。但在智慧的證悟上，證此圓成實之後，纔能了知彼依他起的如幻存在。若未悟徧計所執的性空，就不能如實知圓成實性。因此在修證的程式上，是要先破徧計執，以除證圓成實的障礙。又無分別智證真如已，後得智中，方能了達依他起性，如幻事等。如有頌云："非不見真如，而能了諸法，皆如幻事等，雖有而非真。"

（5）三性與五法：五法在唯識宗，各經論中都有演說。五法即名、相、分別、正智、如如。"名"即是名稱言說，宇宙間一切事物的名稱，一切文字學說，文化思想，都從這名上建立。"相"是萬事萬物的體性相狀（法相）差別事相。總而言之，即一切現象界。"分別"就是心理上的思想知識。"正智"是超世的無漏智慧，包括世間正智。"如如"即真如實

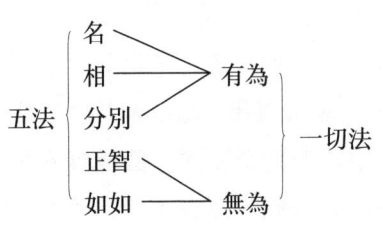

性,就是宇宙的實際理性。此五法可攝世出世間的一切法。如表。

依《瑜伽師地論》說,五法皆
與徧計所執無關。如如的真如,即
是圓成實性。餘四皆依他起性。名
是能詮的假法,是有漏心識所變似
的。相是所詮的義理和事相,分別
是能變似的有漏心、心所法。正智
是能變似的無漏心、心所法。所以此四法,皆依他起。如表。

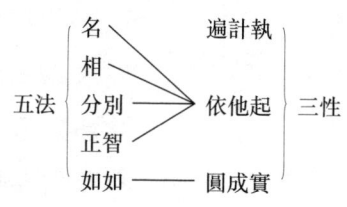

依《辯中邊論》說:徧計執無實體,但有假名,故名屬徧計執
法。相即相分依心識變。分別是見分,屬心、心所法,此二皆是依
他起性。正智如如,皆無顛倒,是圓成實性。如表。

```
         ┌ 名 ── 顛倒 ─────── 徧計執 ┐
         │ 相 ── 相分 ──(所緣)      │
     五法 ┤ 分別 ── 見分 ──(能緣) ├ 依他起 ┤ 三性
         │ 正智 ── 能緣              │
         └ 如如 ── 所緣 ┘── 無倒 ── 圓成實 ┘
```

依《楞伽經》說:名是能詮表事物的一切名稱言說,相是所詮
表的法相法義,此二者是情有理無,故屬徧計執。分別是有漏心、
心所相見二分,是依他起。正智與如如,遠離顛倒,是圓成實。如表:

```
         ┌ 名 ── 能詮 ┐ 情有 ── 徧計執 ┐
         │ 相 ── 所詮 ┘                │
     五法 ┤ 分別 ── 有漏心心所 ── 依他起 ├ 三性
         │ 正智 ┐                      │
         └ 如如 ┘── 離顛倒 ── 圓成實 ┘
```

三、釋三無性義

依《成唯識論》云："若有三性，如何世尊說一切法皆無自性？"頌云：

> 即依此三性　立彼三無性
> 故佛密意說　一切法無性
> 初即相無性　次無自然性
> 後由遠離前　所執我法性

這兩首頌是說明三無性義，也是解釋唯識學上的一個重要問題。前說三性不離識有，而佛陀有處說三無性，唯識說有三性，豈不是相違？這二頌就是解答此一問題。謂依了此三種自性，而建立那三種無性。不是離了三種自性之外，別有三種無性。故佛世尊以密意趣，說三種無性。密意者，就是不顯了的意思。也就是說：說三無性者，是不了義教。依唯識諸論師的意思，說一切法空，都是不了義之教。他們以為事實上理性上，一切法都不會無性的，都不是一切空無的。不然，就成了否定現實，撥無理性了。但佛說無性，是另有用意的，如《成唯識論》說三無性，並非無性。

"次無自然性"，次依依他性建立生無自然性。生指依他起法，諸法皆仗因托緣而生，則無自然性。世間的自然科學都說一切事物從自然而生，佛教不承認自生，也不說他生，更不說無因自然生，所以佛說由因緣生。如馬勝比丘頌云："諸法因緣生，亦從因緣滅，我佛大沙門，常作如是說。"就是破自生、他生、共生、自然生的邪說。依此緣生說無自性性。

"後由遠離前，所執我法性"。後依圓成實性，建立勝義無自性性。謂圓成實性是由遠離了前遍計所執的實有我相法相，所謂真實的境界。真如就是勝義諦，故說勝義無自性性。

第六節　唯識的真如性（明唯識性）

　　　此諸法義勝　　亦即是真如
　　　常如其性故　　即唯識實性

　　前面二十四頌，是明唯識相。這第二十五頌，是明唯識性。性即唯識所顯之勝義，亦即圓成實性。本來在依他起法上，不是妄情所執，當然即是勝義諦攝。不說依是勝義者，恐濫圓成實也，遠離顛倒，即是真如。常如其本性，故名真如，謂如諸法之本性，而不增減。如論云："此即如此，非不如此，是即如是，非不如是。"此即諸法本來面目，一切事物本性如何，我們即還他如何，不加色彩和增減。這就是唯識的真實性。所謂勝義、真如、唯識實性，都是一體異名。

第八章　實證的唯識論

第一節　總說

前二十五頌已廣明唯識相和唯識性，就是已經說明了唯識的理論；此下有五頌明唯識位，就是要說明唯識學上修證的實驗境界。但是這種實驗實證的境界是依唯識的理論建立的，所以先明理論，次明實驗的行為。唯識學所說明的都是從眾生本位上說明了宇宙人生的現象和理性。在說明宇宙萬有現象時，謂一切都不離識，都是識變。以阿賴耶識為緣起的中心，在說明人生的死生相續，以及苦樂等差別，又都是賴耶末那為中心的業界緣起，特別說明十二有支的人生本質。對這些識變的事相因果等真理，須要去證悟。若不證悟，說了有何利益？說這證悟的行果，都是大覺者們所經驗過來的，我們當可依之去修學。因此，有明唯識學修證的階位次第的必要。又佛法重在修證，不單是說理論了事的（如果不將佛學當做純粹學術去研究的話）。明理之後，必要依理實行，實行就是要以自己的身心去實驗。經云"法隨法行"就是此意。修學行證上又必有一種程序，和每個過程所修學的方法。此下五頌是說：依唯識教，修唯識行，證唯識果的一種程序。在未

第八章 實證的唯識論

講五個位次的頌文之前，先把《成唯識論》上一段文引來，說明何人能修證唯識行果及如何悟入唯識的五位，作為實證底唯識論的敘言。論云：

"如是所成（建立）唯識相性（理論），誰於幾位？如何悟入？"

說明了唯識的事相和理性，原是修行者入修的一種境界上的方便。理論既然成立，當然會有入修的程序。此中設三問：一什麼人能修此種法門？二於修行中要經過幾種位次，方可證入唯識相性的真理？三修習什麼方法和怎樣悟入唯識真理？論云：

"謂具大乘二種姓者，略於五位漸次悟入。何謂大乘二種種姓？一本性住種姓，謂無始來依附本識，法爾所得，無漏法因。二習所成種姓，謂聞法界等流法已，聞所成等熏習所成。要具大乘此二種姓，方能漸次悟入唯識。"

簡單的說，要具備大乘佛法上的二種種姓之人，依了五種位次，漸漸地可以悟入。從這個答案，知道唯識講修行，是不說頓悟的。這裡所謂本性住種姓，就是吾人原有的成佛之可能性，也就是無漏種子，或曰如來藏，或曰佛性等，亦為吾人之覺性也。此種覺性從過去有生命以來，附托在賴耶識中，所以說"本性住"無漏種子。吾人及一切有情具備了這一特性，就可修行悟道。習所成種者，就是從聞思修三慧等熏習所成的有漏善法種子。"法界等流"者，法界是佛所證的境界，也名法身；成佛就是證法界性，故法界即是大覺的境界。法界等流，謂從佛陀自證聖智境界中平等流露出來的法，名法界等流，也名等流身教，所謂"諸佛如實而證，如證而說"的一切教法是也。聞法界等流法已者，謂從善知識前，聽了佛陀的教法。"聞所成等"，等是等取思所成慧，修所成慧，謂學佛法的入門，就是要先從這聞思修三慧上去學習，自

~ 217 ~

初發心修學佛學時起，歸依三寶之後，由第六意識及其相應的信解念定慧等心所法為主而修習之。聞所成慧，就是親近善友，聽聞正法，所得的知見和智慧。思所成慧，就是聽聞正法以後，善自思擇所聞所了的一切經教，而得的知見和智慧。修所成慧者，修是修習，即是修定，也就是身心生活上的實行，即是把所思惟，所研究的佛法，應用到個人的生活上去，及推廣到社會上去。以佛法去改造自己和他人的思想與行為。在三慧修習的過程中，包括戒定慧三無漏學，三學是入佛法之要門。吾人之意識上由此三慧和三學，可以熏習而養成善心和善行。善心善行，日日增長，不給惡心、惡念、惡行以生起的機會，則惡法自然失去勢力，善法自然增長勢力，由此方可助成本有無漏種子的生起。如表：

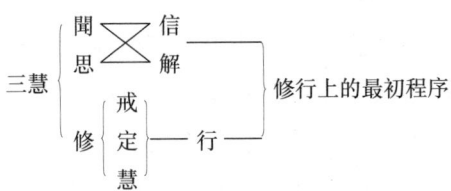

　　"何謂悟入唯識五位？一資糧位，謂修大乘順解脫分；二加行位，謂修大乘順抉擇分；三通達位，謂諸菩薩所住見道；四修習位，謂諸菩薩所住修道；五究竟位，謂住無上正等菩提。"

　　解脫是涅槃果，解脫"分"即證涅槃之因，欲證涅槃，必需準備一切資糧；資糧即是福德智慧，二者缺一不可。抉擇是智慧，抉擇"分"即是大菩提因，修般若行；是抉擇分，近見道故，亦名加行道。修證此二位者仍是內凡，未證真如，未入聖道；亦名賢位，近聖智故。入通達位時，纔證聖道，親見真如理性。悟即不迷，是觀照義，道即真如，故又名見道。入見道者，通達真如名為聖者，菩薩見道後，然距菩提大果，尚屬遙遠，必須修習斷除所餘煩惱，故有第四修習位。再經過十地位至究竟佛位，方成佛果，安住無上正等菩提。

"云何漸次悟入唯識？謂諸菩薩，於識相性，資糧位中，深能信解；在加行位，能漸伏除所取能取，引發真見（無漏智慧）；在通達位，如實通達（證悟）；修習位中，如所見理，數數修習，伏斷餘障；至究竟位，出障圓明，能盡未來，化有情類，令悟唯識相性。"

此中菩薩者，謂具大乘二種種姓，發大乘菩提心者而言。此中所說漸次悟入的境界，在下面當依次廣說，故此從略。

第二節　資糧位

乃至未起識　求住唯識性
於二取隨眠　猶未能伏滅

論云："從初發深固大菩提心，乃至未起順抉擇識，求住唯識真勝義性，齊此皆是資糧位攝。""大菩提心"簡別聲聞菩提心與獨覺菩提心。"深固"謂發深廣堅固的菩提心，不為惡友世俗所轉移。"抉擇識"即加行道的加行智，也就是二取空的觀慧，其所以說識而不言慧者，以在初發菩提心學佛，修習資糧，分別心多，勝於觀慧，所以說識。"唯識真勝義"，就是一切法的真如實性。從初聞法發菩提心時起，學者內心上，有希求安住真如境界的願望，乃至未起抉擇分智慧以前，都是資糧位。住此位中，要經過一個很長的時間，修福德智慧，以為將來證涅槃的資糧，名資糧位。第二句中之"二取"即能取所取,能取即吾人的主觀心識,所取即所觀的客觀境界。"隨眠"即是種子或習氣的別名。此中"二取"名"二取取",取即執著,謂執著有能取的主觀我,和所取的客觀法。菩薩在此位中,這種隨眠(種子)"猶未能伏滅";伏滅是壓制義,不是斷除義,在此位中修學佛法者,可以降伏二取,即我相法相觀念的現行,但種子是仍存在的。在資糧位中,從初發心學佛起,即修此順解脫分,修習的目的,論云:"為趣無上菩提。"證菩提是自利的,但自利必須利他。又云:"為有情故,勤求解脫。"利有情是利他,這是說為利他必先自利。自不解脫煩惱業苦,如何能度眾生,所以自利利他是相關的。但憑什麼能力開始修行呢?論說有四種殊勝力可以依之修行,一依因力,即吾人本住的成佛種子,深信自己能成佛;二依善友力,即親近善知識——諸佛菩薩等,從他們面前,聽聞正法,養成智慧正見;三依作意力,學佛者要時時刻刻地注意,不忘失其菩提心,提起念頭來警覺,以免放逸,招引過患。這作意即是第六識相應的作意心所,有了作意自然可以增加意識的向善力量;四依資糧力,即

三十七菩提分法,六度四攝,四無量心等法力。總之,唯福與智,今依六度說明福智兩種資糧。別有二說:一說前五度是福,後一度屬慧。如表。

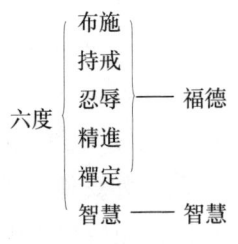

又一說:施戒忍定四度是福德,後一度是智慧,精進是雙關的。如表。

又說福智都通自利利他。若別分別，則三十七道品、六度，是自利，屬智慧方面；四攝（布施、愛語、利行、同事）、四無量心（慈、悲、喜、捨），是利他，屬福德方面。如表。

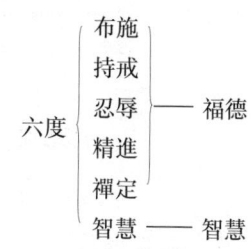

在修習資糧位上，因為智慧力沒

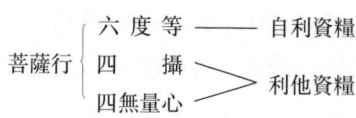

有增強，所以大菩提心，很容易退失。依《攝大乘論》說：學者要有三種磨練其心的方法：（一）聞菩提廣大難成，心生畏難，則便退失。此時菩薩要引他以勵自，應該這樣想：釋迦牟尼佛等，以前也是凡夫，他既成佛，為什麼我不能成佛？俗云"彼既丈夫我亦爾"，"有志者事竟成"，以此磨練其心，策發大願，則能不退。（二）因聞布施等菩薩道難行，也會生起退心。此時要提起興趣上的意樂，認定修菩薩行，是人生應走的正路，必須快樂的興奮的前進，精神上不感痛苦，要在日常生活上隨宜而行。因為修學菩薩法，不是說離開人間社會，離開現實生活，而另有一種生活，那種生活纔是修行，初學佛者有了此種觀念，即是大錯而特錯。應知佛法是要應用到人類生活上的，即在現生活中去依佛法之理而行，這樣就不會退失菩提心了。故云："佛法在世間，不離世間覺。"（三）聞佛成得二種轉依果，極難證得、心生退失，應作如是想：他人粗行尚不退轉，況我細行。應常如此磨練其心，令不退轉。這是初修資糧位中，時常要警覺的。

第三節　加行位

現前立少物　謂是唯識性
以有所得故　非實住唯識

這一頌說加行位，正明菩薩修學智慧，或求知真理的方便。菩薩經過一個長時劫修學資糧圓滿已，尚未悟道、見唯識性，所以進一步為證唯識實性，勤修觀慧之加行。言加行者，近見道故，名為加行；又名順抉擇分，抉擇是智慧的功用，順抉擇者，謂隨順真如境界，起抉擇的智慧，觀真如境而不顛倒。在順抉擇分的行位中，須經四個位次：一煖位，二頂位，三忍位，四世第一位。可以說資糧位是偏於修福的，加行位上是偏於修慧的。此加行四位，趣見道故，都是修慧的階段。《俱舍論》頌云："將趣見諦道，應住戒勤修，聞思修所成，謂名俱義境。"論曰："諸有發心將趣見諦，應先安住清淨尸羅，然後勤修聞所成等。謂先攝受順見諦聞，聞已勤求所聞法義。聞法義已，無倒思惟，思已方能依定修習，行者如是住戒勤修，依聞所成慧，起思所成慧，依思所成慧，起所成慧。此三慧差別相云何？毗婆沙師謂三慧相緣名俱義，如次有別：聞所成慧唯緣名境，未能捨文而親義故；思所成慧緣名義境，有時由文引義，有時由義引文，未全捨文而觀義故；修所成慧唯緣義境，已能捨文唯觀義故。"此中所說和大乘所說之四尋思觀極為相近。在這四位中，如何修習？謂在此加行位中，行者依聞思修三慧，修四尋思觀，四如實智，趣向見道，漸次證得無漏智慧。四尋思觀者：

第八章　實證的唯識論

一、名尋思觀。

二、事尋思觀。

三、自性尋思觀。

四、差別尋思觀。

　　一、名尋思觀者，名是一切事物的名稱，對於一切法上一一名稱，去推求觀察，尋思抉擇，此名從何來？名稱與那實物的關係怎樣？則知每一法的名稱，都是從吾人識心上假立的，名唯是名與實事無關。但是眾生不了名事無關，常因名而有喜怒哀樂的種種情緒發生，都是因為執名為實而起的。有修養的人，不動喜怒的情感，就是因為他能在平常時時修養和觀察。

　　二、事尋思觀者，事是事物，是有體有相的實物，如五蘊、十二處等，山河大地等，人牛馬等，一切現實的東西。這一切的事物，都是屬於見聞覺知的感覺對象。行者對此實事上去推求，用慧心去觀察，不要依著名稱去觀察，要離掉了名詞去認識實事，則實事唯實事，與名無關。若依名字去推求，就不會得到事物的真實，因為一物不一定是一名，一物有多名，若依名去識取物，就會發生種種錯誤知覺。若執實事由名詮表，如多人共一名，呼一名時，數人共應，究竟此一名應指那一位呢？故依名取事易起錯覺，此事與名實無關係。但在常識上，名與事的關係是有的，那只是普通的一種習慣。是因為久遠劫來和現前人事熏習所成，代代相傳，由此而有了文字、語言、文化教育等。求真理要如實觀察，就要離開名字，觀察那事物的實體，事物離名而成實體，則要知道那些實事，都是吾人心識上變似的相分，因緣所成，離識非有，無有自性。故現象的實事，都是假立，都是心識上虛妄變現的。世間人認為名事是不相離的,而生了很多的顛倒執著,現在要觀察名事各別無關,即能離此顛倒妄執,即是《攝論》所說的"名事互為客"了。

三、自性尋思觀者,自性即每一法的自體性,或獨立性。這獨立性是特殊的,不共他法的,還要觀察:是名的自性及事的自性。修此觀時,觀一切法的獨立性不可得,皆是唯識所現,離識非有,漸悟諸法之名事自性皆空。

四、差別尋思觀者,即觀察名和事上的差別相,如名之一言、多言等,事的大小、方圓、長短、善惡、漏無漏、生住異滅等種種差別,無論那一法,都有差別相。應觀察此差別相,亦唯假有離識不可得,漸悟法相空性。

這四觀法是修唯識止觀最初入門的觀法,由此觀察,可知諸法假立。前二種修習時可以別觀,亦名離觀;後二種修習時可以總觀,亦名合觀。如表。

四如實智者:

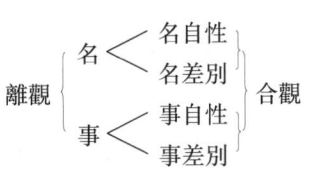

一、名尋思觀所引如實智。
二、事尋思觀所引如實智。
三、自性尋思觀所引如實智。
四、差別尋思觀所引如實智。

如實者,謂恰如其實性,就是真如。前面四尋思觀是觀察、是推求,未有決定,以智未生起,智生則能決定。智與觀慧不同,慧是抉擇,智是決定,由修四尋思觀為因,所引四如實真智為果。印定名事自性差別,確是唯識所現,離識非有,皆假施設,方便安立,曰如實智。若不修四尋思觀,則不得四如實之智慧,不得如實觀境之智慧,總是妄心分別,則不能入唯識實性。所以要入唯識實性,必須從此修四尋思觀,和四如實智而為入門,同時要經歷四種位次,所謂暖、頂、忍、世第一,修學佛法般若智慧,經此四種境界。四位之中前二位修四尋思觀,觀所取空;後二位修四如實智,觀能所二取皆空。列表如下:

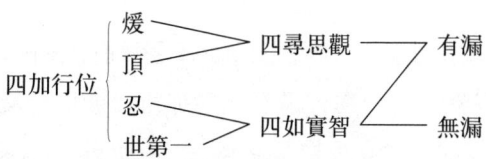

暖位:論曰:"依明得定,發下尋思,觀無所取,立為暖位。"明得定者,明是光明,即是智慧,光明為暖性、菩薩依此定發下品尋思觀,觀名事自性差別四者,通是所取、所緣的對象境界。這些境界,皆是依識假施設,非實有性,離識不可得。如是即得"所取"空之正確認識。

頂位:論云:"依明增定,發上尋思,觀無所取,立為頂位。"明增定者,智慧增長意,可以引發上品尋思觀,重觀"所取"空。修尋思觀至此,達到最高絕頂,故立名為頂位。

忍位:論云:"依印順定,發下如實智,於無所取決定印持,無能取中,亦順樂忍。"印前順後,印名順定,即印持前面四尋思觀所觀之所取名等外境,皆空無自相;同時也能觀察能取心識不可得,能忍樂隨順。所取既無,能取亦空,這是忍位的智慧境界。忍有下中上三品,今從略。

世第一位:"依無間定,發上品如實智,印二取空,立世第一位。"世第一後至見道位,中間無有間斷,名無間定。依此定力發上品如實智,印持所取能取皆空。此在世間有情之中,最為殊勝,故名世第一法。過此以後，剎那無間，即是出世，證真見道，成法眼淨，證聖果位。

如是所說四尋思觀是有漏的，四如實智通有漏無漏，見道亦修四如實智故。以上說加行位所修的法門及其行位上的境界。以下略釋頌文。

頌云"現前立少物"，謂修四觀四智之當前，在行者心識上，仍然有假立（施設）的少物，以為能觀那所取能取外境為空，而唯識實性是不空，故云"立少物"。這就是"有所得"了。佛法修行，一有所得，即是執著，執著即為戲論，是故非是真實之住唯識性。論曰："皆帶相故，未能證實（真如），故說菩薩此四住中，猶於現前，安立少物（唯識性），謂是唯識真勝義性。以彼定有二相未除。以帶相觀心，有所得故，非實安住真唯識。"又有頌曰："菩薩於定位，觀影唯是心，義相（所取）既滅除，審觀唯自想。如是住內心，知所取非有，次能取亦空，後觸（證）無所得。"這是說明加行位修觀慧的境界。此二頌中，初頌說四尋思觀，後頌前三句說四如實智，末句言證真見道。

第四節　通達位

人生自被一切煩惱及愚癡無知之所知障，障覆真實而不能如實了知，所以顛倒妄想而作業，受諸痛苦。立志學佛第一目的打破此愚癡無知之所知障，而實證真理之如如實相，從發心學佛起，直至加行位滿，未能通達此真理性，世第一後方始通達，忽然開朗，微見真實，故曰通達位。通達位即是見道，道即二空真如，亦即菩提實相，唯識實性。通達是無礙義，亦即能觀心與所觀境合一義。在見道以前，經過資糧加行，修諸福智，求證唯識實性，直到此時方通達開悟，故曰見道。

若時於所緣　智都無所得
爾時住唯識　離二取相故

在修四加行時，對於所觀境，雖有所得而已能帶相觀空，所觀之境空，能觀之智亦空。此所緣能緣皆空，實證此二空境界之智，即曰無分別智，又名根本智。因為無分別智所觀的真如境，是無分別的，故能觀之智亦無分別。以根本智親證真如理，不僅所觀境無所得，能觀之智，亦無所得，故云"智都無所得"。此中無分別智親證真如的意義，在哲學上的知識論看來，就是直覺的境界或直覺的知識，親證即直覺之義。最好說是直覺現量智境，論云："不取種種戲論相故。"凡有"能取所取"，皆屬戲論虛假。"爾時住唯識"，到此離一切戲論境界，纔是真實安住唯識實性，以"離二取相故"。此智與真如，平等平等，這是真見道的境界，證此境界即入初地，菩薩的第一聖位，即是生如來家，名法王子，故是凡聖的關鍵。資糧加行為賢位，入地即為聖者。

見道智境有二種：一真見道，二相見道。真見道是大乘所說一心證二空真如，斷二種障，由二空所顯真如，了達我法二空，同時斷分別俱生煩惱及分別所知障。修證此境界者有二說：一漸證漸斷說：謂先證生空真如，次證法空真如，先斷煩惱障，次斷所知障。二障之中，先斷見所斷分別起者，次斷俱生，次斷修所斷分別生，後斷俱生，所以說漸。二頓證頓斷說：謂二空頓證，二障頓斷也。

相見道又有二種：一觀非安立諦：諦即真實（真如），真如不可在虛妄心上和假智上安立，故名非安立諦。這是大乘所觀，又分三種：觀諸有情假立緣智、觀諸法假緣智、觀諸法有情假緣智。前二別觀，後一總觀，就是入法二空智境。這是大乘唯識學上的相見道。相見道者，謂法真見道，故名相見道。二觀安立諦，有十六心，如《俱舍論・賢聖品》詳說。茲立一表如次：

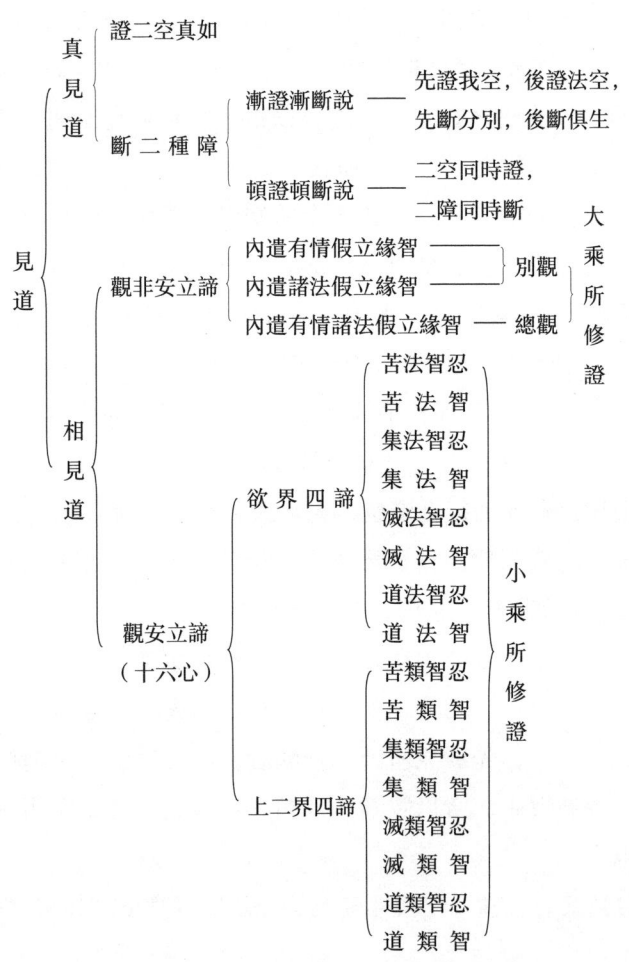

這是三乘相共的四諦十六心見道。先要觀四諦十六心行相，最後集中觀於一苦諦，而證入真見道。此中有八忍八智，忍是無間道，斷煩惱隨眠，智是真如，是解脫道。在現觀苦諦時，障覆見苦諦有幾許煩惱，皆一時頓斷。三界見修所斷惑，依《俱舍論·隨眠品》說，共有九十八種。於中見道所斷有八十八種，於見道時一頓斷，餘十修所斷。證八忍時，斷四諦上一切煩惱，苦法智生，證無漏真如，了知苦實是苦，餘可例知。詳如《俱舍論》中說。

部派佛教中無真見道與相見道之名稱，這是後來大乘別立的名目。總以斷盡所斷煩惱，即是見道。依《俱舍論》說，從世第一位觀所取能取空時，即進而觀四諦生此十六心，時間極快。十六心者，謂十六剎那耳。此十六心依唯識說，有二種："一者依觀所取能取，別立法類十六種心……此十六種心，八觀真如，八觀正智，法真見道，無間解脫，見自證分，差別建立，名相見道。二者依觀下上諦境，別立法類……各有二心；一現觀忍，二現觀智，如其所應，法真見道，無間解脫，見分觀諦，斷見所斷百一十二分別隨眠，名相見道。"論云："菩薩得此二見道時，生如來家，住極喜地……能盡未來，利樂一切。"菩薩從初發菩提心起，即為求得見道，生如來家，現在既酬從無量劫前所發的希求心願，故極歡喜。此時菩薩得百法明門，而能利樂一切有情。

第五節　修習位

無得不思議　是出世間智
捨二粗重故　便證得轉依

前面說見道位，一種忽然貫通的境界，是悟唯識性，也就是悟真如法性。悟了之後，一切思想上的顛倒知見煩惱，固然斷除了，但事上即生活上的煩惱，如貪瞋痴慢等尚未斷了，還需要重修，這是學佛法的菩薩第二步工夫。因為迷事惑的分別俱生煩惱所知二障不易斷，尤其是所知障更不易斷，要漸修方斷，所謂分斷煩惱，分證真如是也。此後修習就比較容易了，因為已悟真如，再不會輪迴生死中去了，只需要下很長的時間去修習。

這首頌中，前二句說前見道時所證得無分別智，第三句說修習位的境界，修行斷煩惱，後一句說修習位修行的結果。"無得"即前面的"智都無所得"的無分別智境，因遠離了能所取的戲論分別，故云"無得"。"不思議"是形容無分別智的功用，此無分別智"善契真如，功用難測"。無得是從分別智的漏上說，不思議是從其用上說，其作用難測，故曰不思議。這是根本無分別智，非世間的有漏加行智，故云"是出世間智"。因為是斷了世間一切戲論分別，故名出世間。無分別智有三義：一無得，二不思議，三出世間智。在真見道時既得此智，修道位中，八地以前加功用行，能再現前；八地以後，任運現起。又出世間智，必具二義：一智體是無漏，二親證真如。後得智雖是無漏，但不直接親證真如。故唯根本智得名出世間智。

"捨二粗重故"，粗重又是種子的別名，二粗重即煩惱所知二障的種子，也就是二取習氣。這是二種生死的根本，故名粗重。"捨"有棄捨和斷除二義，因為捨了二種粗重的緣故，便證得轉依。"轉依"是轉依果，即是涅槃和菩提。捨二粗重的時間，尚需要經過兩大阿僧祇劫，由初地至七地為一劫，由八地至佛位為一劫。因為二障不容易斷，必要修行經過長時間的十地階位。在此期中，二地要修一波羅蜜多勝行，斷一種粗重（障），證一種真如。經過這十位歷程之後，即可成佛。今後十地，略說其修斷證果的差別。

一、歡喜地：入如來家，得聖種姓，觀二空真如，能自利利他，故生大歡喜。此位菩薩，偏修佈施波羅蜜多。佈施度有三：謂財施、法施、無畏施。斷異生障，因為初地前未入聖門，仍屬異生性（凡夫），見道入地，即超凡入聖，故斷異生障。初證徧行真如，此真如境，無所不徧，猶如虛空，故曰徧行真如。

二、離垢地：修戒波羅蜜多。戒謂律儀，有清涼義，其別有三：（一）攝律儀戒，（二）攝善法戒，（三）饒益有情戒。攝律儀戒又有三：一別解脫律儀，即在家出家之規律；二靜慮律儀，亦名定共戒；三無漏律儀，亦名道共戒。攝善法戒，即包括一切善法善行。饒益有情，即利益一切眾生事業之戒律。如是菩薩所修律儀，常無違犯，乃至細行，亦無違越，故曰戒行圓滿。此位菩薩斷邪行障，遠離一切障垢，故曰離垢地。所有律儀以持戒律行為徧勝，持戒即是正行，過有規律之生活，不做一切非法事業，得最勝真如。因持戒關係，具無邊功德，超勝一切故。

三、發光地：因得大總持法門故，發大智慧，名發光地。此地菩薩修忍辱波羅蜜多。忍辱有三：（一）耐怨害忍，謂能忍耐怨敵損害，而不加報復，不起瞋念；（二）安受苦忍，對於一切生活上的環境痛苦，能自忍受，隨力改造，不如意者，亦不怨天，更不尤人；（三）諦察法忍，在修行智慧時，很真實的觀察一切法性相，有忍耐力，若無定力，則不能修般若波羅蜜多故。修此忍耐行，斷暗鈍障，證勝流真如，亦即名為法界等流真如。

四、焰慧地：此地菩薩於菩提分法中，修令菩提法增長，發出智慧，如大火焰，能燒一切煩惱之薪。修精進波羅蜜多，亦有三種：（一）披甲精進，隨修一種波羅蜜多時，其餘波羅蜜多亦同時修行；（二）攝善法精進，謂努力勤修一切善法，佛法門中，不捨一法故；（三）利益有情精進，對於一切有利益眾生人類的事業，無不奮發努力作去。此位菩薩斷微細煩惱現行障，證無攝受真如，謂此真如性不屬我法二執所攝受故。

五、極難勝地：此菩薩的能觀智與所觀境，能令真俗不二，真俗二諦同時現前，互相融攝，此事甚難，而菩薩能辦，故云極難勝。此地修靜慮波羅蜜多，亦有三種：（一）安住靜慮，謂安住禪定中，所謂那伽常在定之意；（二）引發靜慮，此定可以引發清淨無漏智慧，能觀真俗不二之性空境界；（三）辦事靜慮，在辦事時亦能不離禪定。所謂"攝心一處，無事不辦"。因這定的關係，此位菩薩，斷下乘涅槃現行障。下乘即二乘，若入二乘涅槃，則不能成佛利生，故成為障，此地能斷，證類無別真如，此真如無種類差別。如無眼等六根，異類差別。

六、現前地：此地修般若波羅蜜多。般若有三：（一）生空般若，斷我執障；（二）法空般若，斷法執障；（三）二空般若，雙斷二執障。修般若行，住緣起智，了達緣起即是性空，性空即是緣起。事理無礙，乃至事事無礙，引發根本最勝無分別智，斷粗相現行障，即所知障中的俱生所知障。此障有染有淨，斷此障已，證無染淨真如，就是生滅不二，淨染不二之性空智境。

七、遠行地：此地菩薩常現觀無相，仍有功用，超二乘境界，不著常樂我淨相，修方便波羅蜜多。所修善法方便有二種：（一）迴向方便，（二）濟拔方便。自己所作一切善法，迴向廣大菩提，是謂大智；以種種方便濟拔眾生，是謂大悲。有此悲智二種方便，故能遠行。超越二乘，斷細相現行障，證法無分別真如，即一切法之性空無差別性，一相無相之性空真理。

八、不動地：依唯識說五地以前，菩薩修有相觀多，無相觀少。入六地後，無相觀多，有相觀少。入第七地純無相觀，然須加行。無相觀理，根本無分別智方能現前親證。根本智雖在初地已得，但非時時現前。因此，地上菩薩有時有漏現行，有時無漏現行。菩薩起無漏現行時，有時故意現諸煩惱，而度眾生。八地以上根本無分別智，任運相續，不用加行，亦能現前，不為一切煩惱，一切境界所動，故名不動地。修願波羅蜜多，願有兩種：（一）求菩提願，（二）度眾生願。此二願心初發心以來，既已具足，然或有時而不現行，八地以後，此二願心，常時現起，而不間斷。斷無相中作加行障，證不增減的空性真如。

九、善慧地：此菩薩得四無礙解智，說法無礙，名為善意。修力波羅蜜多，亦有二種：（一）思擇力，（二）修習力。有此二力得四無礙智，恆常說法，廣度有情。斷利他不欲行障，證智自在所依真如。

十、法雲地：具足廣大教法，猶如雲蔭，作大法雨，利益眾生。修習智波羅蜜多，斷諸法未自在障。於利生事業，一切自在；又於一切法皆得自在，證業自在所依真如。

以上十地菩薩所斷之障，每一障中有兩種粗重，恐繁略之。今依十地的修行、斷障、證果，列表如下：

一、歡喜地—修布施度 ｛財　施／法　施／無畏施｝ 斷異生障 —— 證遍行真知

二、離垢地—修戒度 ｛攝律儀戒／攝善法戒｝ 斷邪行障 —— 證最勝真如

地位	修行	行相	所斷障	所證真如
三、發光地	修忍辱度	耐怨害忍／安受苦忍／諦察法忍	斷暗鈍障	證勝流真如
四、焰慧地	修精進度	披甲精進／攝善法精進／利益有情精進	斷細微煩惱現行障	證無攝受真如
五、極難勝地	修禪定度	安住靜慮／引發靜慮／辦事靜慮	斷下乘涅槃現行障	證類無別真如
六、現前地	修般若度	生空般若／法空般若／二空般若	斷粗相見現行障	證無染淨真如
七、遠行地	修方便度	回向方便／濟拔方便	斷細相見現行障	證法無別真如
八、不動地	修願度	求菩提願／度眾生願	斷無相中作加行障	證不增減真如
九、善慧地	修力度	思擇力／修習力	斷利他不欲行障	證智自在所依真如
十、法雲地	修智度	受用法樂智／成熟有情智	斷諸法未自在障	證業自在所依真如

　　由此觀之，"捨二粗重故，便證得轉依"，這兩句頌文，便包括了以上所說的十地菩薩之行位，知所斷之障所證之果。"轉依"，是最後所證的二轉依果。依謂所依，即依他起。依他起有淨分和染分。此中所說謂清淨分依他及圓成實性。轉有二種：一轉捨，二轉得。轉即捨名曰轉捨，如捨染即得淨，捨苦即得樂，捨徧計執即得圓成實，捨煩惱障得大涅槃，捨所知障得大菩提。此中轉捨轉得，都不離行者的內心識力，即以此故，成立唯識。論曰："成立唯識，意為有情，證得如是二轉依果。"轉依之義，復

第八章　實證的唯識論

有四種，不能廣釋。列表如下：

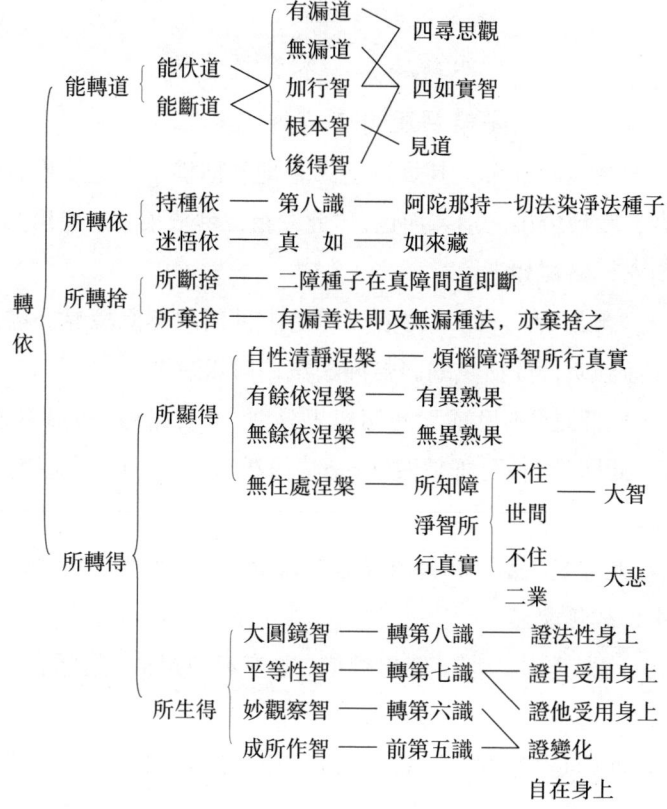

　　如是轉八識成四智，得三身三土，就是圓滿的轉依果，也就是唯識學上最高的究竟境界，也就是學佛法的目的地，也就是人生之真正價值，是佛境界。

第六節　究竟位——佛果

此即無漏界　不思議善常
安樂解脫身　大牟尼名法

這一頌說明佛果。其實，前第十地盡即佛果究竟境界。此頌所說者，說轉依果之別名而已。"此"指二轉依果，這裡用八個別名說明它。略釋如下：

一、"無漏界"，此二轉依果即是出世間的無漏境界。盡斷有漏，性淨圓明，故曰無漏。無漏法藏，曰無漏界。

二、此即是"不思議"。超諸尋思分別，心言路絕，故曰不思議。

三、此即是"善"。善是微妙，是清淨法，遠離生死、粗重因果，故名曰善。

四、此即是"常"。此轉依果是無盡常，非自性常，盡未來際，廣度眾生，故無窮盡。

五、此即是"安樂"。佛果轉依，無有逼迫損惱，清淨自在，故曰安樂。

六、此即是"解脫身"。斷二障已，得大解脫，超過二乘解脫，曰大解脫。

七、此即是"大牟尼"，牟尼，寂默義。得二轉依，成就最上寂默，智與法性，俱離言說分別故。

八、此即是"法"，法曰法性身，具足無邊無漏功德法聚，故曰法身。若依廣義言之，以一切法為身，名之法身。

附录：阿赖耶缘起与如来藏缘起之研究

一 云何缘起

庄子曰："天其运乎？地其处乎？日月其争於所乎？孰主张是？孰纲维是？孰居无事推而行是？意者其有机缄而不得已邪？意者其运转而不能自止邪？"又曰："云者为雨乎？雨者为云乎？孰隆施是？孰居无事淫乐而劝是？风起北方，一西一东，在上彷徨，孰嘘吸是？孰居无事而披拂是？敢问其故？"释子曰：宇宙天地之起也，人生万物之生也，日月时运之周行也，风雨气节之变化也，於斯大自然界中一切万法，无主张者，无纲维者，无推而行者，亦非机缄而不得已也；无隆施者，无劝是者，亦非无事而披拂也。曰：然则宇宙天地果乌乎以运处耶？乃至风雨果乌乎嘘吸而披拂耶？一切万有，生生变化百态不已者，果何故耶？曰：众缘以起，因缘成熟，而现象结果以之而起故也。是故宇宙万法之起，从众缘而起；日月之周行，从众缘而运动；风雨之变化，乃至大自然界内一切生物，若动物，若植物，若矿物，凡有现象形体之法，皆从众缘而起，其中决无主张纲维之者。所谓众缘者何？曰：宇宙之万法是也。此法之生起，由他法为缘而得生起，即此一法，又為他法生起之緣。如是法法為緣，相互以成其體，即此眾緣所成之體，又復為緣生起眾法。如是觀之，宇宙也，萬法也，自然界也，生物聚也，一緣之變化而已；故曰緣起。

一切有情，若人類，若動物，五趣四生，升沉流轉，冀樂不得，反受痛苦，誰為之？孰令行之？復次，有情界之轉變，或為人類，或作天眾，或為牛馬昆蟲之類，乃至或為餓鬼地獄之類，其生活之狀態，或享受快樂，而飲食衣物自在豐裕；或感受痛苦，而飲食衣物困乏不得。孰創造是？孰主宰是？孰觀樂而迫行是？意者自然不變之如是耶？意者物競天擇而不得已耶？敢問其故！釋子曰：眾緣以成。從因緣而得結果。生滅律中，因果不爽，無誰何而為之，無誰何而行之，無誰何而主宰，更無誰何觀樂而迫行之。曰：若爾，一切有情升沈變化苦樂無常，果何為而然耶？曰：為因緣而如是也。是故人類之生死無常，苦樂時移，乃至社會界內一切變遷，生物類中無量差異，皆從眾緣而得顯現；離眾緣外，則無一切社會變遷，亦無一切人生苦樂差別可得。由是觀之，人生也，苦樂也，有情界之差別也，社會現象之變遷也，生滅無常之轉移也，亦緣之變化而已；故曰緣起。

有情眾生，由厭苦故，起上求心，止惡修善，沁心淑世，明因果理，漸次修學，見四諦道，曰聲聞者；觀緣生理，曰緣覺者；發大悲心，自度度生，勤修六度四攝，求證菩提涅槃，究竟利樂一切有情者，曰菩薩者；菩薩之極，大覺圓明，宇宙人生，一切性相，幻事真如，如量如理，畢竟證得，為三界尊，作天人師，是曰佛陀。聲聞緣覺，雖獨善其身而自利，然亦為消極出世之聖者；菩薩佛陀，不顧自利，以利他為前提，乃積極入世之聖者。喻其福樂，四聖咸已解除人生最大之痛苦，入涅槃樂。言其智慧，四聖雖見地不同，而要皆各明自境之性相事理。論其行為，四聖則威儀精嚴。談及福德，四聖則普為人天供養。若廣論三乘之別，無量無邊，一如經論分別所說。如是聖者，皆為人天眾生之救度者；四種聖人之出世，蓋為人天世間之福音，能真實予眾生以快樂，除人類之痛苦也。或曰：四聖自度而度人固矣，其度人之方便，又復無量，範圍時間，無邊無盡，等眾生界。窮未來際，畢竟求度一切有情，皆令離苦，獲諸安樂。如是之作為，誰所使耶？自動作耶？他使作耶？抑天命自就而作耶？復次，眾生之能成聖者，出離生死，其自然之演進歟？已成聖者之所使然歟？復次，一切眾生皆能成就聖者功德，何以眾生界之不滅而日見繁殖？聖者界之不增而世間罕遇？況今日世界文明之進化，眾生益感其痛苦，大悲之聖者，果烏乎而不降生人間作大佛事濟救眾生耶？將眾生之永為眾生歟？聖者之永為聖者歟？敢問其故，曰：一初事業，皆由因緣而得成就。聲聞乘人之成聲聞者，依其因緣故；緣覺乘人之成緣覺者，依其因緣成故；菩薩乘人之成菩薩者，依其因緣而成故；佛陀之成佛陀者，亦依其因緣而得成就。是故出世聖者，皆從緣起，其度生濟世造作諸佛作諸事業者，又何一而非從緣而起依緣而成耶？由此觀之，人天乘之佛法也，聲聞乘也，緣覺乘也，摩訶菩薩也，究竟佛陀也，亦緣之變化而已；故曰緣起。

宇宙萬有，人類群品，世間諸法，出世諸法，凡有生滅現象者，皆待緣起。此一法之生成養育，待彼眾緣；彼一法之生成養育，亦待眾緣。如是一一法之生成養育皆待眾緣，故知諸法為眾緣而起諸法，亦即眾緣起諸法而還為眾緣。一法為諸法緣而起彼諸法，諸法為一法緣而起此一法。如是如是，諸法同入於一法，共起於一法，則諸法不可得。如是如是，一法遍入於諸法，遍成於諸法，則此一法亦不可得。從其所起之諸法觀之，唯有緣之變化現象，而諸法之自體不可得。故一切宇宙諸法之生成養育，唯緣起而已耳！

　　為緣能起諸法之法，本即諸法，決無超諸法外，或出諸法上，別有一種物力或神力以起諸法也。雖然就其為緣起諸法之特勝點以推論，則有其各種集中觀點之不同，因此集中觀點之不同，則為緣而能起諸法者不一。以此種為緣能起之法，於宇宙萬有諸法之中，為一種抽象說明之緣起，在古之印度宗教哲學上，或說為自性、神我、梵、天等等。在中國哲學上，或說為虛無大道、無極、太極、混沌元氣、自然、天命等等。在近代之西洋哲學上，或說為氣體、水體、原子、電子、量子、分子等等。耶教等則說為上帝創造；在佛教上則說為業感緣起、六大緣起、阿賴耶緣起、空智緣起、無明緣起／真心緣起等等。所言真心緣起，即是如來藏緣起。

　　上述為萬有緣起之各種觀點，雖出抽象說明的差異而不能同一，然仍各有其主張與見地，亦皆為世間道理極成之住尋伺地具聰慧者所研討，吾人對於佛法以外之能起萬有的諸說，且略置勿論；今茲就佛法緣起諸說中，一探討阿賴耶之緣起說與如來藏之緣起說。

二　阿賴耶緣起

甲　阿賴耶緣起之兩種作用

　　"阿賴耶"乃不具體形而普遍攝持諸法之一種精神的心靈的作用，且為有情界類各個有情全部精神之主體，而亦為宇宙萬有諸法之全體所依止。就宇宙萬有之本體現象說，阿賴耶能變現此宇宙萬有之現象，所謂一切諸法，皆是阿賴耶之現行。凡為有情心識所緣慮之一切對象（諸法），皆是阿賴耶識之所變現。因此阿賴耶在為宇宙人生萬事萬物之生起總緣上，阿賴耶識有兩種強有力之作用而為宇宙人生之緣起：一者內在之執持作用；二者外在之變現作用。

云何阿賴耶識內在之緣起作用？內在之法，即指各個有情命之生物的肉體根身而言，普通之所謂五感官，佛典所謂五根色身之正報的有情世間是也。此五根色身，為一一有情命之生物的全體。依生理學說，人身之機體組織，藉有十數種之原素而組成，依唯識理，此說與四大之說可茲成立。然而此種原素所組合之身體，由於阿賴耶識之變生。從入母胎，執受父母精血，漸次轉令增長，成就報身；出胎之後，復由此識所執持故，及由外緣資養育故，漸復成長，乃至此識未捨此身根時，此種身根終不壞滅。若復此識捨離身根，則此身體頓失知覺，而成死屍，如木如土。由此道理，一一有情命之生物，皆有此阿賴耶識。此識復為一一有情命之生物之內在的肉體的主人翁，即是此為緣而起此一一有情命之生物的體系現象。

云何阿賴耶識外在之緣起作用？此所言外在之法，即總指大自然界，謂吾人所處之世界國土、山河大地、草木叢林、生活所需諸資生具，一一有情所受用者；在身外者，依科學之分劃，為天文、地理、動物、植物、礦物、及社會等等。除去自身，咸曰外在，佛學之所謂依報的器世間是也。如是紛雜難窮之器世間，所謂大自然界有不可思議的現象和神秘難測的美妙，然亦各有其組織和生成原素，似與賴耶不甚關係；但依據唯識之道理推究，此大自然界之演變，森羅萬象之奇妙，有情生活之資具，生存壞滅之蛻移，皆由阿賴耶識之所變起。全宇宙內若事若物,大至河嶽,小至原子,無一法而非賴耶之為緣以轉變以生起也。離此識外,非僅親切之根身必壞,即此疏遠之萬象,亦皆歸消亡。是故內在根身,外在器界,皆非離識而獨存在。由是故可知阿賴耶緣起諸法道理,唯識常言,唯識無外境,證明此事,經論多端,今略示知。如《成唯識論》說,成就四種智慧之菩薩,即可證知一切外境及與根身,皆依賴耶而為緣起。言四智者:一、"相違識相智",謂對同一境界,有情各別,業識差別,所見各異,故知境界為識所變。二、"無所緣識智",如緣過去未來及夢境等,雖無事物,而識可現,此既如是,現實所觀一切境界,亦應無實而唯識現。三、"自應無顛倒智",此謂凡夫異生之智,不得實境,而常顛倒。若境實在不顛倒者,則凡夫異生,無庸修習對治之道,應自然解脫其痛苦也。此既不而,故知外境不實,由內識緣而虛妄起。四、"隨三種智轉智":一者"隨自在者智轉智",即現得自在人,隨其欲樂,可以轉變一切外境,心有自在力故。二者"隨觀察者智轉智",此即得大定力之人,能觀一境而眾相可現,定心力強故。三者"隨無分別智轉智",此即入見道位親證實相時,一切境界概不現前,一相無相,真如法性,唯智斯證,心智力故。由此故知宇宙萬法,若有體有現象者,有生有住滅相者,皆依阿賴識以為緣故而得生起,亦因阿賴耶識以為緣故而得變滅。

由此阿賴耶識兩種力用,為宇宙人生一切萬法生起之要因。依其第一種作用力故,更可說明一切人生社會之內層的變化。蓋識既為一一有情命之生物的本體因緣,則一一有情命生物之所以成其差別者,皆因此識轉變力故。有情物之此識,依其業力差別者薰習,即變現其一類一類之有情命生物的等級不同,大別之為低級的動物類（包括傍生餓鬼地獄類有情），中級的人類天類，上級的超人天類之聖者類（包括聲聞等三乘聖者）。如是如是有情類之差別，無量無邊。其一一有情類，復有一一有情類之社會組織，生存養育。如是如是交遍互成之各種關係，以表示大宇宙內萬類生靈無量無邊之差別，在其各種關係交替上，而現有善惡利害之無量無邊之互異，即所謂各種之生物社會也。如是如是此種各異之關係為識業力故，而使一一有情在各類各類之有情聚中輾轉生滅變化。如是如是之轉變威力，在唯識教上，雖八識之互相變起，而要在其為主之阿賴耶識以為根本之緣起。是故此現實的宇宙萬有現象與現實的人生社會現象，皆依此阿賴耶識為緣而顯現而轉變者也。

上所述之諸法為緣而起諸法，知諸法即緣起，緣起即諸法。今以阿賴耶識以說明緣起諸法之道理，則仍為一種說明宇宙人生萬有諸法之方便實理，並非離卻諸法之外之上，別有阿賴耶之物，為萬能者創生諸法也。故此阿賴耶識為緣起而起諸法，則當知阿賴耶即諸法，諸法即阿賴耶，離阿賴耶固一切法不可得；當知離諸法外，阿賴耶亦不可得！如是即可推知緣起為阿賴耶，阿賴耶即緣起，離阿賴耶緣起不可得，離緣起則阿賴耶亦不可得也。

乙　阿賴耶釋名

"阿賴耶"，是梵文之譯音，義譯曰"藏"。言阿賴耶識，即是藏識；阿賴耶緣起，即是藏識緣起。藏識對一切法作能起緣，由三方面而不同：一、能藏緣性；二、所藏緣性；三、執藏緣性。能藏緣性者，就因果以言也；謂此識能集藏一切法之種子，為諸法生起之因，而諸法為此識所藏種子之果，故應曰能攝藏識。此識如倉，諸種猶穀；能藏緣性，亦復如是。所藏緣性者，就薰習以論也；謂此賴耶受前七轉識心心所法之薰習，此識所薰，轉識能薰，能薰勝故，此識力劣，將劣就勝，以劣顯勝，故此識曰所藏。其實應曰所薰藏識。執藏緣性者，就我相以立名也；謂此識一向無記，而為第七末那識執以為我相故，起我見故，是則此識常為"末那"之顛倒見慢癡愛所執持，其實相真面，不得顯現，不得自在皆因此故，故應名曰我愛所執藏識。如是三藏，或就因果之關係，或就薰習之差別，或就我相執藏之顛倒，皆能顯示此識與宇宙人生萬有諸法之互待關係的因緣條件。此種關係條件，極其繁雜難知，如《八識頌》"浩浩三藏不可窮，淵深七浪境為風，受薰持種根身器，去後來先作主公"。此阿賴耶識之全體寫照也。

復次，此識為諸法緣起，前二種義通指情與無情，而亦攝無漏種子，故又通漏無漏。第三義則唯就精神之有情以言，且唯有漏也。就能藏言，賴耶攝持宇宙人生萬有諸法之本質種子，而不失不壞，若遇勝緣，種起現行，故此能藏之所藏性，乃宇宙萬有之本體。就所藏言，賴耶全體為轉識境界等薰習，即是宇宙人生萬有諸法之轉變薰習，而此能薰習之種種轉識（人生），種種境界（宇宙）及其薰習時之各種差別，一一不同。故此所受薰識之表現，即彼能薰之轉識境界；故此所藏之能藏性，乃宇宙萬有之現象也。就執藏言，此識為末那執以為我，由執我故，諸轉識等，顛倒變現，造作諸業，人生社會之變遷，萬類有情之升沉，五趣四生之流轉，皆此被執藏之現象也。今特列一表以明之：

附录：阿賴耶緣起與如來藏緣起之研究

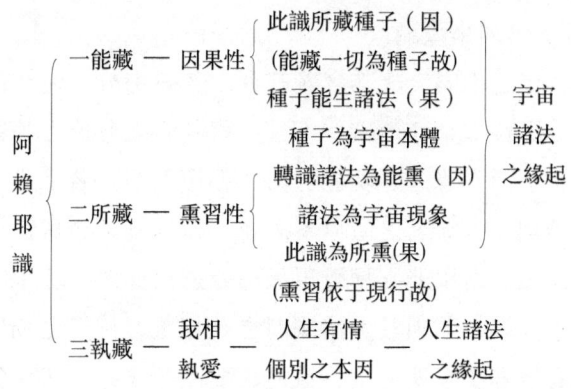

丙　阿賴耶之異名與分位

　　此有組織性有攝持性之阿賴耶識，為宇宙的人生的一切諸法之本體，故宇宙諸法烏乎而有？由阿賴耶緣起而有。人生萬有由何而有，由何而生滅變化？由阿賴耶而有而生滅變化。然此為宇宙萬法之總緣之阿賴耶，因變現之威力極其廣大，故曆來研究者之說明，亦復不一。其所安立之異名，尤復不一，今特一一舉之。依《成唯識論》別立：（一）心，由種種法熏習，種子所積集故。（二）阿陀那，執持種子及諸色根令不壞故。（三）所知依，能與染淨所知諸法為依止故。（四）種了識，能遍任持世出世間諸種子故。（五）異熟識，能引生死善不善業異熟果故。（六）無垢識，最極清淨諸無漏法所依止故。（七）根本識，是眼識等所依止故。（八）有分識，是恒遍三有之因故。（九）窮生死蘊，唯有此識窮生死際故。（十）愛樂欣喜阿賴耶，有情執我生愛著故。（十一）名意，真能結生相續故。（十二）名了，心意識了，名之差別故，了別根身器界種子故。（十三）名初能變識。（十四）名第八

~ 245 ~

識。(十五)名如來藏識。

此諸名字之不同，故其含義有別。名義別故，則其在於法界有情類之分別位次，亦復廣狹不一。就其名義分位之各異，以推定其變現諸法而為緣起之功能勢力，亦復差別。名字雖有如是之多，而其體則一也。名之所以不同者，蓋因其染淨薰習勢力之別故也，然此識之所以能支配變現盡虛空遍法界之一切諸法，而又各別顯現不同者，蓋因其與諸法間之互相薰習轉變之所致。薰習之力，在有情界交互關係上，占最重要之意義，一切社會關係之轉變，宇宙天地之推易，皆由此識與轉識之薰習力所使然。所謂為人、為天、為地獄、為餓鬼、為傍生，皆由此識與諸轉識薰習力故變現不一，乃至為出世之聲聞人、緣覺人、菩薩人，並與佛陀，無不由於此識與轉識之薰習勢力而使其成就也。故知此阿賴耶為諸法緣起，而亦有等級分位之不同，勢力之支配亦因之有別。茲將異名之分位勢力表示如次：

依此表觀之，阿賴耶之種種異名與十法界有情之關係，可推知其如何而支配十法界之有情也。在《成唯識論》，大別此識為二位："一、有漏位，無記性攝，唯與觸等五法相應，但緣前說執受處境。二、無漏位，唯善性攝與二十一心所相應。"

十五名中，一、八、十、十三、十四之五名，唯通有漏位之異生。五、九、十五之三名，則通於九界之聖凡有情。餘二、三、四、七、十一、十二之六名，則通十界聖凡位。第六一名，唯通佛位。此各種異名，就有情之類別與其智識之程度以為準定，具有某種智慧，居於某種地位，即由某種名義之阿賴耶識，以變現其種種境界之現象，若捨離某種染污薰習之境地，亦即捨去其阿賴耶之某種名義矣。

附录：阿賴耶緣起與如來藏緣起之研究

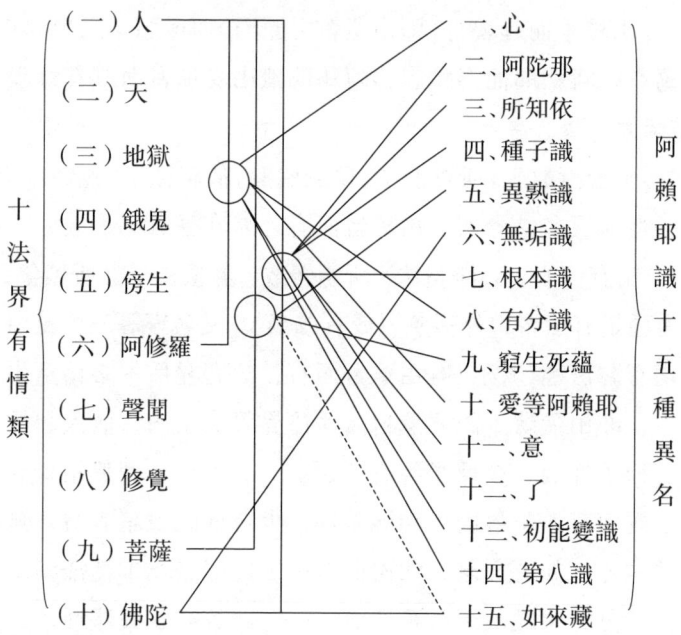

丁　阿賴耶緣起之現實

（一）薰習：阿賴耶之所以能為諸法緣起者，當為其薰習之意義。薰習在唯識學上占重要之地位，蓋若無薰習之事實，則無種子，無種子則無現行，無現行則無一切異生之依正現象，亦無一切聖者之依正莊嚴。坦率言之，無薰習則在因無種子，在果無異熟也。換言之，即無阿賴耶。倘無此識，則一切法無矣。故知賴耶之所以成為阿賴耶緣起者，由於熏習。一切眾生之所以沉淪，知五趣生死流轉者，由於薰習。二乘菩薩之所以出生死修萬行者，亦因薰習。《成唯識論》云："一切皆有異熟種子，皆異熟生……由薰習力，轉變成熟，立異熟名。"究竟成佛，圓滿果德，而復輾轉教化有情者，皆因薰習之故也。薰習通染淨，通漏無漏，由薰習而成種子，由種子而起現行，即由薰習之原因，而成結果之現象也。故宇宙萬有以阿賴耶而為緣起，阿賴耶識由受薰習而成其緣起。如《成唯識論》第二卷云：

"種子皆薰故生，所薰能薰，俱無始有，故諸種子，無始成就。種子即是習氣異名，習氣必由薰習而有，如麻香氣花薰故生。如契經說：'諸有情心，染淨諸法，所薰習故，無量種子之所積集。'論說'內種定有薰習，外種薰習或有或無'。又名言等三種薰習，總攝一切有漏法種，彼三既由薰習而有，故有漏種，必籍薰生。無漏種生，亦由薰習，說聞薰習聞淨法界等流正法，而薰起故，是出世心種子性故……種子各有二類：一者本有，謂無始來異熟識中，法爾而有，生蘊處界功能差別，世尊依此說諸有情，無始時來有種種界，如惡叉聚，法爾而有……此即名為本性法種。二者始起，謂無始來數數現行薰習而有……諸論亦說染淨種子，由染淨法薰習故生，此即名為習所成種。"

由此證知阿賴耶之能成為緣起者，由於薰習。薰習在經論皆說為一種習氣，習氣即吾人常言之習慣性也。此種意義，在普通之心理學上，為一種普遍的習性。《孟子》曰："仁義禮智，非由外鑠我也，我固有之也"。《語》云："性相近也，習相遠也"。應知一切萬物，唯心所造，豈獨仁義禮智哉？舉凡一切人生社會之各種景象，各種狀態，人智之賢不肖，人性之善不善（中國性善性惡之說），何一非薰習與種子之關係而使然耶？又如《孟子》云："惻隱之心，人皆有之；羞惡之心，人皆有之；恭敬之心，人皆有之；是非之心，人皆有之；辭讓之心，人皆有之。……"此固為薰習所成之種子心心所之現象也。故知人性之善惡，在乎其薰習之善惡，所謂轉識心浪之薰習也。社會環境之好壞，亦在於薰習之好壞,移風易俗,所謂境界塵風之薰習也。人生之果欲安樂也,宜速改其不善之薰習,而易以善之薰習!社會之果求良善也,宜速換其不好之薰習,而易以好之薰習!庶安樂之可得也,良善之可期也。

有情界之薰習法,有薰習者,有被薰習者,即論說為能薰所薰也。此二皆在於心。阿賴耶為所薰法。轉識心所境界等為能薰法。如《成唯識論》第二卷云:

"何等名為所薰四義?(一)堅住性,若法始終,一類相續,能持習氣,乃是所薰。此遮轉識及聲風等,性不堅住,故非所薰。(二)無記性,若法平等。無所違逆,能容習氣,乃是所薰。此遮善染,勢力強盛,無所容納,故非所薰。由此如來第八淨識,唯帶舊種,非新受薰。(三)可薰性,若法自在,性非堅密,能受習氣,乃是所薰。此遮心所及無為法,依他堅密,故非所薰。(四)與能薰共和合性,若與能薰同時同處,不即不離,乃是所薰。此遮他身,剎那前後,無和合義,故非所薰。唯異熟識,具此四義,可是所薰,非心所等。何等名為能薰四義?(一)有生滅,若法非常,能有作用,生長習氣,乃是能薰。此遮無為,前後不變,無生長用,故非能薰。(二)有勝用,若用生滅,勢力增盛,能引習氣,乃是能薰。此遮異熟心心所等,勢力羸劣,故非能薰。(三)有增減,若有勝用,可增可減,攝持習氣,乃是能薰。此遮佛果圓滿善法,無增無減,故非能薰。彼若能薰,便非圓滿,前後佛果,應有勝劣。(四)與所薰和合而轉,若與所薰同時同處,不即不離,乃是能薰。此遮他身,剎那前後,無和合義,故非能薰。唯七轉識及彼心所,有勝勢用而增減者。具此四義,可是能薰。"

由此所薰與能薰之法交互和合，"俱生俱滅，薰習義成，令所薰中，種子生長，能薰成種，種起現行"。種子阿賴耶者，宇宙萬有之本體也。現行阿賴者，宇宙萬有之現象也。故由薰習，阿賴耶為緣起而宇宙現實，人生現實。如表。

（二）種子：一切法之生起，由於阿賴耶識所攝持之一切種子，遇因緣故，而得生起。種子者，"謂本識（阿賴耶）中親生自果功能差別"。各類種子在阿賴耶識上，由賴耶所攝持，並非賴耶能生諸法種子。由此知阿賴耶在諸法之生滅薰變的過程中，雖具有吸引性之攝持力，而不能主宰諸法之生滅命運，諸法之生滅薰變，仍為諸法之眾緣關係。然諸法種子與"本識及所生果，體（本識）用（種子）因（種子）果（現行），理應爾故，雖非一異，而是實有"。是謂種子，即是阿賴耶識之所攝藏，亦即是阿賴耶識。雖不定一而亦不定異故，故由種子之因，而親生諸果現象。一切法在種子位，由賴耶攝持故，種子不異賴耶故，種子為賴耶之因相。諸法在現行位，由賴耶所轉變故，亦攝持故，現行諸法亦不異阿賴耶故，一切法之異熟現行，為賴耶之果相。宇宙萬法之生滅，人類眾生之差別，既皆不離其因果關係，而因果之本相，又即為阿賴

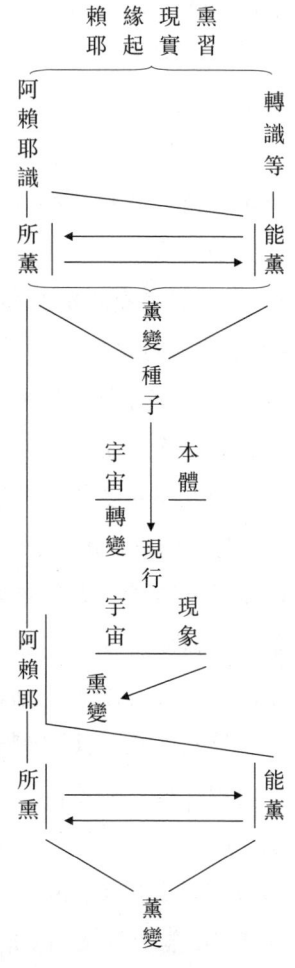

耶識。故就諸法種子義、現行義，可以推知宇宙人生之現象，由於阿賴耶識而得現實者也。如表：

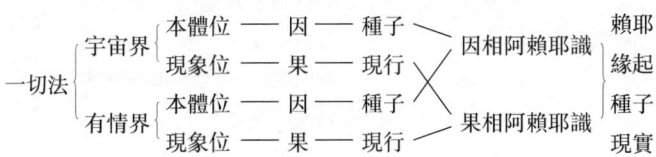

（三）四緣；一切法之生起，其種子由於薰變，其現行則由種子，是為唯識緣起之正理。然諸法之起，所藉之緣實不僅賴耶。因賴耶為諸緣中之最重要而有力者，唯識常說為一切法之親因緣者，故說阿賴耶緣起。其實諸法生起之緣，應具四種：(一)因緣，謂種子賴耶，即一切法（若色若心）各自親生自果之因。若宇宙體相，若人生心理，若環境差別，皆由其自種為因緣而生；如穀之有穀種子方生穀芽等然。（二）等無間緣，謂心心所法 [除無學者最後之心]前念引後念故，因此而有一切心理變態之不同。（三）所緣緣，即是一切心心所法所知所緣之境界現象。廣義之所緣緣，謂此種種境界現象，一方面有力助生一切現象界諸法（此即作增上緣）；一方面亦有力引生一切心心所法（心理）之各種變態。故就所緣緣說明諸法，此緣即是唯物論，不但現象環境，是心所緣所知之物而生起，即心理之各種變態，亦皆由於此環境現象而生起，如云"心不孤起，仗境方生"等。故一切人生社會，心理物理，皆是唯物緣起。其為緣助生環境現象者，為唯物的物；其為緣引生心理變化者，為唯物的心。（四）增上緣，此緣最廣，一法之生，除為直接關係之三緣外，餘一切間接關係，或不作關係，或逆關係者，皆曰增上緣。凡一法之生，皆藉此四緣，故緣起之"緣"當通指此四緣也。而阿賴耶又總攝此四緣。如表：

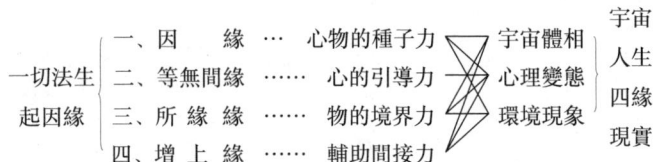

此四緣以因緣為最精深而廣博。其所緣增上二緣，雖亦廣博而不精深，於諸法只能為緣而不為因也。至等無間緣範圍最狹，乃引生心理轉變之一種勝增上緣而已。又此四緣，後後必具前前，故以因緣為基礎；而因緣者，阿賴耶識之一切種子也。餘之三緣，阿賴耶識之現行，現行上助生諸法之特緣而已。如表：

戊　賴耶緣起之實驗證據

阿賴耶識為生起宇宙一切法之總緣，其道理與現實，已如上述。諸有智者，應自明了，應自信解！其有愚者，或未解了，或未諦信，故在《成唯識論》第三卷廣引聖言及諸正理而證明之。惟此教理在古印度學說上，思想界、教育界、佛教界中，或有力量。然在今日世界學說思想之轉變中，人心已大非昔日可比，一般科學哲學界，於五教十理，信者極少，故今日須另找事實，以證明證知賴耶之五教十理，然後此五教十理，在現代學說思想上方有力量，使一般科哲諸子信仰。因今日之一切學說，須有事實經驗作證，斯為佛學界所及應努力之工作也。由此今之證驗阿賴耶緣起，為一切法之現實緣起，除舊教理外，須尋新的事實經驗以證之也。近讀王恩洋居士《八識規矩頌釋論》之"抉擇段"，以現代之事實證明此識，極近道理，爰擇引一二於此，以為賴耶緣起之新證據焉：

"且依心理學故知此識有者：一者，一切有情於曾習事，皆有記憶，及經驗等。過去已滅，云何能不忘失，反因經驗長智力耶？彼生理的心理學家，則謂人有大腦司知覺等，且能將曾所習事留其印象於腦膜中，故能久而不失。此理不然！故無論大小腦髓司知覺運動思想為智慧之根本等為未定之說，今之行為派心理學者已斥其非。謂有動物其腦髓與身體之比重大於人，而智慧乃不及人；又腦髓某部雖復病壞，而某種之知覺運動思想等並不消失，故知腦髓非知識智慧之根本。且如腦髓雖極複雜，然有形有量，必不能遍留一切無窮無限之經習印象。又智慧知識思想經驗極發達者，其頭部並不因之而加大，其腦髓並不因之而加重；思想簡單經驗寡少之人，亦多有龐其軀而大其頭者，腦髓之說必無當也。有以全身組織全身作用說明心理之用者，其病亦然。若爾，則身體發達，必有益於智慧。然而不然，諸文明人身體多弱於野蠻人，文人學士身體必弱於農工用力者，是知身體與心理之發達，非成正比明也。若說別有心識，則諸難解釋。且第八識能持種子，諸已經事皆曾習種子於此識中，識非形量物，種子又非形礙物，互無障礙，而可攝受，故爾經驗日增，而智慧日進，已往之事，可得記憶也。較之大腦之說，豈不優越萬萬哉？（清齊召南墮馬傷腦，蒙古醫取牛腦補之而愈。齊之心理，不因是而牛也。亦腦非心之證。）"

"又心理學上有所謂下意識，有所謂人格之破裂，多重人格之迭起,每有一身前後儼如多人,思想經驗互不相關者,此即變態心理也。如此之變態心理,不可於身體上求之,亦不可於今生之經驗中求之。如若謂有阿賴耶識,種子薰習無始時來原有多種,遇緣而起,起而還伏,則此問題亦便解決。"

"近世德國心理學胡而茲堡學派,主張意識覺而不為,杜里舒等,謂必有靈魂為經驗之儲存所,其用如積水池,並以解釋變態心理;雖不必為近世心理學者所公認,亦不必盡同於佛理,然彼積水池之心,實為正當必有之假設,當知彼所謂靈魂,即有當於佛所阿賴耶識也。"

"再就生物學言,同生命之源起,唯物之理不能通。達而文之《進化論》,杜里舒謂其但為積累說,無當於進化論,故別主張有隱德來希者,超夫物質而能為有生之物之本;生物之所以能各部調和互相攝養損傷回復者,必非各個元子各個細胞之適爾而然,必有超夫各部分各器官各細胞各元子電子之外,而入夫各個之間,有以陰司其調和,長養生生不息之道焉。又曰:此在生物界則曰隱德來希,在心理界則曰靈魂,然安知二者非互通為一?此互通為一者,在佛法則曰阿賴耶識。所以者何?此識一面能執持種子,一面能結生相續,執取自體,及能執受根身故。有情之所由生死不在血肉之軀,設無此識,則此血肉無由生長成就,以此識捨身,血肉雖具,成死尸故。"

"三就生理學上言,此識必有。所以者何?人之身體有外部之行為,有內部之活動。外部之行為,意識主持之;內部之活動,阿賴耶識主持之。彼空氣之呼吸,血液之循環,飲食之消化,屎尿之排泄等,皆非意識所能主持。睡眠等位,六識皆不起,而此等作用一刻不停故。彼為生理的心理學家言:人身臂如機器,心理之作用,即機體之動作耳。吾則以為且置心理之用於不談,即以生理言,取譬機器。機器必有造機者,有司機者,否則無有自然累積之機器,又且無有自動自轉無損無停之機器。今此人類乃至一切動物之至複雜奇妙之機器,至今科學雖已發達,尚無能有造之司之者。彼造焉司焉,又皆超夫六識。然則果誰造之果誰司之乎?曰:有阿賴耶識造之,生之,長養執持之,而司其內部一切之動作。所以者何?此識執取自體結生相繼故,執受根身安危共同故,此識捨身冷觸便起因成死屍而一切作用皆停故。"

從此心理生物生理諸方面觀察,能證實阿賴耶之實有,即賴耶為緣起道理,亦已證知宇宙萬有由何而起?由阿賴耶而為緣起,諸有智者,應信應知!

三 如來藏緣起

上略述阿賴耶緣起之義,說明宇宙萬法,人生群品,本體現象。今次述如來藏緣起:

甲 如來藏釋名

欲知如來藏緣起之義,於如來藏之一名,當先審定解釋。前云"如來藏緣起,即是真心緣起"。真心者,乃指一切眾生各個本具之清淨覺心,亦即《圓覺經》所明之大圓覺心。言如來者,即總攝果位上之一切無漏功德而言。藏有二義:一含藏義,二統攝義。如來藏之解釋,紛紜不一,今略為二釋:一、眾生如來藏,謂在眾生位上——廣攝凡夫二乘菩薩等,含具攝藏如來果位一切功德,名如來藏;以眾生為能藏,如來功德為所藏,藏如來故,是為隱義。二、佛果如來藏,謂在佛果位上,究竟的全體的,彰顯統攝其一切之果位功德；是以如來為能藏，一切功德為所藏，是為顯義。

或作四釋：一、如來即藏義，言如來即統攝一切佛果無量功德。二、如來之藏義，謂如來所證之清淨法界，為如來四智菩提所藏。三、如來在覆藏中義，謂如來之一切功德聚相全體覆藏於眾生——九法界眾生有漏心。四、眾生佛性未顯義，謂如來即眾生之本具清淨佛性，此佛性在眾生雖具而不缺，但隱而未顯現，倘一顯現，即是佛果法身相也（參閱《楞伽義記》上卷）。四義之中，前二義唯就佛說，後二義亦通九法界。

復次，如來藏亦有三藏之義，如天親《佛性論》第二卷云：如來藏義有三種應知。何等為三？一、所攝藏，二、隱覆藏，三、能攝藏。

"一、所攝名藏者，佛說約住自性如如，一切眾生是如來藏。言如者有二義：一、如如智，二如如境。並不顛倒，故名如如。言來者，約從自性來，至來至得，是名如來。故如來性，雖因名應得，果名至得，其體不二，但由清濁有異。在因時為違二空故起無明而為煩惱所雜，故名染濁，雖未即顯，必當可現，故名應得。若至果時與二空合，無復或累，煩惱不染，說名為清，果已顯現，故名至得……所言藏者，一切眾生，悉皆在如來智內，故名為藏。以如如智，稱如如境，故一切眾生，決無有出如如境者，並為如來之所攝，故名所藏眾生如來藏。"復說正境正行正果三無比，故能藏一切眾生，故說眾生為如來所截。此以眾生為所藏，如來之境行果為能藏，故即凡夫乃至菩薩皆名如來藏。

"二、隱復為藏者，如來自隱不現，故名為藏。如來者有二義：一者現如不顛倒義，二者現常住義。此如性從住自性性來至至得，如體不變異，故是常義，如來性住道前時，為煩惱隱覆眾生不見，故名為藏。"此以如來自體性為所藏，眾生之煩惱為能藏，故就如來名如來藏也。"

"三、能攝為藏者，謂果地一切過恒沙數功德住如來應得性時，攝之已盡故。"此以果位之如來為統攝藏一切果位之功德，即是如來攝藏功德義，名如來藏也。"

如是二義三義四義，僅釋其名，列攝如次：

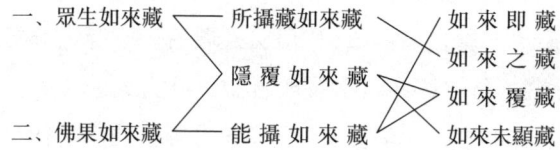

乙　云何如來藏義

吾人之所以流轉生死受痛苦者，由於賴耶之染污薰習，其能返轉而證悟真理者，故亦由於賴耶薰習之反攻。然此賴耶之生滅轉變者，卻又依止如來藏而轉變焉。故知一切眾生，皆有阿賴耶，當知"一切眾生皆有如來藏"，《大方等如來藏經》云：

"善男子！一切眾生，雖在諸趣煩惱身中，有如來藏，常無染污，德相備足，如我無異。"

又《華嚴經》等云：

"無一眾生，而不具如來智慧，但以妄想顛倒執著而不證得。"

《寶性論》云：

"如來說一切時一切眾生有如來藏。"

然以何義知諸眾生皆有如來藏耶？總觀經論，略有三義：一者如來法身遍在一切眾生故。二者如來所證如如之境、如如之理——真如無差別故。三者一切眾生皆悉具有如來法身，亦復具有真如之境佛性體故。由此故知一切眾生皆悉具有如來之藏。茲分別求之約有六義。

（一）佛性義是如來藏義，如來藏依《寶性論》說有十義，而《佛性論》說佛性有十相與此十義全同，茲先說十義：

1. 如來藏體義，如偈云："自性常不染，如寶空淨水。"謂如來藏之體是常是清淨，如如意寶珠，如虛空，如清淨水，此義如真如法性，如自性涅槃。

2. 如來藏因義，如偈云："信法及般若，三昧大悲等。"此謂如來功德之藏，乃從信仰教法及般若慧三昧力大悲心之因以致也。

3. 如來藏果義，如偈云："淨我樂常等，彼岸功德果。"如來藏之果以如來之無倒四德顯之。此四功德，《寶性論》釋之為四種波羅蜜，總顯法身德聚，如《涅槃經‧如來性品》之所宣說。

4. 如來藏業義，偈云："厭苦求涅槃，欲願等諸業。"謂求證如來藏之作業也。由厭苦故，欣求涅槃，一切有情之常情也。求之之方，雖在上精進上願等之淨業發動，倘無如來藏者，則不必厭苦，不必求滅，亦無欲願等業矣。如《寶性論》云：若無如來藏者，不得厭苦樂求涅槃，亦無欲涅槃，亦不願求。

5. 如來藏相應義，謂佛之法身，定慧大悲等，為如來藏之功德性，此性並攝一切眾生性。此三種性，就因以說其相應也。若就果言者，謂如來法界中諸通諸明及漏盡德，皆與真如來相應也。

6. 如來藏行義，行即行位，謂由不能如實證見如來藏之凡夫，及不能圓滿證見如來藏之聖人（菩薩），及佛果究竟證得如來藏之法身，由次第行位，漸漸克證如來德藏。

7. 如來藏時差別義，此之言時，即由前能證如來藏之人，因其修證之時分不同，故云差別如來之藏，"謂不淨時名眾生，淨時名菩薩，善淨名為如來"。即證如來藏之時間別也。

8. 如來藏遍一切處義，如偈云："如空遍一切，而空無分別，自性無垢心，亦遍無分別。"此義總顯如來藏性，在眾生，在菩薩，在佛陀，其自性清淨心，悉皆平等，無有分別，不增不減，無有差別。

9. 如來藏不變異義，如偈云："諸過客塵來，性功德相應，真法體不變，如來後亦而。"謂如來藏法性功德，雖在一切眾生位中，為諸煩惱所染，隨順流轉，任在何時，任其何處，而其自體不變不異，如本不變，後有煩惱，亦復不變，及雜煩惱，仍然不變也。

10. 如來藏無差別義，如偈云："法身及如來，聖諦與涅槃，功德不相離，如光不離日。"謂如來藏說為法身，說為涅槃，說為佛性，說為實際……皆名異而體無差別也。

如上十義，《佛性論》辯相分之自體相等十品，說佛性之有十相：一、自體相，二、因相，三、果相，四、事能相，五、總攝相，六、分別相，七、階位相，八、遍滿相，九、無變異相，十、無差別相。此

與如來藏十義相同。故佛性義,即如來藏義。如表示之:

又此第一義通境行果,第八明如來藏之正境,第二、第四、第五、第六、第七明如來藏之正行,第三、第九、第十三義明如來藏正果。明如是,則一如來藏義,含攝佛法境行果義,即能總攝持一切佛法,詳如論說,不復一一。

復次;如來藏義從其隱覆一面觀之,清淨法身,為煩惱所隱覆而不顯現。此於《大方等如來藏經》(《寶性論》或即《釋如來藏經》者)中,以九喻顯示隱覆義,《寶性論》中復演釋之。九喻者:一、如來藏,譬如萎花中佛,二、譬如蜂中蜜,三、譬如皮糠中寶,四、譬如糞穢中金,五、譬如貧家地中寶,六、譬如菴摩果內子,七、譬如破衣裹金,八、譬如貧女懷輪王,九、譬如黑模中金像。然此九義,皆為凡夫位至菩薩位之隱覆如來藏。

(二)法界藏義是如來藏義,如《佛性論》云:"如來藏自性是其藏義,一切諸法,不出如來自性,無我為相故,故說諸法為如來藏。"此即舉一切諸法,為如來如如境所攝所持之義,以顯如來藏義也。

(三)正法藏義是如來藏義,如來是果,藏是其因。《佛性論》云:"因是其藏義,以一切聖人念處等正法,皆取此性作境,未生得生,已生得滿。"此即顯示由淨法界等流正法為因,而能取證此果性也。

(四)法身藏義是如來藏義,如來詮法身功德藏是至得;《佛性論》云:"此一切聖人信樂正性,信樂願聞,由此信樂心故,令諸聖人得於四德,及過恒沙數等一切如來功德,故說此性,名法身藏。"

(五)出世藏義是如來藏義,"如來是真實之藏,世間是顛倒虛妄，出來或超出此世間顛倒虛妄"，故名真實為出世藏，即如來藏。

（六）自性清淨藏義是如來藏義，《佛性論》云："五者自性清藏以秘密是其藏義，若一切法隨順此性，則名為內，是正非邪，則為清淨。若諸法違逆此理，則名為外，是邪非正，名為染濁。故言自性清淨藏。"有情眾生常違此佛性法藏，故此清淨佛性，而成為秘密矣。此即真言宗之所言眾生秘密藏也。此後五義《寶積經》中作如是說："世尊！如來藏者，是法界藏、是法身藏，出世間藏，性清淨藏。"又經云："世尊！如來藏者，即是如來空性之智，即如如智也。"由此智故如來藏有空不空二義。經云"此如來藏空性之智，復有二種，何等為二？謂空如來藏，所謂離不解脫智一切煩惱。世尊！不空如來藏，具過恒沙佛解脫智不思議法。"復從顛倒義說生死法是如來藏，從真實義說如來藏不生不死，離有為相，常恒不壞等義。廣如經說，恐繁且止。

丙　如來藏緣起義

夫如來藏之名義體相已如上說：今次說其為緣起義，先舉聖教，次明正理。言聖教者，《大寶積經》云：

"世尊！生死者，依如來藏，以如來藏故說前際不可了知。世尊！有如來藏故得有生死，是名善說。世尊！生死者，諸受根滅，無間相續，未受根起，名為生死。世尊！生死二法，是如來藏……如來藏者則不生不死，不昇不墜，離有為相。世尊！如來藏者，與不離解脫智藏，是依是持，是為建立。亦與外離不解脫智諸有為法，依持建立。世尊！若無如來藏者，應無厭苦，樂求涅槃……"

由此故知若生死法，若非生死涅槃法，由如來藏而為緣起。復次《楞嚴經》云：

"阿難！汝猶未明，一切浮塵，諸幻化相，當處出生，隨處滅盡，幻妄稱相，其性真為，妙覺明體，如是乃至五陰六入，從五十二處至十八界，因緣和合，虛妄有生，因緣別離，虛妄名滅。殊不能知生滅去來，本如來藏，常住妙明不動周圓，妙真如性，性真常中，求於去來迷悟生死，了無所得。"

五蘊，六入，十二處，十八界，四諦，十二因緣，七處征心，十番辨見一切諸法，皆是如來藏心，妙真如性。如是諸法，離如來藏，不可得有，故如來藏為五蘊四諦等諸法緣起。《楞伽經》云：

"大慧！如來藏是善不善因。能遍興造一切趣生。譬如技兒變現諸趣，離我我所，以不覺故，三緣和合，而有果生。外道不知，執為作者。無始虛偽，惡習所薰，名為藏識。生於七識無明住地。譬如大海而有波浪，其體相續恆注不斷，本性清淨，離無常過，離於我論。其餘七識意意識等念念生滅，妄想為因，境相為緣，和合而生。不了色等自心所現，計著名相，起苦樂受，名相纏縛，既從貪生，復生於貪。若因及所緣，諸取根滅，不相續生，自慧分別，苦樂受者，或得滅定，或得四禪，或復善入諸諦解說，便妄生於得解脫想，而實未捨未轉如來藏中藏識之名。若無藏識，七識則滅。何以故？因彼及所緣而得生故。然非一切外道二乘諸修行者，所知境界，以彼唯了人無我性，於蘊界處，取於自相及共相故。若見如來藏，五法自性，諸法無我，隨地次第而漸轉滅，不為外道惡見所動，住不動地，得於十種三昧樂門，為三昧力諸佛所持，觀察不思議佛法，及本願力，不住實際及三昧樂，獲自證智，不與二乘諸外道共，得十聖種性道，及意生智身，離於諸行。是故，大慧！菩薩摩訶薩欲得勝法，應淨如來藏藏識之名。大慧！若無如來藏名藏識者,則無生滅,然諸凡夫及聖人悉有生滅。是故一切諸修行者。雖見內境住現法樂,而不捨於勇猛精進。大慧!此如來藏藏識本性清淨,客塵所染而為不淨,一切二乘及諸外道,臆度起見,不能現證。如來於此分明現見,如觀掌中庵摩勒果。"

又云:

"如來藏者,生死流轉,及是涅槃,苦樂之因,凡愚不知,妄著於空……"

此即說如來藏為一切世間雜染法因,一切出世清淨法之因,由此諸法方得生起。故《起信論》云:

"心生滅者,依如來藏,故有生滅心,所謂不生不滅與生滅和合,非一非異,名阿黎耶識。此識有二種義,能攝一切法,生一切法。云何為二?一者覺義;二者不覺義……"

此言如來藏為一切有為生滅諸法之因,阿黎耶等諸有為法,依之為緣而生諸法,而攝諸法;其二義者,即如來藏之空不空義也。

已引經論,明如來藏為諸法之緣起義。本可了知宇宙萬有,人生輪轉之一切世間雜染諸法,依如來藏以為緣故,而得生起。一切出世間若因若果之一切有為無為無漏功德善法,亦依如來藏以為緣故,而得生起。真如法性法界無為,亦皆依止如來藏心,以為緣故,而得顯現,由如來藏如如之智,如實證如如境故。

言正理者,依何道理說如來藏為一切法緣起性耶?一曰如來藏心總為一切漏無漏法緣起性故。阿賴耶識為一切雜染現行法之緣起,過失重故,有漏薰變故不為一切無漏諸法現行緣起。但為一切有漏諸法現行緣起。阿賴耶識既不為一切無漏現行法緣起,則地上菩薩之無漏現行法依何而起?當然非依凡夫心境之阿賴耶識以為緣起。故地上菩薩所現行之無漏法,乃依如來藏心而起。

復次一切無漏功德法,在已得佛果位上,當依已轉依之四智心品之如來心以為緣起。因佛陀之心品,念念無漏故,故一切無漏法,即依菴摩羅識以為緣起。亦曰佛心緣起,空智緣起等。但地上菩薩有時起有漏煩惱染法,此染法決不依佛心而為緣起,故地上菩薩所現行之有漏法,不依佛心,乃依此如來藏心而為緣起也。

　　二曰如來藏心是菩薩心故。由前道理,如來藏之一名,最適用於地上之菩薩位人,即《楞伽》《勝鬘》《佛性》《寶性》等所指之聖人(十地曰聖)也。由此道理,太虛大師之《起信唯識釋》云:

　　"此具足無量性功德之如來藏,指是菩薩心無漏現行時,根本後得智及二智所相應、所緣了、所變現、所攝屬之無量數清淨心境而言。"

　　又云:

　　"蓋菩薩心無漏現行時,可依根本智起後得智,復可依後得智無漏無間,有漏現行,後得智,亦如來藏攝。依後得智無間而起執障相應之三界有漏生滅心,故可云'依如來藏,故有生滅心',亦可云'不達一法界故,心不相應……忽然念起……名為無明'……"

　　次論及賢首家唯以如來心為如來藏,而不應理,不為有漏法緣起故。天台家以真如為如來藏,理亦不通,真如無為無生滅故。唯識家以異生心為如來藏,理亦不應,執障不斷,無漏不現起故。是故當知如來藏者,唯指地上菩薩心而言。如來藏緣起者,亦唯指菩薩心境所詮之漏無漏法以言也。

　　丁　如來藏緣起之建立及其殊勝

　　由前道理,應建立大乘菩薩"如來藏宗"。何故以?法相唯識家依阿賴耶緣起，根據六經十一論，以建立其一切唯識之宗義。般若法性宗依二空智緣起，根據《般若四論》，以建立其一切法無得正觀之宗義。賢首宗依法界緣起，根據《華嚴經》等，以建立其十玄六相，無礙互融法界之性具起宗義。天台依法性緣起，根據《法華》《涅槃》等經，建立事理三千性具之宗義。真言依《大日》諸經說六大緣起以立宗。禪宗依泯相歸性，真如離一切相，以立宗義。按唯識法相宗則多發明宇宙萬有一切現象，眾生心境，解行而趣佛果義。法性、天台、禪宗則多發明真如性理義。賢首，真言，則多發明如來果德義。今則應依如來藏緣起，根據《勝鬘》《大方》等如來藏，《楞伽》《密嚴》《楞嚴》《央掘摩羅》《理趣》等七經，《佛性》《寶性》《起信》《釋摩訶衍》等四論，以建立此統攝一切法（有漏無漏有為無為）、出生一切法、泯會一切法、詮顯一切法之菩薩心境的如來藏宗義。建立此為下化上求轉迷成悟之樞要之菩薩心境宗義。

云何如來藏緣起殊勝耶？曰：唯識宗之賴耶，多明眾生心境，有漏故劣；此如來藏之菩薩心境，攝無漏故，有漏由此而解脫故勝。法性、天台、禪宗，破執顯理，少建立故劣；此如來藏之菩薩心境，事理雙彰，理由此證，亦由此顯故勝。賢首、真言、淨土都讚佛果。然果分不可說，難可思議，非眾生心所了境故劣；此如來藏之菩薩心境，因果同顯，果由此證故勝。由此觀之，漏無漏勝故，理事勝故，因果勝故。諸有智者，應深探討，入如來藏。特列一表，以示菩薩心境"如來藏宗"之殊勝。

```
                    ┌ 唯識賴耶緣起 ─────── 明有漏勝 ┐  菩薩心境
        名宗緣起 ┤ 法性空智真如緣起 ── 顯無為理勝 ├→ 如來藏緣
                    └ 法界六大等緣起 ───── 明無漏果勝 ┘  起之殊勝
```

戊　如來藏之異名與分位

如來藏之異名者，略見如來藏義一段；今再舉之，《密嚴經》說，亦名涅槃界、法界、無垢智、阿賴耶、不思義如來境界。《楞伽》亦名空、實際、不生等。又或說亦名佛性，亦名法身等。約皆隨真如或功德等而別立名也。

言分位者，如來藏有異生位之如來藏，亦有聲聞緣覺及地前菩薩位之如來藏，有地上菩薩位之如來藏，有佛果如來藏，有真如性之如來藏等，依其詮義別故。如太虛大師《起信論唯識釋》云：

依異生心說如來藏——唯本有無漏種——（可名空如來藏一切現行心境俱非故）。

依如來心說如來藏——一切性相種現——（可名不空如來藏一切佛法俱是故）。

依菩薩心說如來藏——一分無漏種現——（可名空不空如來藏一分有漏非一分無漏是故）。

依真如性說如來藏——諸法離言自性——（可名非空非不空如來藏，一切法全非全是故）。

此雖依四位義說如來藏，乃顯其如來藏依分位之含義不同也，實非明示其行位次第也。茲引大師《起信論略釋》之一圖，以見其分位齊限也。

如來藏圖表：

附录：阿賴耶緣起與如來藏緣起之研究

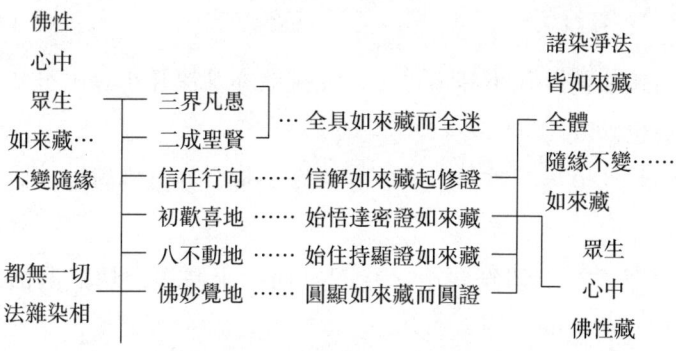

四　阿賴耶緣起與如來藏緣起之比較

已分別說二緣起義。今次總論二緣起義，可得數義，比較明之：一，同義別義，亦曰共義不共義；二，廣狹比較；三，廣大義；四，依如來藏說即心即身成佛義；五，如來藏即阿賴耶生阿賴耶義。

甲　阿賴耶與如來藏之同異義

阿賴耶與如來藏之同別義，可得而言者，舉數義：賴耶為一切有漏有為法緣起，如來藏亦為一切有漏有為法緣起，此一同義也。

賴耶攝一切染淨法種，如來藏亦攝一切染淨法種，此二同義也。

就眾生位曰阿賴耶，曰如來藏；若依佛果"曰圓明自在如來藏，無垢清淨藏識，皆以名如來法身而無二無二分者也。如來法界藏身之量，正同於凡夫阿黎耶識量，具足自體相用"。此三同義也。

賴耶為染淨一切法因，如來藏亦為染淨一切法因，此四同

~ 267 ~

義也。

阿賴耶甚深凡小等不可知,如來藏亦甚深凡小等不可知,此五同義也。

阿賴耶境界,唯佛了知,如來藏心境,亦唯佛證知,此六同義也。

賴耶不為一切無漏法之緣起,而如來藏作一切無漏法之緣起,此一別義也。

賴耶有漏現行,如來藏漏無漏皆可現行,此二別義也。

賴耶名唯行於異生及小乘聖者,有學位大乘七地前菩薩位,如來藏則可通一切位,此三別義也。

賴耶一名,唯依有情有為立,無情無為不受薰故,不是阿賴耶故;如來藏可通無情無為,法性藏故,法界藏故,此四別義也。

藏識是生滅牽轉晦昧雜染之相,而如來藏是在常寂圓明淨之相,此五別義也。

阿賴耶有變異,如來藏不變異,此六別義也。

阿賴耶是識,如來藏是智,此七別義也。

阿賴耶依異生位說,如來藏依菩薩說,又名即別故,此八別義也。

乙　阿賴耶與如來藏之寬狹深淺義

依前道理,自可推知阿賴耶之名義較狹,唯有漏位異生具故,如來藏之名義寬廣,通漏無漏,異生聖者故,《楞伽》《起信》等說,阿賴耶識依如來藏而生起故。《起信別說》云:"真如、如來藏、阿黎耶三位,雖不離不異,而皆能盡收一切法,然其內容之深淺與外延之廣狹,亦殊不即不一。"茲依其原圖,制表如次:

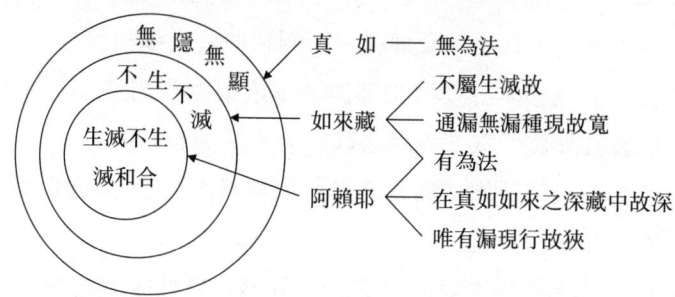

"外延以真如為最廣，內容以阿賴識為最深。"由此圖表，亦可了知阿賴耶之最狹而如來藏廣之，真如更廣，即凡為生滅之賴耶必具不生滅之如來藏與無隱顯之真如也。故阿賴耶依如來藏而有，而阿賴耶與如來藏，則又同依一真如性也。依《勝鬘》《央掘摩羅》《楞伽》《楞嚴》《起信論》等，阿賴耶與如來藏之廣狹，則謂如來藏為眾生本性清淨心，亦即是本具之佛法身，此清淨之如來藏心，由不覺一法界故，妄動念起，虛妄薰習，而成阿賴耶，由阿賴耶再生七、六等識，起一切法。

丙　阿賴耶與如來藏之廣大義

夫從眾生位以觀一切法，則一切法唯識，一切法由阿賴耶之所攝持之所生變轉現，宇宙人生，世出世間，異生聖者，唯一阿賴耶耳。廣矣哉阿賴耶，大矣哉阿賴耶。從菩薩位以觀一切法，則一切法唯心，一切法不離自性清淨之如來藏心，一切法唯智，趣菩提覺故，般若之發展故。有為有漏，有為無漏，乃至無為真如，亦唯一如來藏心智耳。廣乎如來藏，大乎如來藏。然此廣大甚深之義，由何而開顯耶？依諸名義差別，而得詮顯，故《摩訶衍論》關於此阿賴耶如來藏之廣大義，各出十名以顯示之。特列舉之，以供研究。阿賴耶十名者：

一者，名為大攝主阿梨耶識——所謂即是大總相義也。

二者，名為根本無明阿梨耶識——依根本無明立，所言不覺義，不如實真如法一故，不覺心起，而有其念也。

三者，名為清淨本覺阿梨耶識一依自然本智立，《起信論》體相四大義，如清淨鏡也。

四者，名為染淨本覺阿梨耶識一依不守自性陀羅尼智立，即自性清淨心，因無明風動，心與無明，不相離故也。

五者，名為業相業識阿梨耶識一依根本業相與業識立，即不覺故所生三相之無明業相也。

六者，名為轉相轉識阿梨耶識——依能見境界與轉識立，即能見相也。

七者，名為現相現識阿梨耶識——依境界相與現識立，即境界相也。

八者，名為性真如理阿梨耶識——依正智所證清淨真如立，即清淨般若質境真如攝也。

九者，名為清淨如覺阿梨耶識——依本有清白，始覺般若立，即始覺者，即同本覺也。

十者，名為染淨始覺阿梨耶識——依隨緣般若始覺立，即依不覺故有始覺也。

此為阿梨耶識隨其別義而立之十名，總攝一切自體相應俱生所屬，及應攝之一切有關係法盡。然其義則依諸《起信論》的詮之法相而言，其與《攝大乘論》之九識等義可共同研尋，蓋一切法無不可說為識，境無識有故，故此十名正顯一切法唯識之義。依此建立唯識宗可也。

次如來藏十種名者：

一者，大總持如來藏——攝盡一切如來藏故。

二者，遠轉遠縛如來藏——清一滿故。

三者，與行與相如來藏——與流轉力法身如來令覆藏故。

四者，真如真如如來藏——唯有如如故。

五者，生滅真如如來藏——不生不滅被生滅之染故。

六者，空如來藏切諸空覆藏如來故。

七者，不空如來藏——一切不空被空染故。

八者，能攝如來藏——無明藏中自性淨心能攝一切諸功德故。

九者，所攝如來藏——一切染如來煩惱所隱沒覆藏故。

十者，隱覆如來藏——法身如來煩惱所隱沒覆藏故。

此為如來藏之十種名字，從其覆藏攝藏以立也，如來藏由此十名，亦攝一切應攝法盡，大功德藏，大法樂藏，從此顯現故，而亦正顯一切法唯心義，一切法唯智勝義，應依之建立一切法如來藏宗唯智宗也。

丁　依如來藏說即心即身成佛義

在眾生異生位，如來藏心為阿賴耶所攝，言阿賴耶不言如來藏。在菩薩聖者位，阿賴耶識攝於如來藏，"眾生不出如來智境故"，言如來藏心，不言阿賴耶。若在佛位，則言法身言如來等，而不言賴耶與如來藏也。又阿賴耶之起，由於如來藏心，而如來藏之不得顯現者，由於阿賴耶等諸識之妄薰。由此義故，在諸大乘經論，可尋阿賴耶與如來藏之關係者，如《大方等如來藏經》云：

"雖在諸趣煩惱身中，有如來藏，常無染污，德相備足，與我無異……佛見眾生如來藏，欲令開敷，為說經法，除滅煩惱，顯現佛性。"

此經有九喻說如來藏已,大意皆顯如來功德藏在眾生煩惱心中覆藏也。又如《勝鬘經》云:

"如來法身,不離煩惱藏,名如來藏……此性清淨如來藏,而客塵煩惱上煩惱所染,不思議如來境界。"

又如《大乘入楞伽經》云:

"如來藏本性清淨,常恒不斷,無有變易,具三十二相,在於眾生一切身,為蘊界處垢衣所纏,貪恚癡等妄分別之所染污。"

又如《大乘理趣經》云:

"賴耶妄薰習,隱覆如來藏,修習純熟時,正智方明了。"

又如《密嚴經》云:

"心性本清淨,不可得思議,是如來妙藏,如金處於礦……藏識亦如是,諸識習氣俱,而恒性清淨,不為其所業。"

又《央掘摩羅》云:

"謂一切眾生,皆有如來藏……自性清淨意,是如來藏。"

斯等諸經,皆說如來藏在眾生位之妄薰習煩惱心識中,而正顯一切眾生本具佛性法身功德。由此義故,天台、賢首、禪宗、淨土、真言等宗,而說"一切眾生本來是佛""是心是佛""是心作佛""是心成佛""即心成佛""即身成",謂"心佛眾生,三無差別""父母所生身,即登大覺位"。然此本來是佛之心,即心即身成佛心,皆依此漏無漏現行之菩薩位之如來藏心以言也。除此如來藏心阿賴耶識有漏種現未斷除故,無無漏種可起生故。不得說言即心即身成佛也。

戌 如來藏即阿賴耶生阿賴耶義

復次,阿賴耶識,依如來藏心而有者,本為大菩薩心境,不共餘乘之義。然在眾生位,全體諸法,皆阿賴耶,無漏種子寄賴耶故。不說如來藏,以此識即同菩薩心境住之如來藏心故。諸有未明此義者,故多生惑,其阿賴耶由彼生者,如《楞伽經》云:

"如來藏者是善不善因……外道不知,執為作者,無始虛偽,惡習所薰,名為藏識,生於七識無明住地。"

又云:

"而實未捨如來藏中藏識之名……菩薩摩訶薩欲得勝法,應淨如來藏藏識之名。"

又云:

"若無如來藏名藏識者,則無生滅。"

又如《大乘密嚴經》云:

"佛說如來藏,以為阿賴耶。惡慧不能知,藏即賴耶識。如來清淨藏,世間阿賴耶,如金與指環,輾轉無差別。"

又如《楞伽經》云:

"我為勝鬘夫人及餘深妙淨智菩薩說,如來藏名藏識與七識俱起,令諸聲聞見法無我。"

又云:

"甚深如來藏,而與七識俱。"

是諸經文,皆謂如來藏即阿賴耶,或如來藏薰生阿賴耶之二義。論說"地前菩薩見少分如來藏",則其相續生滅現行者,當為阿賴耶,依此故地前菩薩位,而說如來藏即阿賴耶,無有過失。又眾生心本具如來藏,佛性法身功德,故阿賴耶識本具無漏種故,故依眾生心說如來藏即阿賴耶,無有過失。又地上菩薩容有無漏無間,起有漏現行,故依菩薩心,說如來藏即阿賴耶,亦無有過。由依如來藏虛妄熏生賴耶等,道理準此,亦可了知。

五　結論

甲　從阿賴耶緣起說到如來藏緣起

應當了知現前宇宙，萬有體相，生起因緣，轉變差別，學唯識學。學唯識學，應窮八識；窮八識故，應究賴耶。知阿賴耶，即可了知宇宙諸法，自體現象，以阿賴耶為緣起。賴耶是藏，染污為性，流轉生死，過失重故，應當捨離。三乘菩薩，同厭捨故，是我軌範，應學彼學，捨阿賴耶，求解脫智，無師智，自然智，一切智，一切智智。求智當學菩薩所學，學菩薩學，應即明了菩薩心境。依斯心境，漸證德智，涅槃菩提。明斯心境，詮此學者，有摩訶衍，曰如來藏。是故發心新學菩薩，先明賴耶，次應進明大如來藏，勤求修學，漸次圓證。如來藏者，大法樂藏，菩薩學處，如來境界。漏無漏法，緣起性故。眾生苦境，賴耶緣起，從此捨故；菩薩行果，由此修故；如來極果，因此證故。以智核識，不思義境，菩薩應了，菩薩應證故。復次，依如來藏有生死故；依如來藏捨生死故；依如來藏得解脫故；依如來藏阿耨多羅三藐三菩提得不退故。由此勝義，應學唯識學，明眾生境，阿賴耶緣起。應學唯心學；明菩薩境，如來藏緣起。登高自卑，自淺之深從初發心而至成佛，由眾生而菩薩，由阿賴耶識而如來藏心，由阿賴耶緣起而如來藏緣起。何以故？心境次第，熏修進化，理應爾故，事實爾故，是故應明阿賴耶緣起，而明如來藏緣起。凡有智者，曷深探討，以彰慧目，正法眼藏。

乙　建立菩薩如來藏宗

弘法利生，以菩薩為軌範，以佛陀為鵠的，六度萬行，行在於斯,恒沙功德,證在於斯,菩薩心境,大如來藏,以為中心。應設方便,不離諸趣,饒益有情,六道三界二乘凡外是眷屬故,運大悲心,權巧接引,而不同流。方便在於斯,權巧在於斯,菩薩心境,大如來藏。功行究竟,因該果海,果徹因源,圓滿圓滿,平等平等,四智菩提,薩婆若海,我所求故,一境境界,智差別現。菩薩應得,菩薩應證,證得在於斯,菩薩心境大如來藏。由此理趣,建立菩薩不共學處,如來藏宗,亦曰唯心宗,聖教正理,已略分別;若廣分別,應尋七經四論,厥為慧目,大法燭。是故結曰:發心菩薩,應學唯識學,建立唯識宗,更應學唯心唯智學,建立如來藏宗。

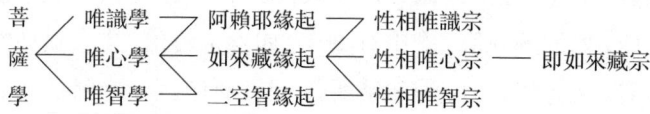

丙　結歸緣起

說二種緣起已,建立如來藏宗已,謹依聖教,《密嚴經》結云:

"於法恭敬,定得轉依,恒居此土,不生餘處。咸共悲憫未來世中,一切有情,普欲等慈,為作饒益。有諸菩薩各共瞻仰,金剛藏菩薩摩訶薩,一心同聲以偈問曰:尊者具辯才,惟願見開示,世間諸色像,其誰之所作?為如工造瓶,泥輪以埏埴。為如奏樂者,擊動所成音。為如一物體,有三種自性。謂已成未成,咸在於一物。

"云何種種色,一物而建立?為兜率所作?夜摩所作耶?他化自在作,大樹緊那羅,善見天所作,色究竟天耶?螺髻梵王作,諸色天作耶?一切天主作,自然所作耶?變化之所作,諸佛所作耶?為餘世界中,佛子之所作?是諸作眾色,惑亂而建立,所起於惑亂,如鹿見陽焰。譬如於瓶處,為德之所依。一切諸世間,能住於處者，非德者屬德，非德依德者，輾轉和合故，眾德所集成。諸色惟惑亂，為亦有住耶？為梵王所作？那羅延作耶？雄猛及勝論，數論自作耶？勝性之所作，自在自然耶？時無明所生，愛業所作耶？天仙及世定，皆悉懷疑惑，為先無有體，猶如於幻夢。亦如熱時炎，及乾闥婆城，無始妄分別，隨彼彼相續，起能取所取，如蛇有二頭，亦如起屍行，木人機所轉，空中見垂髮，及旋火輪耶？

"爾時，金剛藏菩薩摩訶薩告普賢眾色大威德菩薩摩訶薩及餘大眾而說偈曰：世間眾色像，不從作者生！亦如劫比羅，因陀羅等作！亦非祠祭果，亦非圍陀教！彼有多因種，修行不常住。亦復非無有，能持世間因，謂第八丈夫，是名為藏識，由此成眾色。如轉輪眾瓶，如油遍在麻，鹽中有鹹味，如無常遍色。丈夫識亦然，如香在沉麝，及光居日月，遠離能所作。及以有無宗，亦離於一異，一切外道過，非智所尋求，不可得分別。定心解脫者，自覺之所證。若離阿賴耶，即無有餘識，譬如海波浪，與海雖不異，海靜波去來，亦不可言一。譬如修定者，內定清淨心，神通自在人，所有諸通慧，觀行者能見，非餘之所了。如是流轉識，依彼藏識住，佛及諸佛子，定者常觀見。藏識持於世，如以線貫珠，如輪與車合，業風之所轉，陶師運輪杖，器成隨所用，藏識與諸界，共力無不成……最上瑜伽者，地地而進修，了知一切法，皆以心為性。善說阿賴耶，三性法無我，其身轉清淨，而生密嚴國。"

二十三年元月彌勒誕日，在世館考校室
（原載《海潮音》第十五卷第三號）